书山有路勤为径,优质资源伴你行
注册世纪波学院会员,享精品图书增值服务

人力资源管理实务操作丛书

刘远我·著

招聘面试实操指南

如何成为优秀面试官

电子工业出版社
Publishing House of Electronics Industry
北京·BEIJING

未经许可,不得以任何方式复制或抄袭本书之部分或全部内容。
版权所有,侵权必究。

图书在版编目(CIP)数据

招聘面试实操指南:如何成为优秀面试官 / 刘远我著. —北京:电子工业出版社,2024.1
(人力资源管理实务操作丛书)
ISBN 978-7-121-47090-5

Ⅰ. ①招… Ⅱ. ①刘… Ⅲ. ①企业管理-招聘-指南 Ⅳ. ①F272.92-62

中国国家版本馆 CIP 数据核字(2024)第 019111 号

责任编辑:杨洪军
印　　刷:三河市双峰印刷装订有限公司
装　　订:三河市双峰印刷装订有限公司
出版发行:电子工业出版社
　　　　　北京市海淀区万寿路 173 信箱　邮编 100036
开　　本:787×1092　1/16　印张:20　字数:512 千字
版　　次:2024 年 1 月第 1 版
印　　次:2024 年 1 月第 1 次印刷
定　　价:89.00 元

凡所购买电子工业出版社图书有缺损问题,请向购买书店调换。若书店售缺,请与本社发行部联系,联系及邮购电话:(010)88254888,88258888。
质量投诉请发邮件至 zlts@phei.com.cn,盗版侵权举报请发邮件至 dbqq@phei.com.cn。
本书咨询联系方式:(010)88254199,sjb@phei.com.cn。

前　言

当前，面试已成为各类人员选拔和招聘的重要手段。许多想进入机关、企事业单位工作的应试者非常重视面试环节，甚至不惜花重金参加为期十多天的封闭式面试培训。相对来说，一些用人单位和面试官对面试技术还不够重视。这与招聘面试在人才选拔和引进中的重要性是很不相称的。与此相关的一个现象是，有关"如何应对招聘面试"的培训教材有很多，而真正从人力资源管理者或面试官的角度对招聘面试进行系统探索和创新的书却太少了，这是笔者编著此书的主要动因。

笔者与招聘面试很有渊源。早在20世纪90年代中期，笔者就开始接触英国和加拿大的结构化面试方式，并在国家机关和事业单位的招录与招聘工作中开展了大量面试实践，后来又帮助很多企业在人员招聘和中高层管理人员的选拔中应用现代面试技术。近10多年来，为了提高广大人力资源管理者和面试官的面试设计水平与行为评价技术，笔者为全国20多个省市的机关公务员面试官、企事业单位人力资源管理者做了数十场面试专题培训，深受广大用人单位和面试官的欢迎。其间，笔者还围绕面试实践中遇到的问题开展了大量深入研究，也取得了一批很有说服力和效用的研究成果。

20多年来，笔者每年都要为各级各类政府机关、事业单位和大型企业提供大量的面试命题服务，这项工作的难度越来越大，因为不仅要根据各类单位的具体情况和各个岗位的胜任力来设计面试，还要应对广大应试者的应试培训。在今天，如果没有面试创新，用人单位的招聘面试将非常被动。面试创新也不是一劳永逸的，今天的面试新法到明天可能又成为老模式了，应试培训的快速更新迫使用人单位必须不断地创新面试的方式方法。笔者多年来一直在这方面努力探索，真心希望有关部门和用人单位能够重视这个问题，毕竟面试与人员选拔的质量是密切相关的。

本书分为四大部分：第 1 部分揭开面试真相，包括面试是什么、面试测什么、面试的应用状况与发展趋势、面试究竟招什么样的人、面试怎么评，以及面试效果怎么样等；第 2 部分重点探索面试技术，包括面试试题的设计与创新、面试的实施流程、面试的打分与评价，以及基于胜任力的面试、情境模拟面试和集体面试等；第 3 部分专门围绕目前普遍存在的面试套路化现象，探讨应对面试套路的对策和措施；第 4 部分则介绍面试实践的三个领域——公务员录用面试、事业单位人员招聘面试和企业人员招聘面试。

本书有几个比较突出的特点。**一是实用性**。本书所探讨的很多问题都是招聘面试中的热点和难点，每章章首都给出一个笔者亲历的面试案例，阐明笔者的做法或观点，期望给广大用人单位和面试官以启示。本书中的面试试题基本都是笔者亲自为用人单位设计的，可以直接供广大人力资源管理者和有关工作人员参考借鉴。**二是开拓性**。招聘面试关系到每位应试者的前途和命运，他们琢磨面试方式的积极性比广大面试官高多了。如果面试试题和面试方式一成不变，招聘面试的发展将是死路一条。为此，本书深入揭示了面试套路化现象及其具体表现，从命题、面试官评价等方面进行了较为系统的探讨，无论是在题目设计的改进方面，还是在面试方式的创新方面，都给出了很多新的思路和样例，希望能起到抛砖引玉的作用。**三是与时俱进**。面试不是随便问几个传统问题就能全面考察应试者素质的。广大人力资源工作者和面试官只有全面了解当前应试者的情况和面试的科学原理，才能更好地在实践中去改进面试。例如，当前 Z 世代大学生具有与"80后""90 后"大学生根本不同的特点，选人用人的很多理念和方面都必须与时俱进，否则用人单位很可能选不到合适的人才，或者选用的人干不长就跳槽了。这对组织和个人都是不利的，需要用人单位在面试实践中高度重视。

当然，招聘面试是一个亟待探索而实践性又很强的领域。笔者期望有越来越多的人力资源管理者、有关工作人员和相关研究人员，参与到招聘面试的研究与实践中，为广大用人单位选拔合适的人才贡献自己的力量。

刘远我

2024 年 1 月

目 录

第 1 部分　揭开面试真相

第 1 章　人员招聘面试须知 2
1.1　面试是什么 3
1.2　面试测什么 5
1.3　面试的应用状况与发展趋势 7
1.4　当前面试实践中的主要问题 14

第 2 章　招什么样的人：明确用人需求 18
2.1　用人需求究竟是什么 19
2.2　如何摸清用人需求 21
2.3　各类人员的职位画像 26
2.4　样例启示——国际公务员人才画像：核心能力及其行为指标 31

第 3 章　面试怎么评：面试官评价中的信息加工与印象形成 37
3.1　面试官印象形成过程中的影响因素 38
3.2　非言语交流对面试官评价的影响 42
3.3　印象形成过程中的信息加工规律 46
3.4　对群体的知觉——刻板印象 50

第4章 面试效果怎么样：信度与效度 54
4.1 面试试题质量的评价 55
4.2 面试的可靠性：信度 59
4.3 面试的有效性：效度 65
4.4 面试的误差究竟来源于哪里 75

第2部分 掌握面试技术

第5章 面试试题的设计与创新 82
5.1 传统面试试题的功能与局限 83
5.2 传统面试试题的回答套路 88
5.3 针对核心胜任力的面试试题设计与创新 91
5.4 面试方式的创新 99

第6章 面试的实施程序 105
6.1 面试实施前的准备 106
6.2 面试进程的控制 110
6.3 面试提问与记录 114
6.4 面试倾听与观察 117

第7章 面试的评分与评价 122
7.1 面试指标体系的构建 123
7.2 面试结果评定与分数整合 129
7.3 保证面试评价客观性的措施 134

第8章 基于胜任力的面试 138
8.1 何谓基于胜任力的面试 139
8.2 基于胜任力的面试试题设计 142
8.3 基于胜任力的面试实施过程 148
8.4 基于胜任力的面试样例 160

第9章 情境模拟面试 166
9.1 情境模拟面试概况 167

9.2 背景性面试 ... 170
9.3 工作模拟面试 ... 181

第10章 集体面试：无领导小组讨论 ... 186
10.1 什么是无领导小组讨论 ... 187
10.2 无领导小组讨论题的设计 ... 192
10.3 无领导小组讨论的实施 ... 196
10.4 无领导小组讨论的结果评定 ... 200
10.5 无领导小组讨论样例 ... 203

第3部分 破解面试套路

第11章 面试套路化的表现 ... 212
11.1 面试套路化现象产生的原因 ... 213
11.2 面试套路化的危害 ... 213
11.3 面试套路化的具体表现 ... 214
11.4 面试题型套路化回答样例 ... 217

第12章 如何应对面试套路化 ... 226
12.1 从面试命题上防范面试套路化 ... 227
12.2 面试官要研究各种面试新题型和新方式 ... 229
12.3 面试过程中面试官如何防范面试套路化 ... 238

第4部分 面试实践探索与创新

第13章 公务员录用面试 ... 244
13.1 公务员录用面试的政策规定和要求 ... 245
13.2 公务员录用面试的命题规范 ... 251
13.3 公务员录用面试的结果评价 ... 257
13.4 公务员录用面试题本使用说明和样例 ... 259
13.5 结构化小组面试 ... 263

第 14 章　事业单位人员招聘面试 269

14.1　事业单位招聘面试的现状和特点 270
14.2　事业单位招聘面试面临的挑战 272
14.3　事业单位招聘面试的探索与创新 274
14.4　事业单位招聘面试的实例 281

第 15 章　企业人员招聘面试 286

15.1　企业招聘面试的现状、问题和对策 287
15.2　不同企业的选人用人理念和招聘面试做法 293
15.3　Z 世代大学生的特点与企业校园招聘 299
15.4　企业如何通过招聘面试降低人员的离职率 305

参考文献 309

第 1 部分

揭开面试真相

第1章
人员招聘面试须知

为什么女生在面试中的总体得分往往高于男生

在面试培训中，经常有人力资源部门的负责人向笔者提出一个令他们困惑的问题："我们每次面试，成绩靠前的往往女生居多，而有的职位男生更适合，可基于面试结果和公平性，我们又不能录用成绩靠后的男生。"

关于这个问题，笔者认为主要是因为女生的口头表达能力通常比男生强，而许多面试官在面试中过于关注语言表达，所以这样的面试当然更有利于女生。在面试中不应有任何性别偏向，而要基于岗位的要求来选择适合的人。如果口头表达能力是最重要的岗位能力要求（如电话接线员），那么就应该把这个能力看得很重，否则就不应该在面试中夸大口头表达能力的作用。例如，在某部委直属事业单位的人员招聘中，以前他们总是抱怨最后录用的女生比例太高。经过分析我们发现，其招聘的岗位要求是关注国家的大政方针，而且对宏观思维能力要求很高，于是在面试设计中就有了这样的问题："你对我国当前的经济发展趋势怎么看？你对我国政府与周边国家的外交政策是如何理解的？"实践证明，男生对这个问题的回答明显优于女生，个别女生甚至回答说不知道，因为自己从来就没关注过国家的这些大政方针。这个例子并不是说要通过这种方式淘汰女生，而是说面试试题的设计一定要结合岗位要求，任何故意偏向女生或男生的做法都是不可取的。

面试似乎是很容易的事，因为我们每天都要与人沟通，只要会沟通的人都能通过问几个问题来进行面试。事实上，面试是要求非常高的交流活动，因为面试官要在短短几十分钟内，全面考察应试者经过长期实践形成的岗位胜任力。应该说，谁都可以当面试官，但要使面试达到选人用人的目的就不是谁都能胜任的事情了。研究表明，传统随意性面试的结果与应试者工作绩效的相关性几乎为零，这意味着，实践中大量招聘面试的效果与不经任何选拔性手段随机抽取人员的效果是一样的，这个问题应该引起每个招聘单位和面试官的深思。

1.1 面试是什么

面试是当前人员招聘中最为广泛使用的测评技术，不论是政府机关还是企事业单位，面试都是人员招聘的重要环节。令笔者不解的是，很多用人单位对面试的重视程度与其重要性很不匹配，正如享誉全球的顶级人才专家费罗迪所说："大多数公司用 2%的精力招聘，却用 75%的精力来弥补当初错误招聘造成的失误。"

1.1.1 什么是面试

面试的历史源远流长，早在原始社会末期，就采用类似面试的方法鉴别人的素质与个别差异，用于部落首领的甄选和部落成员资格的认定。此后，面试就成了评价人才的基本方法。令人遗憾的是，人们至今未能对面试形成一致的看法。

究竟什么是面试呢？笔者认为，面试是通过面试官与应试者双方面对面的信息沟通，考察应试者是否具备与职位相关的能力和个性品质的一种测评手段。面试是一项很复杂的交谈活动。从面试官的角度来说，要想尽办法来考察应试者是否具备相关的素质和条件，不仅需要精心设计面试试题，而且需要在面试过程中对应试者进行提问、观察和倾听，其难度可想而知；从应试者的角度来说，通常为了能够谋取职位，总是千方百计地展示自己，积极地表现自己的长处，掩盖不足，这在无形中又给面试官摸清"真相"增添了难度。由此可见，面试是很有学问的一门技术和艺术。

1.1.2 面试的三个要件

任何面试都有三个要件，即应试者、面试官和面试方式。面试官和应试者之间正是通过一定的面试方式产生交互作用，从而达到人员评价的目的（见图1-1）。

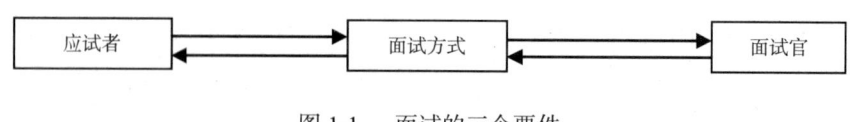

图 1-1　面试的三个要件

这里的面试方式主要是指面试的形式,按结构化程度来分,有结构化面试、半结构化面试和随意性面试。目前在机关事业单位人员招聘中,最常用的面试方式就是结构化面试,其典型特征包括面试题本是事先设计好的、面试流程对所有应试者是统一的、面试评价由多位面试官完成等。

那么,在面试中最重要的因素是面试试题,还是面试方式?笔者认为都不是,面试中最重要的就是面试官,因为不论是面试评分还是人员选拔,最终都是由面试官的评分决定的,所以,面试官的素养就成为面试效果的决定性因素。

1.1.3　面试官的素养

一位优秀的面试官能够立足于用人单位的需要,选拔出最合适的应试者。要做到这一点,面试官有两个素养非常重要,一个素养是没有任何私心杂念,公平公正地评价每一名应试者;另一个素养是有行为评价的技能,能够根据应试者在面试中的行为表现来准确评价其核心胜任力。具体来说,笔者认为,一位优秀的面试官应该具备以下几个方面的核心能力:

- 具有良好的职业操守;
- 熟悉招聘岗位的任职要求;
- 具有良好的行为观察能力;
- 掌握良好的提问和倾听技巧;
- 具有优秀的分析判断能力;
- 了解基于胜任力的人才评价技术。

由此可见,面试官并不是什么人都可以担任的,面试是人才评价要求很高的专业工作。除了平时注重人才评价素养的提升外,对面试官的面试培训也至关重要。世界知名的大公司都非常注重面试官的培训和培养,例如在麦肯锡公司,所有的面试官都要经过培训,得到认证,还要通过资深面试官的考察,才能持证上岗。

1.2 面试测什么

面试究竟应该测量哪些素质呢？这是面试实践中无法回避的问题。令人遗憾的是，许多实践者把面试作为一种获得应试者基本背景信息（如家庭情况、教育背景等）的手段。事实上，背景信息不应成为面试的主要测量内容，因为这些信息通过申请表的方式就可以获得，面试官更应关注那些通过这种方式难以获得的信息。

1.2.1 现行的面试究竟测了什么

在面试实践中，考察的内容可以说五花八门，从考察人的素质到人的外表（包括气质），应有尽有。如果将现行面试的考察内容进行归类，主要涵盖几个方面：首先是一般能力，包括语言表达能力、综合分析能力、组织协调能力、判断决策能力、创新能力等；其次是个性品质，包括价值取向、求职动机、进取意识、意志品质等；再次是知识经验，包括知识广度、专业知识、相关经验等；最后是个人的身体特征，包括身体素质、个人仪表等。

根据人力资源和社会保障部人事考试中心对全国13个省市470家企业的调查，企业面试考察的内容分布状况如表1-1所示。

表1-1 企业面试考察的内容分布状况

面试内容	考察比例（%）
专业知识	75.8
身体条件	69.6
文化程度	69.4
工作能力	59.3
言谈举止	56.1
求职动机	48.0
工作经历	46.5

这个调查结果不尽如人意，因为它说明企业将面试的重点考察内容放在了专业知识、身体条件和文化程度上。尽管不能说这些内容不重要，但把面试的重点放在这些内容上实在太得不偿失了，面试毕竟是成本比较高的测评手段，而专业知识、身体条件和文化程度之类的信息完全可以通过笔试、申请表等更简便的手段有效地考察出来。

相对来说，公务员录用面试的测评要素设计得更加科学与合理。公务员录用面试中最常考察的八个要素排序如表1-2所示。

表 1-2　公务员录用面试中的八个测评要素排序

测评要素	考察频率（排序）
综合分析能力	1
语言表达能力	2
计划与组织协调能力	3
应变能力	4
人际交往的意识与技巧	5
自我情绪控制	6
求职动机与拟任职位的匹配性	7
举止仪表	8

1.2.2　面试最适宜的测量要素

面试究竟应该测量什么？这个问题应从两个方面去考虑，一方面是面试作为一种人才测评方法，它最适宜测量什么要素；另一方面是从人才测评的经济有效性来说，面试应该测量什么内容。

关于面试最适宜测量什么要素的问题，笔者做了一定的研究。笔者认为，面试作为一种测评方法，可能更适宜测量某些要素，而不太适宜测量另一些要素。笔者对50名应试者的面试官（共7位）的评价数据进行深入分析，结果发现，在诸如语言表达能力等要素上面试官评价的一致性比较高，而对于求职动机等要素的评价一致性比较低；同时，笔者还对近百名通过面试被录用的应试者进行了追踪研究，结果发现，语言表达能力和人际合作协调技能有比较好的预测效度，相对来说，进取精神和政治思想的预测效度最差（刘远我，2000年）。以上研究表明，面试对于语言表达、人际协调等人际互动性的要素有比较好的测量效果，而对于内在的深层次的心理品性（如求职动机、进取意识）难以进行有效的测量。这个研究结果也是可以理解的，因为面试时间通常比较短，同时应试者在面试中的行为表现很受限制，所以面试难以有效地测量需要长时间的行为观察才能获得的深层次的心理特点。相对来说，有人际互动特点的社交技能（如语言表达能力、人际合作协调技能）更容易在面试中直接表现出来。这对我们的面试实践应该是有指导意义和参考价值的。

从面试的经济有效性的角度来说，面试作为一种成本相对较高的测评手段，应该测量那些用其他方法难以测量到的测评要素。因为任何组织都应该讲究投入与产出的关系，产出必须与投入相一致，毕竟实施面试需要投入较多的人力、物力和财力。如果用面试方法测量一些通过简历或者笔试就能考察的要素，那是不符合现代人事经济学的基本原则的，这一点应该引起用人单位的重视。

综合考虑，笔者认为，面试应该重点考察应试者的语言表达能力、人际合作协调技能、综合分析能力、组织管理能力、判断决策能力以及行为举止特征等方面，而对于专业知识可以通过笔试的方式来更有效地考察，对于个人价值理念、求职动机等深层次的心理特征则应该通过合适的心理测验来测量。

1.3 面试的应用状况与发展趋势

如前所述，面试是人员招聘中最常用的一种测评方法。通过回顾国内外面试的应用状况，我们能够更全面地把握面试发展的情况，汲取其精华，更好地指导面试官的面试实践。

1.3.1 面试应用的广泛性

面试在西方各级各类组织的人事选拔中应用得非常普遍。在欧洲，根据 Robertson 和 Makin 对六个国家的调查研究，面试在人员招聘中的平均使用频率高达 92.33%（见表 1-3）。

表 1-3 面试在欧洲六国人事选拔中的使用频率　　　　　　　　　　　　　单位：%

国　　家	英国	法国	德国	以色列	挪威	荷兰	平均
使用频率	92	97	95	84	93	93	92.33

在美国，根据 Ryan 和 Sackett 对 163 位具有博士学位的工业组织心理学家的问卷调查，面试技术在人事选拔中几乎为所有的心理学家所使用（占 99%），其中结构化面试占 15%，半结构化面试占 73%，非结构化面试占 11%。

在我国目前的国家公务员录用考试中，面试的使用率是 100%。在企业中，根据人力资源和社会保障部人事考试中心对全国 470 家不同规模的各类企业的调查，有 91.7% 的企业把领导考察（主要是面试）作为选拔管理人员的主要方法之一，这还不包括对其他人员（如人力资源管理者）的面试。

面试之所以在全世界的人事选拔中得以广泛应用，有以下几个方面的原因：首先，任何组织在录用一个人之前如果不事先面谈一下，心里就不踏实，如前所述，面试是一种最直接的、让人感到最真实的测评方式，它是获得第一手资料的最佳途径；其次，在实践中，面试很容易操作，每一个人都能进行面试，因为实施面试似乎不需要任何培训或技能。不过,面试这种看起来很简单的特性也是在人事选拔中改进的最大障碍(Miller R E,1991)。

1.3.2 国外面试应用的状况

1. 国外公务员录用面试的应用状况

在国外公务员的选拔中,面试是一个重要的测评环节。英国、美国、法国、德国、日本等发达国家的公务员录用都很重视面试(见表1-4)。

表1-4 国外公务员录用面试的应用状况

国家	考察内容	方式	特点
英国	文字能力、思维能力、综合概括能力、分析处理数据能力、智力水平	资格面试、选拔面试、终选面试	公务员录用均须通过考试,弱化或取消了笔试,更加注重面试;分行政级、执行级、文书级三类
美国	与拟任职位要求相关的胜任力,如应变能力、分析问题解决问题的能力与速度	无领导小组讨论、实际操作	面试通常在笔试之后,形式包括结构化、行为测试、口试、评价中心测试、计算机适应性测试等
法国	与职位相关的胜任力	演说、法文文件之外语解释、政策问答	考试分笔试和面试,有越来越重视面试的趋势
德国	知识水平、应急能力、合作能力、适应能力、主动反应能力	传统面试	分两次考试,考试包括笔试和面试,第一次考试合格后分派到各机关实习,实习期满后举行第二次考试,合格者可正式任职
日本	以品德智能为主,如积极性、协调性、责任感、精神状态、语言表达、适应性等	以结构化面试为主	面试采用三种形式:个别面谈法、集体面谈法、集体讨论法

2. 国外企业招聘面试的应用状况

面试在国外企业的人员招聘和录用中也日益受到人们的重视。企业在选拔、招聘人员时,除了查看个人履历表和是否经过专业考试,最常用的方法就是面试。以美国为例,每年有数百万人要接受企业面试,美国微软公司、通用电气公司、福特公司等著名的大公司在人员招聘中都离不开面试这一手段。以微软公司为例,该公司每年都要进行大量的人力资源招聘和配置工作,对新雇员的需求很大。该公司的人力资源部门为了成功招聘2 000名新雇员，需要审阅12万份个人简历、举行7 400次面试。

企业的面试方式则是多种多样的，具体与各企业的文化特点、所在行业密切相关。微软公司的面试就是一个典型的例证。

微软公司的面试

微软公司对应试者的面试，一般是面对面进行的，有时也会通过电话进行。每名应试者要同微软公司的5~8人面谈，有时要达到10人。每个面试官的面试都是以"一对一"的方式进行的。主面试官是各方面的专家，每个人都有一套问题，各自具有不同的侧重点。问题的清单通常并未经过集体商量，但有4个问题是面试官共同关心的：① 是否足够聪明？② 是否有创新激情？③ 是否有团队精神？④ 专业基础怎样？

在应试者起身离去之后，每个面试官都会立即给其他面试官发出电子邮件，说明他对该应试者的赞赏、批评、疑问及评估。评估结果有4个等级：① 强烈赞成聘用；② 赞成聘用；③ 不能聘用；④ 绝对不能聘用。当每名应试者在几分钟后走进下一个面试官的办公室时，根本不知道这个面试官对其先前的表现已经了如指掌。他在嘴上说"接着谈谈"，其实是瞄准了"哪壶不开提哪壶"。所以，一名进入微软研究院的应试者觉得是在攀高峰，越到后面难关越多。当然，也有些人只经历了两三个面试官就宣布结束，并未见到后面的"险峰"，但那并非吉兆。因为这两三个面试官也许正在网上传递着同一句话："此人没戏，别再耽误工夫了。"一般来说，应试者见到的面试官越多，希望就越大。下面是微软公司面试中的一些经典问题：

- 为什么下水道的盖子是圆形的？
- 你估计北京有多少个加油站？
- 你和你的导师发生分歧怎么办？
- 给你一个非常困难的问题，你将怎样解决它？
- 两条不规则的绳子，每条绳子的燃烧时间为1小时，请在45分钟内烧完两条绳子。

对于这些问题，面试官并不是想得到"正确"答案，而是想看看应试者是否能找到最好的解题方法，看看他们是否能够创造性地思考问题。

又如，摩托罗拉在面试中注重对人品的考察。摩托罗拉筛选应试者的最后一关，也是最重要的一个环节是，对应试者个人品行和职业道德的考量。摩托罗拉非常注重员工的品行和职业道德，如果一名应试者的品行不符合摩托罗拉的要求，就算他的专业背景再好，工作兴趣再高，摩托罗拉也不会录用。这是因为摩托罗拉非常强调团队精神，一个品行欠佳的人会影响到团队的凝聚力和战斗力，他的个人能力再强，也不能弥补他对公司整体造成的损失。虽然一个人的品行很难量化，但是，他们认为在面试过程中，仍然可以从多个方面来判断一个人的品行。例如，他的工作经历，他对一些问题的看法，他以往与客户、同事的关系，他在寻求自身事业发展的过程中，是考虑公司多一些，还是考虑自己多一些。例如，有的人来面试，面试官问他一个问题，他明明不懂，但是他装懂，经过一次提醒之后，他还在那儿装懂，继续胡扯，这样的人一看就是撒谎撒惯了。有的人为了达到某种目的，会隐瞒一些问题，只要稍加追问，就会露出马脚。

由此可见，不同企业在面试方式、面试重点方面很不一样，但都很注重通过面试去考察应试者。

3．国外面试的发展趋势

在国外，尽管面试应用得很普遍，但传统的人事选拔面试由于缺乏信度和效度也受到了很多批评。因为在传统面试中，根本就没有面试设计，面试官的提问是很随意的，不仅面试本身缺乏标准，而且不同应试者的面试结果是不可比的，不同的面试官对同一应试者进行面试会得到完全不同的结果。从这个角度来讲，传统面试还不如看申请表，因为不同应试者申请同一个职位，必须回答申请表中同样的问题。由于缺乏最起码的一致性，传统面试不能有效地预测应聘是否成功，其预测效度极低（Schultz，1979）。这种批评引起了广大人力资源工作者的关注，更激起了许多人事心理学者与组织行为学家想一探究竟的好奇心。信度、效度是对面试这种选拔手段最基本的测量要求。于是，20世纪60年代，由W.E. Hall博士提出并发展了信度和效度更能得以保证的面试技术——结构化面试，已为全世界各公司所使用（Terry Lunn，1995）。这种面试的特点是对所有的应试者都采用一套标准的问题与统一的评分标准，并且实施程序完全相同，从而比较有效地控制了各种面试偏差，提高了结构化面试的信度和效度。

在国外人事选拔面试实践中，除了人们推崇结构化面试，还有以下几个方面的发展趋势。

（1）重视考察应试者的价值观念与企业文化的一致性。企业文化是出现得比较早的一种管理思想。自20世纪90年代以来，这一管理思想在招聘工作中得到广泛应用，对招聘的指导作用越来越重要。今天的企业需要的是能够效忠于企业的雇员。这样的雇员认同企业的价值和目标，把企业看成自己的企业。因此许多优秀企业，如丰田，实行的是"以价值为基础"的招聘战略。在招聘过程中，他们不仅看应试者工作方面的资格，如技能、能力、教育、经历等，而且更关注应试者的价值观和个人品质。因此，他们通过面试，努力寻求那些经历和价值观与公司的企业文化相吻合的应试者。实际上，日本的大公司早在80年代就开始在筛选录用中注重应试者具备什么样的价值观、有什么样的人生追求，使用许多测量手段和方法来实现这一目的。这一做法在90年代已经为欧美国家所吸收，成为当代招聘和录用工作的时尚。

（2）行为性面试越来越受到人们的重视。在传统面试中，应试者容易"伪装"自己，因此口才好、思维敏捷的应试者往往占一定的便宜。而行为性面试关注的是应试者以前做了些什么、具体是怎么做的，面试官还要通过追问来澄清具体行为事件的详细情况，以防应试者胡编乱造。这种面试的一个基本假设是，应试者过去怎么考虑一个问题、怎么做一件事情，那么当他以后遇到类似情境时，还会那样去考虑和行动。这种面试方式在加拿大尤受人推崇。

（3）面试方式多样化。传统面试主要是一对一的面谈，即一位面试官对一名应试者进行面试。现在则有多对一、多对多等多种方式。另外，演讲式面试、答辩式面试、讨论式面试也逐渐成为传统面试的重要补充。在关键岗位的员工招聘和中高级管理人员的选拔中，这些不同的面试方式往往有综合运用的趋势。

（4）计算机辅助面试得到人们的关注。计算机在招聘中的最新运用主要体现在面谈中，由计算机屏幕显示有关应试者的背景、教育、经历、知识、技能和工作态度方面的问题，这些问题往往与应试者所申请的职位有关。一般来说，在计算机辅助面试中，所有的问题都以多重选择的方式提出，应试者根据自己的意愿通过在屏幕上选择相应的按钮来作答。在计算机辅助面试中，如果应试者有迟疑不决的反应，不能马上回答，一般说明答案的真实性存在一定问题。

计算机辅助面试一般用于初次的筛选，目的是将明显不合格的申请者筛选出去，把那些能够进入招聘面试的初步合格者筛选出来。这样做有几个好处：首先，这种方式可以大大节省招聘者的时间，因为招聘者以前必须对所有的申请者逐一进行面试，而其中有许多人是根本不合格的。其次，有人认为申请者面对计算机时比面对招聘者时更诚实一些，因为他们认为计算机不会对他们的回答进行判断，而当他们面对招聘者时，招聘者的反应会在很大程度上影响他们的回答。最后，这种方式能够避免面谈可能出现的错误，如以貌取人。计算机辅助面试的不足是，它给人的感觉不亲切，与机器打交道感觉冷冰冰的。为了弥补这一不足，发达国家已经尝试把计算机辅助面试设计成电子游戏的模式。当应试者在计算机面前的时候，他将面对不断出现的能够活动的画面，这些画面模拟出各种各样的情境。例如，计算机辅助面试被设计为一种情境面谈或者压力式面谈，假定一个应聘银行出纳职位的人需要面对计算机屏幕上出现的粗鲁顾客，这些顾客还会根据应试者的反应给出新的刁难。使用计算机辅助面谈的企业认为，这种方法很管用。这不仅是因为计算机辅助面试能够减少招聘者必须进行的不必要的面谈，更是因为计算机辅助面试筛选出来的应试者在最初三个月的雇用期内流失或者被开除的情形很少，这可能是因为计算机辅助面试（尤其是动画式面试）实际上很生动地告诉了应试者他正在申请的工作到底需要做什么，而在一般的面试中应试者可能由于各种顾虑而不愿意打听这方面的情况。

1.3.3　我国面试的应用状况与发展趋势

1. 我国面试的应用状况

面试在我国古代也是很重要的选拔测试手段。早在公元前7世纪，齐国君王齐桓公正是通过对管仲的面试问策后，任命管仲为相；历史上比较知名的选拔性面试还有孔子对其弟子们的面试、周文王对姜子牙的面试、宋太祖对寇准的面试、朱元璋对解大缙的面试等。一代名相诸葛亮对面试也有相当的研究，他提出了一套曲折变幻、颇有哲理的系统方法："问之以是非以观其智；穷之以词以观其变；咨之以谋而观其识；告之以难而观其勇。"古人的这些面试思想，对今天的面试实践仍有一定的指导意义。

自20世纪90年代以来，选人用人面试受到人们越来越多的重视。30多年前，人事部（2008年改为人力资源和社会保障部）结合我国国情将结构化面试引入公务员录用中。经过多年的实践，该技术已经日臻完善。在企事业单位选人用人的过程中，面试更是录用决策的关键测评手段之一。表1-5列举了国内选拔性面试的主要应用领域及其主要方式。

表1-5　选拔性面试的主要应用领域及其方式

应用领域	面试方式	主要特点
公务员录用	结构化面试为主，群体性面试为辅	关注面试的公平公正性
公务员遴选	结构化面试为主，结合行为性面试	关注应试者过去的工作行为
选调生选拔	结构化面试	关注基层工作能力和发展潜力

续表

应用领域	面试方式	主要特点
事业单位公开招聘	结构化面试，半结构化面试，结合专业面试	关注与拟任岗位相关的基本能力、业务技能和专业能力
企业人员招聘	灵活采用多种面试方式，侧重行为性面试	关注应试者过去的行为和潜能，以此预测其未来的绩效
中高级人才公开选拔	采用评价中心技术	关注应试者的综合管理能力和业务能力

不过，我国企事业单位现行的各种面试还存在许多问题，突出表现在随意性较强、实施过程不规范、面试官素养不够等。这对应试者是不公平的，对用人单位选拔人才是不利的。当前一个比较严重的问题是，由于结构化面试的题型有限，模式比较简单，因此许多应试者开始琢磨怎样应对结构化面试，碰到什么类型的问题应该如何回答才能得到好的评价，等等。这使得结构化面试在实践中真正发挥选人用人的作用大打折扣。

2. 我国面试的发展趋势

（1）从关注面试的公平公正性转向关注面试的有效性。在以往的面试实践中，用人单位非常关注面试的公平公正性，相对来说，对面试的针对性和有效性关注不够。举个极端的例子来说，抽签选人也是公平公正的，但显然是无效的。因此，现在用人单位越来越关注面试的有效性。

（2）从通用性面试转向分级分类面试。不论是在公务员录用面试还是事业单位公开招聘面试中，过去都存在千差万别的各类岗位共用"同一套题"的现象，甚至医护人员的招聘与后勤管理人员的招聘用同一套题。令人欣慰的是，随着公务员和事业单位分级分类改革，用人单位的理念也在发生积极的变化，分级分类面试开始深入人心。

（3）越来越多的测评技术开始应用于面试实践中。面试实践创新越来越受到用人单位的关注，各种情境模拟技术不断应用于面试方式的改进中。在本书后面的章节中，笔者将把自己在面试实践中尝试的一些新方式呈现给读者，相信会对人们的实践有所启发和帮助。

（4）面试官培训日益普遍，面试水平不断提升。前面我们提出了面试官培训的重要性。当前有关部门和用人单位开始加强面试官的培训工作，特别是各地公务员面试官已实行持证上岗制度，只有经过系统培训的面试官才能取得面试官资格证书，从而推动选人用人面试水平的不断提升。

1.4 当前面试实践中的主要问题

前面已经指出，面试是一种被人们广泛应用的人才测评技术。令人遗憾的是，这种技术在现实中的应用水平普遍较低，突出表现在面试提问的随意性较强、实施过程不规范、面试官缺乏培训等方面。下面我们将就面试实践中的常见问题进行讨论。

1．面试官素养不够

有人可能会说，人人都可以作为面试官，谁也不比谁差到哪里去。其实不然，面试是一项很需要技术和技巧的活动。人的知识经验和个性特点都是经过长期的社会交往和实践才逐渐形成的，而面试官通常只用 20～40 分钟去判断，难度可想而知！西方的早期调研表明，企业随意性的面试结果与录用后任职者的工作绩效的相关性几乎为零，这意味着通过传统面试选拔出来的人员的工作绩效与不用任何方式随机抽选出来的人员没什么差别，也就是说，传统面试并没有有效地评价应试者。由此可见，要想通过短时间的面试较准确地了解和评价一个人是很不容易的。

在面试过程中，不论是倾听与观察，还是提问与评价，都需要面试官掌握精湛的面试技术，不然就不能客观准确地评价应试者。在实践中，面试官的技术水平差异很大。笔者曾经经过对比研究发现，面试专家比企业人力资源管理者的面试效果明显要好，而人力资源管理者比一般业务人员的面试水平又高出一筹。其实，面试官事前是否经过培训对面试效果也是有显著影响的。因此，我们主张在面试前对所有面试官进行培训，以便其更好地掌握一些基本的面试技巧，保持面试官评价尺度的一致性。

2．缺乏面试设计导致面试没有选出组织需要的人才

面试是用人单位选拔合适人才的关键手段。要达到人适其岗、人职匹配的测评效果，事先需要好好设计面试，包括面试目标、面试测评要素、面试方式、面试试题、面试官构成等。令人遗憾的是，一些用人部门主管不重视面试设计，甚至在面试前没有什么准备，面试中想问什么就问什么。这样做，一是不利于系统地考察应试者的真实水平，把宝贵的面试时间浪费在东拉西扯上；二是会使应试者感到面试太主观随意，从而对用人单位和面试官产生不良影响。在面试实践中，有时由于面试官自己对某个话题特别感兴趣，因此在那个话题上追问了许多无关紧要的细节问题，这也是很不可取的。例如，在笔者以面试专家身份参与的一次招聘面试中，由于面试官是位热衷于股市的人，结果当在面试中发现一位似乎很精通股市的应试者时，他居然忘了自己面试官的身份，问

了许多有关股市方面的具体问题：

（1）你认为近期上证指数的走势如何？

（2）近期可否购进"×××"股票？

……

这样的面试提问不仅不能有效考察应试者的相关素质，而且容易损害用人单位的形象。只有当面试问题与岗位胜任力要求紧密相关时，才是有效的问题。

3．面试问题过于老套导致面试结果失真

由于面试直接关系到应试者能否找到一份如意的工作，因此他们会千方百计地在面试前参加各种应试培训，掌握面试技巧。另外，用人部门主管通常没有花太多时间去琢磨面试。这就导致一个很有讽刺意味的现象：一些面试官对面试测评要素和面试题型的熟悉程度远不如应试者，通过这样的面试选拔出来的人员是那些"会面试"的高手，而未必是用人单位需要的人。这里列举两个老套的面试问题。

（1）你为什么选择我们单位？

针对这样的问题，应试者很可能按套路来回答："因为你们单位很有发展前景……而我的兴趣和特长很适合我的应聘岗位……"面试官听到的是其爱听的回答，会觉得这名应试者最适合这个岗位，而至于真实的原因面试官根本就不清楚，说不定该应试者进单位半年就会跳槽。

（2）有人说，现在的大学生怕吃苦，你自己这方面怎么样？

针对这样的问题，培训老师会告诉应试者，"确实，我们这一代大学生从小生活条件都比较好，很多人确实没有吃过苦，也吃不起苦。但是，我与他们不同。来自偏僻的农村，而且家里比较贫困。我从小就帮助父母做很多事情，所以我不怕吃苦"。结果，可能面试官一上午面试了十个应试者，其中有七八个都是家境不好、能吃苦的人。这样的问题就很难考察应试者的真实面目。

4．面试的实施程序不规范

在人员招聘中，我们经常看到一些用人部门组织实施不力、实施程序不规范，主要表现在面试试题的保密措施不严、应试者的面试顺序任意指定、应试者的面试试题难度不同等，从而在客观上导致对应试者的不公平，败坏了用人单位的形象。包括新冠疫情后应用越来越多的线上面试，如果不做好试题的保密管理，那么结果很可能失真，公平性也遭质疑。这个问题应当引起用人单位的高度重视。从某种意义上来说，面试实施程

序的规范性、公平性比面试设计的好坏、面试官的技术水平高低更重要,因为面试实施程序的规范与否是每名应试者能直接感受到的,不规范的程序会使应试者内心产生不公平感。这种不公平感一旦产生就很难通过面试设计来改变。

在这个方面,公务员录用面试的实施程序做得比较规范,值得企事业单位借鉴学习:一是面试顺序常常是抽签决定的;二是每名应试者在面试前都封闭在一个大会议室里,手机一律由工作人员保管;三是每个人的面试时间都是20多分钟;等等。

5. 侵犯个人隐私

在面试实践中,我们经常看到用人单位问一些涉及应试者个人隐私的问题。例如,"你跟异性同居过吗?""如果老板骚扰你,你怎么办?"许多人认为只要不违反法律法规,用人单位可以根据考察需要问一些与隐私有关的问题。问题是,许多侵犯个人隐私的问题并不是与工作有关的。另外,我国公民自我保护意识越来越强,如果用人单位侵犯了个人隐私,个人可以对用人单位的侵权行为提出诉讼,这对一个用人单位来说绝对不是什么光彩的事儿。越来越多的应试者开始抱怨用人单位侵犯了他们的隐私。例如,有人曾对广州地区15名应届毕业生进行随机调查,结果发现,五名男生中有一名在面试时被问及有无女朋友的问题,十名女生中则有七名被问及"有无男朋友"等类似与个人隐私有关的问题,其中六名觉得"有点儿难堪以及不太愉快",只有一名大方地表示不介意回答这类问题。一名被采访的暨南大学女同学愤愤不平地对记者说:"我的私生活与找工作有关系吗?"由此看来,这个问题如果不引起用人单位的注意,可以说后患无穷。下面是一个真实发生在招聘面试中的事件。

应试者被催眠吐隐私

在浙江省一次高级人才洽谈会上,毕业于上海某名牌大学的统计学硕士李某因自荐书而当场被杭州市一家外商独资企业看好,并约她去公司面谈。那天一早到了公司,她才发觉和她一起参加面谈的还有五位高学历的女士,她们应聘的岗位是"物流管理课长"。招聘主管与她们聊了些常规问题后,突然很郑重地问李某睡觉时做不做梦。她如实地回答:"自己基本上每天晚上都要做梦。"对方接着又问:"你说过梦话吗?"她回答曾经说过几次。对方沉默了片刻,便要求她闭上眼睛,请她回忆前一天的梦境。没有丝毫心理准备的她闭上眼睛进入沉静的追忆状态。对方在她耳边轻声提示:"说出来吧,说出来吧,把想说的说出来吧!"她感到有点儿像被催眠了一样,头脑昏昏沉沉,然后无法抗拒又莫名其妙地当场说了一些"梦话"(她事后不知道自己那天究竟说了些什么"梦话")。接着对方"叫醒"了她,然后告诉她"不适合这份工作"。她就只好起身离去,心里有一种说不清的感受:"就像被人合法地窥视了隐私,我很后悔!"

我们期望,这种面试情境最好不要在你所在的单位里发生。在美国,招聘单位很注意保护个人隐私问题,否则很容易受到指控。

第 2 章
招什么样的人：明确用人需求

用人需求对人员招聘面试有多重要

某大型国有控股公司招聘副总经理，笔者有幸成为其中一名面试官。由于种种原因，笔者对该公司的背景情况和用人要求了解不多，只知道要从综合分析能力、管理决策能力、组织协调能力、应变能力等方面去考察七位候选人，并从中选出一位。面试结束后，我对其中一位候选人的综合评分与另外几位面试官有很大的差别。那位候选人（当时是国家发展改革委的一位处长）虽然在综合分析能力等方面很优秀，而且对该公司所在行业的状况和发展趋势有很强的分析和预测能力，但明显的不足是，他缺乏企业管理经验，组织协调意识和技能也还不够，所以我觉得他担任副总经理并不合适。而另两位面试官是该公司的董事长和总经理，他们对这位候选人的评价很高。最后，他们认可了我的评价，但表示对公司需要什么样的副总经理很清楚。他们说，公司缺的正是这样一位对行业发展趋势有很强的宏观分析和判断能力的人，至于具体组织管理工作的不足可以通过其他副总经理来弥补，而这位候选人的强项是他们很需要而其他人又不具备的。

大家可以想到，如果笔者事先清楚该公司对所招聘副总经理的具体岗位要求，那么就会对岗位所需的素质配以更高的权重，就会把更适合该岗位的"千里马"选出来。而这些具体岗位的要求从何而来？这就要从用人需求入手。

从人员招聘面试的角度来说，用人单位究竟想招什么样的人是最根本的问题。可以设想，如果面试官自己都不清楚需要什么样素质的人，怎么可能找到理想的应试者呢？工作分析和岗位胜任特征分析是澄清应试者所需具备素质的重要方法，本章将重点讨论这一方法。

2.1 用人需求究竟是什么

2.1.1 明确拟招聘岗位的工作任务

在招聘计划制订前，首先要明确要招的人是干什么的。经验做法是摸清所招人员的工作任务，更系统全面的做法是做工作分析。工作分析就是运用系统性的方法收集与工作有关的各种信息，明确组织中各个岗位的工作目标、职责和任务、权限、工作中与组织内外其他人员的关系、基本要求等。

下面我们以局长秘书岗位为例，列出通过工作分析获得的该岗位的工作活动方面的内容。

工作活动

- 接收和筛选信件；负责来往公文、报告、指令、局内发生的重要事情和决定的记录。
- 起草、打印日常的公文和报告。
- 根据口授记录或讲话录音整理工作笔记。
- 检索档案材料和其他文件，选择有用的信息供局长答复公文和电话询问。
- 接待并选择来访人员；回答电话询问，提供有关情况；听从领导召唤；安排预定时间表。
- 安排出差食宿的预订；根据要求做好出差准备；负责有关资料的管理；完成与办公室有关的其他工作。

显然，这些信息对于工作者了解工作的性质和任务是很重要的。从招聘者的角度来说，这些信息有助于用人单位招到合适的人；从应试者的角度来说，这些信息能使他们更好地了解和熟悉未来的工作，并据此做出自我评估，估计自己可以在多大程度上胜任这份工作，从而为日后更好地适应新工作做好心理准备。

2.1.2 分析拟招聘岗位的任职要求

通过对任职者的访谈和工作活动的分析，可以梳理出任职者的任职要求，也称工作规范。从人员招聘的角度来说，任职要求直接关系到招聘效果。

工作规范规定了从事该工作的人员的一般条件，如文化程度、专业技能、工作经验、价值观念、兴趣爱好等。这应该是人员招聘和竞争上岗面试前最需澄清的要求，可以使面试更有针对性和实效性。

工作规范中任职者的条件通常包括四个方面（简称KSAO）：

（1）知识（Knowledge），包括知识广度、专业知识等，所受的教育、参加的培训和工作经验也是很重要的方面，因为它们也能反映任职者的知识水平。

（2）技能（Skill），指一般的技能，如外语交流技能、计算机一般操作技能，以及专业技能，如财会人员熟练应用用友财务软件的技能等。

（3）能力（Ability），包括各种与工作相关的能力，如营销人员的客户沟通能力、人际交往能力、应变能力等。

（4）其他特征（Others），主要是与工作相关的个性特征，如科研人员的进取意识、成就动机、研究兴趣等。

仍以局长秘书岗位为例，列出通过工作分析获得的该岗位的工作规范。

工作规范

- 教育：大学本科毕业文化程度。
- 知识：了解办公室工作的程序与方法。
- 经验：具有两年以上的秘书工作经验。
- 技能：具有较强的英语阅读和会话技能；具有办公自动化软件的操作技能。
- 能力：文字能力强，能起草日常公文和报告；具有较强的沟通协调能力；对日常事务和档案有一定的管理能力。
- 其他特征：耐心细致；应变性与主动性；整洁的外表。

由此可见，工作规范信息能使我们全面地看到一项工作对任职者各方面的素质要求，这些素质要求往往是与工作密切相关的。在现实中，由于缺乏工作规范信息，许多

用人单位在招聘时凭经验确定用人条件，结果该有的招聘条件没有，而有的条件又根本没有必要，等等。例如，本来大学生就能胜任的岗位非得招聘研究生，身高并不重要的岗位非得要求身高 170cm 以上，等等。

2.2 如何摸清用人需求

2.2.1 摸清用人需求的方法

笔者认为，一个理想的任职者必须做到三个层面的匹配，包括职位匹配、团队匹配和组织匹配（详见表 2-1）。

表 2-1 理想的人职匹配模式

职位匹配	团队匹配	组织匹配
• 职业能力与职位需求匹配； • 心理素质与职位要求匹配	• 人际技能与团队氛围匹配； • 人格特质与领导风格匹配	• 潜能特征与组织战略要求匹配； • 个人价值观与组织文化匹配

由此可见，对一个理想的任职者来说，不论是业务能力还是心理素质，不论是团队配合还是组织文化适应，都具有比较高的要求。而要摸清从岗位工作到组织匹配这么复杂的用人需求，不是仅仅依靠人力资源管理者就可以做到的，而是需要业务部门、人事部门、组织高层等多方面的人员共同商讨研究。其中，职位匹配层面的需求可以通过规范有效的工作分析来获得，通常包括七个步骤（见图 2-1）。

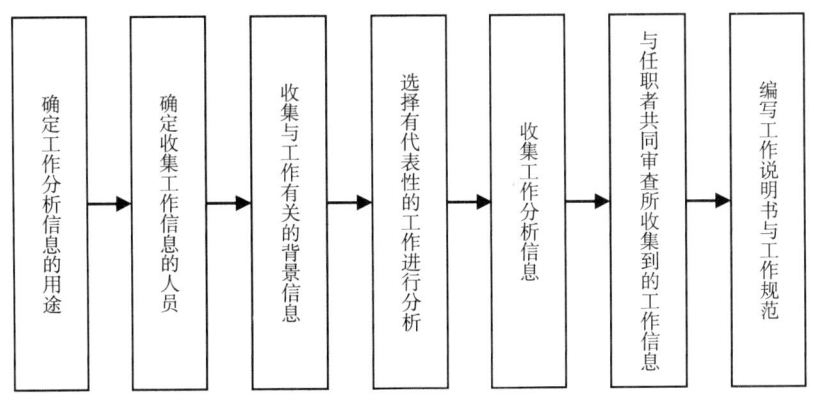

图 2-1 工作分析的程序

1. 确定工作分析信息的用途

工作分析前首先要明确工作分析信息的用途，因为不同的工作分析目的直接决定了收集哪些方面的工作分析信息，采用何种工作分析方法。如果工作分析信息用于岗位说明书的编写，那么访谈法就是很重要的手段；如果工作分析信息用作薪酬的确定，那么问卷调查法可能是最主要的手段。一般用于人员招聘的工作分析主要采用访谈法和问卷调查法等手段。

2. 确定收集工作信息的人员

这里的人员是指对工作进行分析的人员、该工作的任职人员及其有关上下级人员。工作分析需要各方人员的共同配合来完成。为了保证此项工作的顺利进行，通常需要建立工作分析小组，小组成员包括人力资源部门的人员、外聘的工作分析专家和相关人员等。

这一步的一项重要工作是对工作分析人员进行培训。任何形式的工作分析都不能脱离具体的组织背景，因此，除了通过培训让工作分析人员掌握选定的工作分析方法，还要让他们对整个组织系统的情况有全面和清晰的了解。另外，对工作分析对象进行思想动员也是一项很重要的工作，可以以工作分析小组的名义召集有关人员座谈，取得他们的理解和支持，以便获得真实准确的工作分析信息。

3. 收集与工作有关的背景信息

在正式工作分析前，还需要收集与工作有关的背景信息，包括组织机构设置图、组织流程图、任职者的大体情况等方面的信息。如果以前有关于各项工作的说明书，那一定要认真研究一下，这对工作分析有重要的参考价值。

4. 选择有代表性的工作进行分析

在工作分析实践中，需要分析的工作岗位往往很多，而许多岗位之间又有相似性，如企业生产线上的装配工。这时若对所有工作进行分析将耗费大量的人力、物力，事实上也没有必要对所有工作进行分析，因此，可以选择一些有代表性的岗位进行重点分析。

5. 收集工作分析信息

所需分析的工作岗位确定后，就可以开始收集工作分析信息，包括有关的工作活动、对任职者的职责要求及对任职者自身素质方面的要求。注意，要根据工作分析的目的选择适宜的工作分析方法。这里我们简要介绍一下面试测评要素确定中常用的访谈法。

访谈法是一种有效且适用面广的工作分析方法，很受工作分析专家的青睐。访谈法可分为个人访谈和群体访谈。个人访谈，即工作分析人员每次只对一位任职者进行访谈，而群体访谈，即工作分析人员在同一时间内对一批人进行访谈。显然，个人访谈比群体访谈要花费更多的时间和金钱，但是任职者在个人访谈时会更加敞开胸怀说话，因为任职者更加相信他们所说的话会得到保密。

采用访谈法时，应注意遵循以下原则：

（1）在访谈前应做好一些准备工作，包括准备一个访谈提纲，选择一个合适的场所，等等。笔者曾经为某公司招聘一名副总经理。在招聘前的岗位分析中，我们对同类公司的副总经理进行了访谈，并为此准备了一个简单的访谈提纲：

- 您在经营决策中的权限有多大？主要体现在哪几个方面？
- 在您任职期间，能否给我们介绍一些做得比较满意的决策事件？
- 在您过去的管理工作中，最令您遗憾的一个事件是什么？您从中得到了什么教训？
- 您认为一个优秀的任职者（副总经理）应该是什么样的？需要何种专业背景和相关经验？需要哪些方面的专门培训？需要具备哪些素质？

（2）开始访谈时，应先与被访谈者进行沟通，简明扼要地告诉对方访谈的目的，需要问他很多问题的原因，他的如实回答为你的工作分析所带来的帮助等，以便达成融洽的关系，保证访谈在轻松愉快的氛围中进行。

（3）访谈中，需要确保话题与工作分析目的紧密相关，同时尽量使用开放式问题和易于理解的词汇，并让被访谈者有足够的时间来思考和回答问题。

（4）注意对被访谈者提供的信息进行评价，看看是否有歪曲事实的地方。因为被访谈者有时对自己的工作会夸大其重要性、复杂性和强度。而对与自己有利害关系的信息，被访谈者在表述时往往会与事实有所出入。这也是访谈法的一个最大缺点，在访谈中尤其要注意。

6. 与任职者共同审查所收集到的工作信息

工作分析提供了与工作的性质和功能有关的信息，而通过工作分析所得的这些信息只有与从事这些工作的人员，以及他们的直接主管进行核对才有可能不出现偏差。所以，审查工作有助于确定工作分析所得的信息是否正确、完整，同时有助于确定这些信息能否为所有与分析工作相关的人员所理解。必要时，可以让任职者对这些工作分析进行修改、完善。

7. 编写工作说明书与工作规范

通常，在完成工作分析之后就要编写工作说明书和工作规范了。在这里，需要将通过各种工作分析方法所得的信息进行归纳、汇总和总结，最后整理成正式的书面文件，即工作说明书。在人才招聘前的工作分析中，要特别强调工作规范，即工作对人的任职要求。

2.2.2 用人需求的内容

经验性的用人需求通常包括招聘对象、招聘条件、岗位要求等，而系统全面的用人需求是通过工作分析获得的工作说明书。工作分析的结果形式多种多样，不同组织的工作说明书千差万别，这与各组织的具体情况有关。表2-2和表2-3是两个实际样例。

表2-2 某银行省级分行办公室主任的工作说明书

职位名称：省分行办公室主任	专业类别：办公室	职位代码：
工作项目： 1. 管理领导办公室的全面工作； 3. 筹备组织各类工作会议； 5. 组织调研； 7. 组织答复提案；		2. 负责拟制工作方案； 4. 负责保密工作； 6. 批阅、传阅公文； 8. 领导交办的其他工作。
工作任务： 1. 主持办公室全面工作，协调组织机关各处室工作，管理教育行员履行职责，积极完成上级交付的各项工作任务（30%）； 2. 根据总行有关精神和省分行领导的意见，组织起草分行工作规划和贯彻落实党的各项方针、政策、规定的实施意见，经组织讨论决策后，行长审核签发执行（10%）； 3. 负责协调、筹备、组织全省金融工作会议，本系统全省分、支行长会议和全行性的各种会议（10%）； 4. 负责组织分行机关保密委员会的日常工作，研究制定保密工作规章制度和办法，坚持开展经常性保密教育工作，组织节假日前的保密检查工作（10%）； 5. 组织综合调研，布置有关处室专题调研，组织起草调研报告，经领导审核签发（20%）； 6. 批阅总行、省委、省政府及同级各厅局、各地、市、州分行文件，分别呈送领导和有关部门传阅，根据领导批示做好有关文件精神的贯彻落实和监督检查（10%）； 7. 参加省人大、省委、省政府召开的提案工作会议，召开有关处室分解任务、落实议案、提案的答复工作（5%）； 8. 完成领导交办的其他工作（5%）。		

续表

管理协调：

接受管理：分管副行长、行长　　　　　人员管理范围：本室所有人员

业务管理范围：领导本室各项工作以及综合业务管理和协调，指导所管辖系统内保密、文档和信息反馈

部门内协调：各职位　　　　　　　　　部门间协调：各处室

单位与行业间协调：省委、省政府办公厅及省级各金融机构办公室

职位责任：

责任范围：参与行内政务、协理行务、处理文务及本室各项工作，保证分行机关正常的工作秩序，对本室工作负全部责任　　　　　　责任大小：重大

失误后果：影响金融方针政策的落实，影响分行正常办公秩序，使领导决策失误

工作标准：

1. 正确理解上级意图，严格执行国家方针政策和行业规章制度，工作尽职尽责，做到主动、严谨、有序、客观、公正、高效；
2. 制订工作计划，统筹兼顾，突出重点，合理、周密，可操作性强；
3. 维护办公秩序运转正常，督促、检查各项规章制度的落实；
4. 批阅文件及时，办理意见简洁明了；
5. 热情、诚恳、周到、合理、适时地安排全行性的各种会议；
6. 及时、圆满地完成领导交办的事项。

任职要求：

1. 教育程度：大学　　　2. 专业证书：无　　　3. 语言条件：英语四级
4. 培训：脱产6个月，不脱产12个月　　　5. 特殊技能：无
6. 经历与经验：担任办公室副主任或银行业务处室副处长三年以上

设备、工具、武器：远程通信工具

升迁和转任方向：

1. 升迁上一级领导或非领导职位；　　2. 转任同级其他领导或非领导职位。

表2-3　某项目工程师的工作说明书

岗位

部　　门	管理信息中心	职　　位	项目工程师
分部门	MRPII办公室	批准者	经理
任职者姓名	×××	工作性质	技术开发、项目维护
批准日期		20××年×月×日	

工作关系

直接管辖者职位	经理
直接管辖下属之人数	无
直接管辖下属之职位	无
其他关系	为MRPII系统实施提供技术支持及保证，与有关部门存在协作关系

续表

工作要求	
学历资格要求	计算机类或管理类相关专业本科以上
技能资格要求	熟悉计算机软件设计，对企业管理有深刻了解
工作经验	两年以上实际工作经验

职责和权力	
权力	提出分项目系统方案及实施计划，监控实施进度。 批准：×××
岗位责任	1. 负责分项目的系统分析； 2. 拟制分项目实施计划； 3. 负责分项目的具体实施； 4. 负责监控和协调分项目实施进度，并反馈进度报告； 5. 负责分项目模块文档的编制工作； 6. 负责分项目模块运行培训及维护。 任职者签名：×××
备注	此表一式两份，一份存档，一份由任职者保存。

2.3 各类人员的职位画像

我们经常会看到这样一个现象：一个人在某个岗位上总是做不好，可换一个单位或换一个岗位，却做得非常好。所谓"人挪活，树挪死"说的就是这个意思。这是为什么呢？还有一个常见的现象：有的人很聪明，可什么工作都做不好，最终一事无成。这又是怎么回事？这些问题的答案，都涉及各类岗位的人才画像。

人才画像是以岗位要求为基础，定义和刻画出胜任某一岗位的人才原型，包括教育背景、履职经历、基本条件、知识技能、价值观、自我形象、人格特质、动机等。根据岗位要求，以画像的形式描绘适合的人才特征，让用人单位清楚地知道自己需要什么样的人。人才画像可以解决人才与岗位的不匹配，让人才快速便捷地找到自己的工作，用人单位也可以根据人才画像找到相应岗位的人才。表2-4是某集团人力资源总监的人才画像。

表2-4 某集团人力资源总监人才画像

分类		详细内容
任职资格	年龄	30~45岁
	学历	本科以上
	工作经历	5年以上
	所学专业	专业不限，管理学、人力资源专业与MBA优先

续表

分　类		详细内容
能力素质	知识	熟悉人力资源管理六大模块，对核心人才的引进、使用、培养、激励有独到深入的见解
	技能	掌握岗位职责梳理、绩效考核、薪酬结构设计等技能
	关键历练	5年以上大中型企业人力资源管理经理以上职位，有集团企业总部人力资源管理经验，有人力资源全面管理的实操经验
	胜任力	影响推动、组织变革、体系搭建、团队管理、系统思维
	个性特征	开放包容，追求高目标
	职业兴趣	喜欢与人打交道
什么样的人一定不会要		缺乏事业心，情商低，品行不端
什么样的人会优先考虑		主导过人力资源变革项目，尤其是绩效薪酬管理变革 经历过从零开始搭建人力资源管理体系
定薪		年薪50万～60万元

2.3.1　如何构建人才画像

如何构建职位的人才画像呢？任职者的素质要求是工作分析的核心内容之一，但是在传统工作分析中，任职者的素质要求往往是一些知识经验和一般技能，对于与工作相关的个性因素（如进取心、成就欲等）考虑甚少，而后者恰恰是人才画像很重要又最难获得的胜任力。另外，传统工作分析结果中所列出的素质要求多半是根据任职者的经验总结出来的，所以通常没有很强的逻辑性。就以2.2.2节中表2-3列出的某项目工程师的工作说明书为例，"两年以上实际工作经验"是该职位的基本工作要求，但问题是，凭什么表明"一年实际工作经验甚至没有实际工作经验"的人不适合这个岗位？这是传统工作分析无法回答的问题，而胜任特征分析的方法则不同，调研表明，具有"两年以上实际工作经验"的人工作绩效明显比"一年实际工作经验甚至没有实际工作经验"的人好，那么"两年以上实际工作经验"作为该职位的胜任特征，才会成为该职位的画像特征。所以，胜任特征分析才是获取人才画像的重要方法。

所谓胜任特征，是指"与工作绩效有因果关联并能预测高绩效的个体的稳定的潜在特征"（Spencer，1993），换言之，是指能够将某一工作或组织中表现优异者与表现一般者区分开来的个体特征。那么，这些个性特征是什么？传统研究者认为包括四个方面的要素：知识（Knowledge）、技能（Skill）、能力（Ability）和其他特征（Others），简称KSAO。进入20世纪90年代后，人们发现其他特征主要是一些个性品质，如人们的合作精神、开放性、成就动机等。

不同岗位对胜任特征的要求是不一样的。例如营销人员，除了要具有相关的专业知识，还要具有良好的沟通能力、人际敏感性等胜任特征。对营销人员而言，不同岗位的要求也会有较大的差异。例如，对于某制药企业的新产品营销岗来说，营销人员需要开拓新市场，经常往医院跑，耐心地向医生说明药理，说服他们试用新药；向药品部负责人甚至医院院长说明自己的新产品的特点……所以，这个岗位很可能要求营销人员具备医学专业知识，有与医院打交道的经验，有韧性，能吃苦，等等。而对于某卫生纸生产企业的营销人员来说，关键的工作可能需要维持与客户的长期关系，因为卫生纸是一种日常消费品。这个岗位很可能要求营销人员具有良好的言行举止、正直诚恳的品行、关注客户的需求并主动服务的意识，等等。由此可见，即使对于同类工作，不同岗位的任职要求也会有很大差异。

根据现有的研究与实践，胜任特征主要包括以下几个层面：

（1）知识。个人在某一特定领域拥有的事务性与经验性信息，如对某类产品营销策略的了解等。

（2）技能。个人掌握和运用专门技术的能力，如商业策划能力等。

（3）社会角色。个人对于社会规范的认知与理解，如以企业领导、主人翁的形象展现自己等。

（4）自我认知。个人对自己身份的知觉和评价，如将自己视为权威、教练、参与者或执行者等，表现出来的是个人态度、价值观与自我形象。

（5）人格特质。一个人的个性、心理特征对环境与各种信息所做出的一贯反应，如善于倾听、处事谨慎、做事持之以恒等。

（6）动机。推动个人为达到一定目标而采取行动的内驱力，如总想把自己的事情做好，总想控制、影响别人，总想让别人理解、接纳自己等。

上述胜任特征常用水中漂浮的一座冰山来描述。知识、技能属于表层的胜任特征，漂浮在水面上，很容易被发现；社会角色、自我认知、人格特质和动机，属于深层的胜任特征，隐藏在水面下，且越往下越难被发现。深层特征是决定人们行为及表现的关键因素。

下面以客户服务人员为例，说明胜任特征的构成。

客户服务人员的胜任特征通常由浅及深包含如下方面（示意图见图2-2）。

知识：对所从事行业服务信息或业务信息的学习、组织、理解和应用。

技能：掌握和运用服务技术的能力和技巧，如电话沟通能力、信息处理技能等。

社会角色：员工基于对社会规范和职业规范的认识，在他人面前表现出来的社会形象，例如，有些员工热爱集体、遵守纪律、富于同情心、为人正直诚实、乐于奉献，积极、主动、自信地帮助客户解决问题，努力兑现承诺；而有些员工对集体漠不关心、自由散漫、冷酷无情、自私自利，被动、消极、冷漠地服务客户。

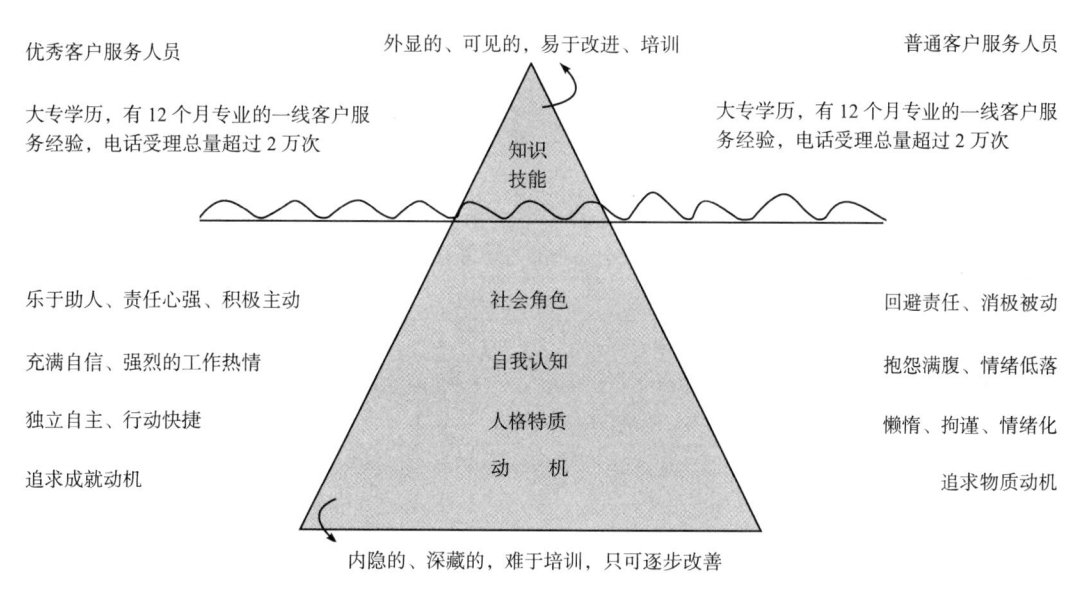

优秀客户服务人员　　　　　　外显的、可见的，易于改进、培训　　　　　　普通客户服务人员

大专学历，有12个月专业的一线客户服务经验，电话受理总量超过2万次

大专学历，有12个月专业的一线客户服务经验，电话受理总量超过2万次

知识技能

乐于助人、责任心强、积极主动　　　社会角色　　　回避责任、消极被动

充满自信、强烈的工作热情　　　　　自我认知　　　抱怨满腹、情绪低落

独立自主、行动快捷　　　　　　　　人格特质　　　懒惰、拘谨、情绪化

追求成就动机　　　　　　　　　　　动　机　　　　追求物质动机

内隐的、深藏的，难于培训，只可逐步改善

图 2-2　客户服务人员胜任特征示意图

自我认知：对自己身份的认识或知觉，例如，有些员工自卑、羞怯、自暴自弃，认为自己的角色只是个接线员，把客户服务工作看作一个低声望职业；而有些员工自信、大方、自尊自重，积极致力于成为客户的咨询专家、营销专员、业务顾问，认为客户服务工作可以实现自我价值，是个高声望职业。

人格特质：个人人格特征及典型的行为方式，例如，有些员工热情奔放、当机立断、独立自主、善于交往、行动快捷、情绪稳定；而有些员工做事拘谨、顾虑重重、交往面窄、疑虑困惑、不善言辞、主动性差、情绪易波动等。

动机：激发、维持、调节并引导员工从事某种活动的内在心理过程或推动力量。有些员工的工作动机是追求物质利益或社会地位，而有些员工的工作动机是追求职业成功或自我实现等。

员工的业绩优劣是由深层次的动机引发的。改变一个人很难，如果员工自身没有改变的动机或不努力配合，那么改变特质几乎是不可能的。因此，管理者与其试图改变人，不如去做选拔人的工作。员工个体所具有的胜任特征有很多，但企业所需要的不一定是员工所有的胜任特征。企业会根据岗位的要求以及组织的环境，明确能够保证员工胜任该岗位工作、确保其发挥最大潜能的胜任特征，并以此为标准对员工进行挑选。

2.3.2 五类职位的通用人才画像

人才画像包括显性特征（如年龄、学历）和隐性特征（如价值观、个性），隐性特征相对比较难获得。通常，胜任力模型就是每个特征及其权重的组合。在实践和应用中，有五大类职业的通用胜任力模型，它们分别针对管理人员（见表2-5）、技术与专业人员（见表2-6）、市场营销人员（见表2-7）、企业家（见表2-8）、社区服务人员（见表2-9）。这五大类通用胜任力模型也可以说是五个通用人才画像的核心特质。

表2-5 管理人员的通用胜任力模型

权　重	胜任特征	权　重	胜任特征
★★★★★	冲击与影响力	★★	自信心
★★★★★	成就导向	★★	直接/果断性
★★★★	团结与合作精神	★★	信息收集
★★★★	分析性思维	★★	团队领导力
★★★★	主动性	★★	概念性思维
★★★	培养他人	基本要求	（对组织的了解与关系建立）专门知识/专门技术

表2-6 技术与专业人员的通用胜任力模型

权　重	胜任特征	权　重	胜任特征
★★★★★★	成就导向	★★★	人际洞察力
★★★★★	冲击与影响力	★★	信息搜寻
★★★★	概念性思维	★★	团队协作
★★★★	分析性思维	★★	专业知识
★★★★	主动性	★	客户服务导向
★★★	自信心		

表2-7 市场营销人员的通用胜任力模型

权　重	胜任特征	权　重	胜任特征
★★★★★★★★★	冲击与影响力	★★	关系建立
★★★★★	成就导向	★★	分析式思考
★★★★★	主动积极	★★	概念式思考
★★★	人际EQ	★★	信息收集
★★★	客户服务导向	★★	（组织认知）了解客户组织运作模式

续表

权　　重	胜任特征	权　　重	胜任特征
★★★	自信心	门槛	技术方面的专业知识、相关技术或产品知识

表 2-8　企业家的通用胜任力模型

权　　重	胜任特征	权　　重	胜任特征
★★★★★★★	成就导向	★★★★	自信心
★★★★★★	主动性	★★★★	专业经验
★★★★★★	捕捉机遇	★★★★	自我教育
★★★★★★	坚持力	★★★	冲击与影响力
★★★★★★	信息搜寻	★★	指挥能力
★★★★★★	质量和信誉意识	★	培养下属
★★★★★	系统性计划	★	公关
★★★★★	分析性思维		

表 2-9　社区服务人员的通用胜任力模型

权　　重	胜任特征	权　　重	胜任特征
★★★★★	冲击与影响力	★★★	技术专长
★★★★★	培养下属	★★★	客户服务意识
★★★★	人际洞察力	★★★	团结协作
★★★	自信心	★★	指挥能力
★★★	自我控制	★★	概念性思维
★★★	个性魅力	★★	主动性
★★★	组织承诺	★★	灵活性
★★★	分析性思维		

2.4　样例启示——国际公务员人才画像：核心能力及其行为指标

国际公务员的人才画像对我们有借鉴作用，特别是国际公务员的核心能力及其行为指标非常明确，便于在人才选拔和评价中把握。

2.4.1　国际公务员的未来胜任力模型

最初联合国在《联合国宪章》中对国际公务员的素质标准进行了宏观定义，并在

2001 年出台了《国际公务员行为准则》，构建了 50 多条国际公务员应该遵守的行为标准。联合国专门机构又经过一系列探索，开发了联合国的"未来胜任力模型"，提出了有关国际公务员的招聘考核相关标准。联合国未来的胜任力报告把未来胜任力模型概括为三个维度：3 项核心价值观、8 项核心胜任力和 5 项管理胜任力（见表 2-10）。

表 2-10 国际公务员的能力维度

核心价值观	核心胜任力	管理胜任力
诚信	沟通能力	视野
专业精神	团队精神	领导力
尊重多样性	计划与组织	适当授权
	责任心	绩效管理
	创造性	信任构建
	客户导向	判断与决策
	对持续学习的承诺	
	科技意识	

上述各类胜任力素质都有相应的行为特征描述，下面以"诚信""客户导向"为例进行说明。

1. "诚信"

（1）符合"诚信"价值观的总的积极行为特征描述。

- 坚持《联合国宪章》的原则；
- 在日常生活和工作中体现联合国的价值（涵盖公正、公平、诚实、真实）；
- 不考虑个人得失；
- 决策时，能抵制不当的政治压力；
- 不滥用权力或权威；
- 支持所有符合组织利益的决定，哪怕不受欢迎；
- 一见到不符合职业道德或道德规范的事，就立即予以制止。

（2）不符合"诚信"价值观的总的积极行为特征描述。

- 没有正当理由，随心所欲地灵活解读原则和道德规范；
- 寻求个人利益；
- 一遇压力就妥协让步；
- 看问题、看人或看一个团体时，主观性强，有偏心；

- 为人不可靠；
- 为人有时不老实。

下面是评估一般工作人员、中基层管理人员和高级管理人员践行"诚信"价值观四档表现的差异行为特征描述，分别按照"出色""合格""待改进""不尽如人意"列举。

（1）表现"出色"的行为特征描述。
- 积极主动寻求了解、理解本组织所看重的价值，审视自己的言行，确保在言行上践行本组织的价值；
- 做任何事情，绝不考虑个人得失，即使遇到政治压力，仍然坚持原则；
- 确保自己的所有言行及决定都符合本组织的最大利益，遇到有潜在争议的问题，咨询比自己资深的上司；
- 随时审视自己或他人是否有违背道德操守或缺乏诚信的言行，一旦发现，立即采取行动加以纠正，随时随地宣传、倡导"诚信"的重要性。

（2）表现"合格"的行为特征描述。
- 努力确保自己的言行基本符合本组织倡导的价值；
- 做任何事情，不考虑个人得失，总的来说，能够尽可能抵制政治压力；
- 确保一切言行及决定符合本组织的最大利益；
- 随时审视自己或他人是否有违背道德操守或缺乏诚信的言行，一旦发现，能采取行动加以纠正。

（3）表现"待改进"的行为特征描述。
- 能够努力使自己的言行基本符合本组织所倡导的总体价值；
- 可以不考虑个人的重要利益，但有时难以抵制政治压力；
- 行事或决定基本上能考虑本组织的利益，同时寻求在组织利益与职工及其他有关方的利益之间达到平衡；
- 看到他人言行严重不符合道德操守或缺乏诚信时，大多能够予以指出。

（4）表现"不尽如人意"的行为特征描述。
- 不关心本组织所倡导的价值，也不用本组织的价值观来规范自己的言行；
- 有时要考虑个人得失，遇到政治压力，不能坚持原则；
- 采取行动及决策时，更多关注员工及其他有关方利益，而不是本组织的利益；
- 看不到也不纠正自己及他人不符合道德操守或缺乏诚信的言行。

2. "客户导向"

（1）符合"客户导向"要求的总的积极行为特征描述。

- 把所有的服务对象都看成客户，并寻求从客户角度来看待事物；
- 获得客户的信任和尊重，与他们建立并保持有效的伙伴关系；
- 弄清楚客户的需求，并采取合适的措施满足他们的需求；
- 随时关注客户的内部及外部情况，了解进展，预测问题；
- 随时向客户通报项目的任何进展或困难点；
- 确保按期向客户交付产品或服务。

（2）不符合"客户导向"要求的总的积极行为特征描述。

- 没有充分了解客户的想法；
- 很少考虑帮助他人；
- 与人联络感情、建立关系较慢；
- 不积极满足客户的需求；
- 几乎没有证据表明获得了客户的积极反馈；
- 不积极向客户通报有关情况。

下面是评估一般工作人员践行"客户导向"核心能力四档表现的具体行为特征描述。

（1）表现"出色"的行为特征描述。

- 把工作中接触到的所有人都看成客户；
- 积极主动地明确哪些是客户，并在信任和尊重的基础上与他们建立牢固的关系；
- 积极主动地了解客户现在及潜在的需求，并了解满足他们需求的方式；
- 与客户坦诚沟通，并随时向他们通报工作进展及可能对他们有影响的任何问题。

（2）表现"合格"的行为特征描述。

- 只把直接服务对象看成客户；
- 只与老客户在信任和尊重的基础上建立牢固的关系；
- 能够了解客户的需求，并考虑满足他们需求的最佳方法；
- 与客户坦诚沟通，并向他们通报工作进展。

（3）表现"待改进"的行为特征描述。
- 只把外部服务对象看成客户；
- 只知道关键客户，只设法解决他们提出的问题；
- 只当客户提出需求时，才考虑满足他们需求的方法；
- 总的来说，能向客户通报工作进展。

（4）表现"不尽如人意"的行为特征描述。
- 不把服务对象看成客户；
- 不为与客户建立关系而做任何努力；
- 不设法了解客户的需求，也不考虑如何满足他们的需求；
- 很少与客户进行沟通，常常不向客户通报工作进展。

2.4.2　国际公务员的五大软实力

国内学者滕珺等人对联合国系统各机构网站发布的1742份招聘说明书进行编码研究和深度访谈，结果发现国际公务员需要具备五个维度的软实力：价值观、专业知识、思维方式、国际可迁移能力和人格特质，如表2-11所示。

表2-11　国际公务员人才素质模型的编码结果

维　　度	指　　标	编码频次	编码频次总计
价值观	尊重多样性	151	362
	专业精神	141	
	正直	70	
	民族文化身份认同	0	
专业知识	个体专业知识	1172	1679
	组织机构知识	507	
思维方式	团队合作	267	494
	客户第一	143	
	目标明确	84	
国际可迁移能力	沟通交流技能	1199	3364
	管理技能	938	
	组织、计划与执行力	781	
	人际交往技能	221	
	信息技术技能	156	
	快速学习技能	69	

续表

维　　度	指　　标	编码频次	编码频次总计
人格特质	开放灵活	120	358
	尽职尽责	82	
	抗压能力	64	
	主动积极	48	
	细致敏感	44	

总体而言，在这五大维度中，国际组织最强调的是国际可迁移能力和专业知识这两个维度，其中，国际可迁移能力的编码频次总计 3364 次，专业知识的编码频次总计 1679 次。其次为思维方式、人格特质和价值观，编码频次分别为 494 次、358 次和 362 次。需要说明的是，编码频次的多少并不直接对应这些维度在整个人才素质结构模型中的重要性，因为有些维度（如价值观）是缄默的，在《联合国宪章》以及《国际公务员行为准则》中都反复强调，因此在每一份具体的招聘说明中就不会过多涉及。不过，总体而言，这种自下而上的研究从另一个视角揭示了国际公务员实际招聘过程中应用的素质模型。

第 3 章
面试怎么评：面试官评价中的信息加工与印象形成

为什么名校的大学生更容易被录用

笔者曾在一家公司担任面试官，其他多数面试官是该公司的有关领导，主面试官是公司的总经理。在面试了四名大学生后，大家感觉他们没有表现特别突出的，而且其中三名是女生。这时第五名应试者出现了，公司领导眼睛一亮，因为这是一名从清华大学毕业的男生。公司领导都给了很高的评分，可这名大学生在面试中的表现并不比其他应试者好多少。于是，笔者问他们为何给高分，他们说清华大学的学生素质都很高，面试表现错不了，这样的学生正是他们想录用的。笔者就说，既然这样，还需要面试吗？直接录用名牌大学的应试者不就行了吗？

上述现象有一定的普遍性，面试官在面试评价之前往往会对应试者形成一种期望。这种期望对于那些背景较好、履历表上成绩辉煌的应试者来说，无疑是很有利的；相对来说，对于那些学校一般、成绩不够"辉煌"的应试者来说，这种期望是很不利的影响因素。这正是人性的弱点，面试官见到漂亮又可爱的应试者往往给予过高的评价。一位合格的面试官，必须充分认识到这些因素非常不利于客观地评价应试者的岗位胜任力。每位面试官只有明白哪些因素会影响面试官的面试评价，才可能在面试实践中尽量降低这些因素的影响。

3.1 面试官印象形成过程中的影响因素

在现实生活中,我们总会有意无意地对他人形成一定的印象或看法。有些时候,我们是有意地、仔细地观察别人,以了解对方的性格、人品、能力等,从而判断这是一个什么样的人,是否值得信任等,面试过程中的面试官评价就是这样一个过程。那么,在面试过程中,面试官是利用哪些信息形成对应试者的印象的?影响面试官印象形成的因素又有哪些?

3.1.1 应试者因素

在西方,大量的研究和面试实践表明,面试官的面试评价与应试者的许多特征有关,包括性别、工作地位以及在面试中的非言语行为(如微笑)等。

1. 外表

一个人的外表常常是我们最先看到的信息,而且常常是我们能得到的唯一线索。例如,从一个人的发型与装束上,我们一眼就可以看出其是男是女,进而自动地想起对男女性别所形成的刻板印象。如果看到一个女人梳着小平头、头发焗成多种颜色,她就会给我们留下时髦、另类的印象。研究表明,人们认为有娃娃脸的成年男人比有成熟面孔的成年男子更天真、诚实、仁慈、热情,即更有孩子式的心理特征。在现实生活中,我们也常常意识到,外表的美丽,尤其是美丽的面庞常常能唤起我们一系列阳性的知觉,如热情、爱交往等。

不过,应试者的外表一旦影响到面试官的评价,人员选拔的公正性和有效性都将受到影响。海曼(Heilmann,1989)研究发现,应试者的外表对面试有重要影响。对于寻求白领工作的男性应试者来说,其外表吸引力始终是有利于其被录用的一个因素;而对于女性应试者来说,有吸引力有利于其被录用,只是对于管理工作反而不利,这是因为人们把外表有吸引力与女性化特征联系在一起,这样有吸引力的女性("更女性化")被面试官认为更不适合做男性化的工作——管理工作。

2. 非言语因素

由于一个人所说的话能被有意识地加以控制,特别是那些小心谨慎或圆滑的人,话到嘴边前不知在肚子里折腾、琢磨了多少回,言不由衷的话已司空见惯。但言语之外的一些行为,如目光接触、身体姿势、言语节奏等却很难被有意识地加以控制,从而能更真实地揭露人们的想法、情绪、性格等。

一个人的身体姿势能够传递丰富的信息。例如，一个人在与我们交谈时，如果面对着我们，身体向我们倾斜，而且不断地向我们点头，我们就会认为他赞同、喜欢我们。同样，我们也会对他产生一个好的印象。我们对他人的知觉，不仅取决于对方说的话，也取决于他怎么说，如说话的速度、节奏等。当一个人说话的速度很快时，我们常常会推断此人心直口快，是一个直率、没有心计的人。一个说话轻声慢语的女孩，常常会给人留下温柔、恬静、小鸟依人的印象。

在面试中，面试官通常会关注应试者的言语信息，因为这是判定应试者有关素质的主要信息来源。但由于语言表达总是不够充分，而且言语信息有时不见得是真实情况的表现，因此面试官会额外关注应试者的非言语行为，这有助于面试官理解应试者的情绪、态度、人格特质，甚至内心真正的想法。

安德森（Anderson, 1991）考察了应试者的非言语行为与面试官对应试者的个性评价之间的关系，结果发现，面试官对应试者的个性评价，取决于面试官与应试者眼睛的接触、积极的面部表情等非言语信息。许多研究也发现，当应试者在面试中的言语信息完全相同，而非言语信息完全不同时，面试官的评价结果很不一样。不过，当个人履历信息与言语行为很充分的情况下，非言语行为的作用相对较小（Cascio, 1991）。

3.1.2 面试官因素

面试官评价往往受其个人主观因素的影响。越来越多的研究表明，面试中面试官存在的各种偏差对面试决策有很大影响。这些偏差包括第一印象（期望效应）、对比效应等。

1. 第一印象

在加拿大麦克吉尔（McGill）大学进行的长达十年的一系列研究发现，面谈形成的早期印象对面试官录用决策（接受/拒绝）起着极为重要的作用。面试官在面试前形成的印象对面试过程有影响，而一旦进入面试，刚开始的几分钟对面试官的印象形成很重要（Goldstein, 1987），这一"先入之见"的效应主要来自应试者的外表和与面试官打招呼时的人际交往技能，而其影响会贯穿整个面试过程。研究表明，在得不到其他信息的情况下，最容易以早期印象来评价应试者（Cascio, 1991）。类似的研究也发现，面试官在面试前对应试者形成的积极或消极评价会成为自我实现的诺言（Dipboye, 1982, 1992; Phillips & Dipboye, 1989）。这种现象的普遍性是令人吃惊的。研究表明，85%

的面试官在面试前已根据应试者的申请表和外表对应试者形成判断。这种先前的判断会影响面试官在整个面试过程中对应试者的评价（Dessler，1997）。狄保耶（Dipboye）深入研究了这种期望效应的产生过程，并提出了一个模型，认为面试前的信息通过认知偏向和行为偏向两大方面来影响面试官的最终评价。后来的研究证实，当面试官在面试中可以自由提问时，就会产生事先形成的期望效应；而当面试官在面试中的提问受限制时，就不容易产生期望效应（Binning 等，1988）。研究还发现，在面试实践中，即使不断地提醒面试官可预先设定评价标准来减弱上述效应，面试官仍然也会犯同样的错误；只有通过把实际观察和有即时反馈的评定实践结合起来，才能减少面试官所犯的错误。

2．对比效应

影响面试官评价的因素还有对比效应。研究发现，一位面试官在连续对三四个非常差的应试者做出评价后，会对下一个只有一般表现的应试者做出较高的评价（Hakel 等，1970；Heneman 等，1975；Landy 和 Bates，1973）。当面试官一次评价一个以上的应试者时，他们总是用其他候选人作为参考标准。同时，他们对谁做出较好的评价在一定程度上取决于对这些应试者的相互比较。劳瑞（Lowry，1994）提出，面试官宜根据全面性的面试评价标准对应试者进行评分，而不能在一名应试者与其他应试者比较的基础上来评分。

3．面试中正面信息和负面信息对面试官评价的影响

研究发现，在面试中面试官受否定信息的影响比受肯定信息的影响要大得多（Springbett，1958；Miller & Rowe，1967；Hollman，1972）。研究表明，面试官印象从否定转变为肯定要比从肯定转变为否定难得多（Anastasi，1979）。面谈中面试官似乎在寻求不雇用一名应试者的理由，好像面谈一直在寻找否定信息，特别是在面谈的早期出现否定信息会对应试者产生更大的不利，哪怕是只有一个方面的印象不好，要通过面谈过程来改变这种印象是很难的。不过，这种否定信息效应（Negative Emphasis）随情境的不同而不同，当面试官事先倾向于对应试者有高质量的期望时，面试中的否定信息会打折扣（London & Hakel，1974）；而当面试官有更多的经验（Johns，1975）或面试官对拟任工作职责有更多的了解时（Peters & Terborg，1975），更不会倾向于给否定信息以过高的权重。笔者在国内的实践研究与上述研究结论基本一致。

在人事选拔面试实践中，应试者一般在进入面试阶段前要参加纸笔测试，面试官在面试前通常会得知应试者的测验结果。那么，面试前面试官是否得知应试者的测验结果

对面试评价会有什么影响呢？对这个问题的研究，不仅可以对面试中面试官是否应事先得知应试者的测验信息等现实问题提出很有价值的建议，而且对于初步了解事前信息对面试官信息加工过程的影响有重要的价值，因此，笔者曾专题研究了这个问题，限于篇幅这里仅给出主要的研究情况和结果，供读者参考。

面试前有关应试者的心理测验信息对面试官面试评价的影响

一、研究问题

1. 面试前测验信息的好坏对面试官的面试评价有没有影响？
2. 能力测验与个性测验对面试官面试评价的影响大小如何？这种影响是广泛的，还是特定的？
3. 面试前的测验信息对面试评价的区分效度有何影响？
4. 面试前的测验信息对面试官面试评价的一致性有何影响？

二、研究方法

研究方法采用完全随机设计，随机选取两组面试官。其中一组面试官在无测验信息的条件下根据几份面试材料进行评分，另一组面试官在有测验信息的条件下根据这几份材料进行评分。

实验材料是从一家企业招聘面试中整理出来的面试材料，面试测评要素包括人际交往与公关技能、计划与组织技能和综合分析能力。其中一组面试官的面试资料前只有应试者的姓名、性别、年龄等简单的个人信息；另一组面试官的面试资料前除了应试者的个人信息，还有能力倾向测验结果和个性测验结果。

面试官有两类，一类是有面试经验的人事工作者，另一类是无面试经验的新手。

三、研究结果

1. 面试前的测验信息对面试官的面试评价是有影响的，其中的消极测验信息对面试评价的影响更大，同时测验信息对面试新手评价的影响比对有经验的人事工作者更大。不同种类的测验信息对面试评价的影响不同，能力测验信息对面试评价的影响比个性测验大，同时能力测验信息并不是只对与其相关的能力维度的面试评价有影响，而是会对各个维度的面试评价产生广泛的影响。

2. 面试前的测验信息有使面试官之间的一致性增加的倾向，这种增加更多是由于面试官受先前测验信息的共同影响，实际上等于削弱了面试信息的作用。本研究表明，面试前的测验信息会增加不同面试维度间的相关性，从而降低面试的区分效度。

因此，笔者建议，在面试实践中不宜让面试官事先得知应试者的有关测验分数，以免使面试官产生偏见，由此降低面试信息本身的价值。

3.2 非言语交流对面试官评价的影响

前面我们讨论了面试官印象形成过程中的主要影响因素，其中也提到了非言语因素。这里，我们将具体探讨各种非言语因素对面试官评价的影响。

生活中，我们总是为理解周围的人而做出努力。首先，我们不断地尝试着理解他人即时的感觉、心情和情绪，除了言语交流，这样的信息经常是由非言语信息即对方的表情、眼神、身体姿势和动作提供的。其次，我们总是试图理解他人的个性、动机和意图等。我们观察他人行为，然后尝试着从各种暗示中推断原因，从而获得一些和对方相关的信息。

3.2.1 面部表情和眼神

1. 面部表情是情感的表示

面部表情是人类最常用来进行非言语沟通的途径。人们对生气、快乐、惊讶、恐惧、厌恶和悲伤等主要情绪有既定的面部表情，如快乐的时候面带微笑。第一个研究此现象的生物学家查尔斯·达尔文在《人类和动物的情绪表达》(*The Expression of the Emotions in Man and Animals*) 中提及，人类面部表达的情绪有共通性，每个地方的人用来表现某一情绪的面部动作是相同的，而所用人也都能正确地解读它们。达尔文认为，这是因为"物种特性"的影响，人类会记取远古时对求生有效的表情，这可以帮助物种繁衍生存。

在面试评价中，积极的面部表情几乎总是有利于面试评价。正是在这样一种事实背景下，许多培训公司总是让应试者在面试中要有积极的非言语行为。例如，有的培训公司说："微笑是一种世界通用的语言，它是善意的标志，它不仅能沟通情感、融洽气氛，而且还能温暖面试官的心，引起他对你的注意和好感。当然，微笑不要太僵硬，要发自内心。自己平时可以对着镜子多练习一下。"可以想象，如果用人单位和面试官意识不

2. 眼睛的语言：注视

你和戴着有色眼镜的人谈过话吗？如果有，你就知道这是一种很不愉快的体验，因为你看不到对方的眼睛，你不确定对方有什么样的反应。确实，眼睛的暗示非常重要。我们常常把眼睛描绘成"心灵的窗户"，经常从别人的眼睛里获知他们的感受。例如，我们从一个人的眼睛里看到了喜悦，这可以解读为喜欢和亲切。相比之下，如果他人避免与我们的眼神接触，我们就会认为他不喜欢我们或者只是害羞。

在面试中，应试者保持与面试官的眼神接触往往有利于其面试评价。许多面试实践表明，应试者在眼神接触中表现出专注、自然、亲切往往会给面试官留下更好的印象，而一些应试者在平时的交谈过程中形成的不良习惯会对面试评价产生不利影响，如反复挤眼，眼神游离等。

3.2.2 身体语言：手势、姿势和运动

尝试一个简单的实验：试着回忆一些使你生气的事件——越生气越好。几分钟后，试着回忆另一些使你悲伤的事件——越悲伤越好。比较这两种情形下你的行为。当你的情感从第一类事件向第二类事件转变的时候，你是否改变了你的姿势，如移动你的手或腿？你应该是移动了，因为人们的心情或情感经常被人们身体的位置、姿势和运动反映出来。总的来说，这样的非言语行为被称为身体语言，它能提供给我们一些判断他人的有效信息。

身体语言经常透露出很多情感信息。大量的运动，尤其是身体的一个部位对另一部位做出的动作（如触摸、抓、擦），暗示着情绪的唤起。这样的行为频率越高，唤起和紧张的水平似乎越高。特殊的动作也能透露出情感信息。哈里根（Harrigan）和他的同事通过实验证明了这种说法。在实验中，参与者观看了有关面试的录像带。其中，接受面试的人（应试者）要么没有展现触摸自己身体的运动，要么展现了触摸自己手部的运动，如用一只手去触摸另一只手、触摸自己的鼻子或触摸自己的手臂。参与者基于几个维度评价了应试者，结果表明，特定的手部运动会影响参与者对他们的评分。例如，没有表现自我触摸运动的被评为最平静的，而在一定的控制条件下，无运动的应试者却被看作最缺乏表现力的。这些和其他相关的发现表明，这些运动不仅提供了有关他人感觉或特征的大量信息，而且运动的模式和性质也很重要。

还要说明的是，更多关于他人情感的信息经常是由姿势提供的。这些姿势具有不同

的特点。例如，在一些国家，握住手、跷起大拇指的意思是"不错"。还有些国家用拇指和食指掐自己的鼻子是不愉快或厌恶的意思。姿势在很大程度上改变了不同文化之间的交流。每个人似乎都能发出这一类信号，如表达打招呼、告别等。另一个非言语交流的重要姿势是随着交谈出现的手势，这种手势被用来强调或说明，并且在面对面交流时出现的频率很高。证据显示，手势有助于理解口语信息，尽管相关程度普遍不是那么高。

在面试中，应试者的非言语行为对面试官的面试评价有重要影响。美国加州大学洛杉矶分校曾有一项研究表明，在人际交流中 7%的信息传递取决于言语，38%取决于声音，55%取决于非言语交流，可见非言语交流的重要性不言而喻。虽然在面试中起更重要作用的首先是应试者对问题的回答，但是不恰当的非言语行为会有负面影响。我们不妨回想一下曾经听过的演讲，谁的演讲更让人记忆犹新：是那个形象生动、引人入胜的，还是那个只传达信息的？显然是前者。所以，应试者在面试中适度的非言语行为（如必要的手势），可以增加面试官的好印象，但如果过度了（如手势过多或者力度过大），可能会分散面试官的注意力。其实，姿势能适度增强言语的说服力和感染力就可以了。

3.2.3 如何发现自我表演和欺骗的非言语行为

1. 自我表演

如前所述，非言语行为是判断他人的重要信息来源，而自我表演则是为了给别人制造一个独特的印象（通常是有利的）而努力控制自己的行为。人们为把自己放在有利的社会地位中，经常使用很多不同的策略，对非言语暗示进行很好的利用。如果你曾经为一个你已经知道的"惊喜"假装惊讶，假装喜欢某人某事，当一个人跌倒时努力控制自己取笑他，那么，你已经对出于自我表演意图而运用非言语交流很熟悉了。在这种情况下，我们试着管理我们的面部表情，以及他人的眼神接触、身体运动和其他能描述印象的非言语暗示。可以说，不同的人完成这项任务的能力有很大不同。有魅力的人比没魅力的人更能胜任这项任务，女性比男性更有影响力。除此之外，个人的性格也在非言语行为中扮演着重要的角色，非常善于表现的人在表现强烈的和明确的非言语暗示时，往往比不善于表现的人要好。那么，我们依靠什么来识别他人的真实感受和想法呢？

第一，依靠表情——短暂的面部表情仅仅持续 0.1 秒。经历令人愤怒的事件之后，反应会很快表现在脸上，而且很难平复下来。表情会完全反映他人真实的感受和想法。

第二，依靠他人说话时非言语特点的改变。当人说谎的时候，音调经常会升高而且语速很慢。另外，忙于咬文嚼字——他们会打断并一再地重复开场白。第三，依靠眼神接触。欺骗经常通过眼神接触表现出来。当说谎者试图通过看别人的眼睛假装诚实时，经常会频繁地眨眼睛，其瞳孔会扩大。

在面试中，面试官可以通过对这些非言语暗示的仔细观察，来识破应试者的说谎行为。在这方面，当面试官的水平有限时，高技巧的说谎者经常能成功地欺骗面试官。但是我们通过对非言语暗示的广泛应用，会使说谎者想达成欺骗的目的更加艰难，因为事实与谎言还是有根本的区别的（见表 3-1）。关于这个问题，我们在第 6 章面试倾听与观察中还将进行深入介绍。

表 3-1 面试陈述中事实与谎言的区别

	面试中的陈述特点
事　实	用第一人称
	说话很有信心
	明显和其他一些已知的事实一致
谎　言	非言语行为与言语的不一致，如明显在举止或言语上迟缓，语音语调的突然变化，东张西望，抓耳朵，摸脖子，抚弄衣服等
	倾向于夸大自我（写出来的相对更真实）
	回避某个问题，回答时总是绕弯子
	语言流畅，但像背书

2．识别欺骗模式的信号

在日常的沟通中，每个人都是信息的发出者和接收者。其中的信息传导障碍、信息甄别过程、信息选择过程，都回避不了对发出者和接收者的诚实与欺骗的识别问题。

其实，身份欺骗的例子大量存在于动物世界中，而且行骗者对被骗者的伤害是相当严重的，有的可能会因此失去生命。动物身上基本都有保护色，如蝗虫是绿色的，与草色一致。伪装是动物进行防御的本能行为模式，这种战术的成功往往鼓励更多的欺骗。在人类社会中也是如此，成功的欺骗者可以获得食物或者安全。

如何识别诚实与欺骗？这个问题没有一个简单的答案。在生物学家和心理学家那里甚至也不一样。然而，生物学家和游戏竞技理论家已经为人类沟通体系中诚实与欺骗之间的互动展示提出了一个分析框架。他们考察了什么使一个信号可靠。扎哈维（Zahavi）提出的"障碍原则"认为，"每个信息都有一个适宜的信号，它恰当地增强了诚实发信者与骗子之间的不对称性。对于富有者来说，乱花钱是一个可靠的信号，因为声称富翁的穷人是没有多少钱财可以挥霍的。强壮通过承受重的负荷而展示；自信通过向对方展示优势而呈现"。

在面试中，我们也要利用上述方法来识别欺骗模式的信号。例如，一名应试者说自己具有很好的演讲才能，曾经在学校演讲大赛中得过一等奖，而在面试中我们发现其语言表达能力比较差，逻辑性也不强，那么我们就可以怀疑他在演讲方面的才能。又如，某名应试者说自己多年来一直是班级乃至学校的文娱部长，而在面试中我们发现其根本没有文娱方面的特长和知识，那么我们就可以质疑其简历的真假。

3.3 印象形成过程中的信息加工规律

当刚认识一个人的时候，我们总是要根据有限的信息对这个人形成印象，即这个人是不是一个有能力的人或他的性格如何等。为了对他人有一个整体性的认识，人们需要把所获得的各种零散信息进行加工。

3.3.1 规律

1."中心特征"效应

不同特征在印象形成中所起到的作用是不同的。阿希（S.E. Asch）的经典研究证实了这一点。

> 将大学生分为两组，每人拿到一张描写一个人特征的表格，上面写有七个形容词。
> A组：聪明、灵巧、勤奋、热情、果断、实际、谨慎
> B组：聪明、灵巧、勤奋、冷淡、果断、实际、谨慎
> 两组表格中唯一的不同是，A组中有一个形容词是"热情"，B组把"热情"换成了"冷淡"；其余六个形容词都一样。阿希让两组大学生对具有表中所述特征的人做一个简单的描述，并在另一张特征表格上挑选出能够最好地描述这个人的形容词。
> 研究结果发现，当表格中有"热情"这个词时，塑造出来的人物是"慷慨大方""快活""幽默"的形象；当表格中有"冷淡"这个词时，塑造出来的人物则是"斤斤计较""毫无同情心""势利十足"的形象。但当"热情"与"冷淡"分别被"文雅"与"粗鲁"所替换时，两组被试者所描述出来的人物形象

差别就不那么明显了。

因此，阿希就把"热情""冷淡"这类对印象形成起核心作用的特征称为"中心特征"，把"文雅""粗鲁"这类对印象形成不起核心作用的特征称为"边缘特征"。中心特征与边缘特征是相对的，无论什么时候遇到某个人，我们都会根据自己认为最重要的特征形成对他的印象。所以说，人们对他人的知觉具有很大的主观性。

面试官必须对这个问题有充分的认识，一旦认为某名应试者的中心特征不好（如没有礼貌），就会在整个面试评价中给予低的评分。

2. 首因效应和近因效应

信息出现的先后对印象形成的作用是不同的。许多学者就信息出现的次序对印象形成的作用进行了大量研究，并提出了首因效应（Primacy Effect）与近因效应（Recency Effect）。首因效应是指人们比较重视最先得到的信息，据此对他人做出判断。近因效应则是指最新得到的信息对他人的印象形成有较强的作用。

> 鲁钦斯（A. Luchins）的实验证明了这两种效应的存在。他编写了两段文字，内容是一个叫吉姆的学生的生活片段。一段把他描写成热情外向的人，另一段则把他描写成冷漠内向的人。鲁钦斯把这两段文字发给被试者，第一组被试者先读第一段，后读第二段，第二组被试者正好相反。结果发现，第一组被试者有70%的人认为吉姆较外向、友好；而第二组被试者只有12%的人认为吉姆外向、友好，但有82%的人认为吉姆较内向、孤独。

这一实验的结果表明，这两段文字呈现的顺序不同，对吉姆的判断就产生了很大差异。而且，最先得到的信息对整体印象起着主要作用，即首因起主要作用。

至于首因效应产生的原因，泰勒等把前人的观点归纳为两种：一是人们容易忽略后面的信息，因为一旦人们觉得自己有足够的信息来做判断，就不再或很少注意后面的信息。二是后面信息的重要性被打折扣，在知觉者的心中，后面的信息不如开始的信息重要、有价值。

如果首因效应的产生是由于对后面的信息不注意、不重视，那么事先告知被试者在做出判断前，要对所有信息加以注意，就可能避免首因效应的产生。鲁钦斯的研究证明了这一点。他还用上述有关吉姆的文字，让被试者阅读文字前预先告知他们。文字分前后两段，要求他们在阅读完全部文字后再对吉姆做出判断。在这种情况下，首因效应消失了。

至于近因效应的验证，鲁钦斯的实验方法是不让被试者连续阅读两段文字，而是在中间插入其他活动，如做数学题。在这种情况下，大部分被试者会根据间隔活动后看到的文字来评价吉姆，即产生了近因效应。

首因效应和近因效应在面试评价中是普遍存在的，每位面试官要意识到这是在每个人身上都可能存在的"认知偏差"，在评价时要根据应试者在整个面试中的行为表现做出判断，尽量降低这两种效应的影响。

3．晕轮效应（光环效应）

人们倾向于把有关的特质联系起来形成对他人较为统一的认识。随着生活经验的积累，人们认识到一些特质之间存在着密切的联系，如热心与助人。于是当了解到一个人具有某一特质时，就会自动联想到与这一特质相关联的其他特质，从而认为此人也具有这些特质。例如，我们知道一个人很喜欢冒险，就会想象他一定很强壮、敏捷、适应能力强等。因此，人们常会歪曲信息，以减少不一致的信息，从而对他人形成统一的评价与认识。当我们认为某人具有某种特征时，就会推断他也具有其他相似的或相互关联的特征，这种倾向被称为晕轮效应或光环效应（Halo Effect）。

晕轮效应与背景作用相似。我们对他人的多数判断最初是根据好坏得出来的。如果一个人被认为是好的，他就被一种积极的光环所笼罩，从而也就被赋予其他好的特质。如果一个人被认为是坏的，他就被一种消极的光环所笼罩，从而也就被赋予其他不好的特质。后一种效应又称为魔鬼效应。一个人对他人的评价，往往受他对被评价者的总体印象的影响。被评价者的特质越模糊、越难以测量，这种效应就表现得越明显。正因为这种泛化倾向的存在，当我们对一个人的某一方面有良好的评价时，就会认为这个人一切都好，反之，则认为他一切都坏。

> 戴恩等的研究证明了晕轮效应的存在，他们让被试者仔细观察三个与他们年龄相近的人的照片。其中，一个人的外表很有魅力，一个人中等，一个人缺乏魅力。要求被试者在其他27种人格特质上逐个评价这三个人，接着让他们估计这三个人婚姻美满的可能性，这三个人中谁最有可能在事业上取得成功。结果表明，被试者对有魅力的人比对没有魅力的人赋予了更多的正向人格特质，如和谐、沉着；而且认为有魅力的人更容易有美满的婚姻，更容易在事业上取得成功。

晕轮效应是很难避免的，它是人们快速认识他人的一种策略、方式，但有时可能产生有害的结果。《三国演义》中有这样一个故事：周瑜死后，鲁肃把凤雏庞统举荐给孙权。孙权见他后的反应是"浓眉掀鼻，黑面短髯，形容古怪，心中不喜"，以至于孙权"誓不用之"。结果因以貌取人，把一个智囊推给了刘备。

在面试中，由于晕轮效应不利于面试官正确地评价应试者，所以心理学家提出了一些办法加以克服，如对评价者加以训练，评价应试者时采用分要素评价方式，即根据其在每个要素方面的表现分别给出评价分数。

3.3.2 印象的作用

人们对他人的印象一旦形成，就很难被改变，即使发现最初的印象是错的也仍然如此，这种倾向被称为保守性偏差（Conservatism Bias）。罗斯（L. Ross）与其同事的研究证明了此种偏差的存在。他们安排女大学生观察他人做"决策"作业。一些观察者被反馈告知在 25 个问题中决策者做对了 24 个，另一些观察者被告知决策者只做对了 10 个。然后，主试又告诉这些观察者上述反馈是随机决定的，与决策者的实际操作无关。最后让观察者评定决策者的能力及预测他们将来的操作成绩。结果表明，初期的反馈仍然影响着观察者对决策者能力的评价以及对他们将来操作水平的预期。

正因为印象的稳定性与渗透性，所以它构成了人们判断与行动的基础。

1. 所形成的印象影响人们对他人的判断

印象一旦形成就会左右我们对后面所获信息的解释，从而保持原有印象不变。假设我们让《中国诗词大会》节目中的两个嘉宾抢答十个问题。其中一个嘉宾前五个问题都抢到了且回答正确，然后开始插播广告。这时，你会认为哪个嘉宾更聪明？对广告后五个问题的回答谁会得分高些？可能大多数人都会认为是前五题都答对的第一位嘉宾。在广告后看到的却是，第二位嘉宾后五个问题全抢到且都答对了，两人打成了平手。在这种情境下，人们就可能把第一位嘉宾的失利解释为谦让，或者是后面的问题太简单，或者是他太得意了，仍认为他非常聪明。也就是说，最初形成的印象会影响对后来不一致信息的解释，从而维持最初形成的印象。

2. 产生与印象一致的行为——自我实现的预言

我们对他人形成一定的印象之后，就会对他人产生相应的期望，而此期望又引导我们采取相应的行为以证实此期望，这一现象就叫自我实现的预言（Self-fulfilling

Prophecy）。罗森塔尔（R. Rosenthal）与雅各布森（L. Jacobson）等的一项经典研究证明了老师的期望对学生成绩的显著影响。他们以小学生为被试者，先对他们做语言能力与推理能力的测验，然后随机抽出一部分学生，对老师说这部分学生有可能在几个月后有突飞猛进的进步。到了期末，罗森塔尔等对全体学生做了一次测查，发现这部分学生都显著提高了成绩而且老师对他们的评语也比其他学生好。这种期望的作用也称为皮格马利翁效应。皮格马利翁是希腊神话中一个雕刻师的名字，他曾精心雕刻了一个美丽的象牙姑娘，并对她倾注了自己的全部心血与感情。他的真情终于感动了上帝，他的愿望得到了满足，雕像获得了生命。

在罗森塔尔等的实验里，自我实现的预言或皮格马利翁效应之所以会产生，是因为实验者的话使老师对这些学生产生了好的印象和期望，从而使他们更多地鼓励、帮助这些学生；而这些学生也因老师的所作所为提高了学习的积极性，学习更加努力，所以成绩提高得比其他学生快。

但是只有当人们对自己或他人缺乏认识或缺乏肯定认识时，别人的评价与期望才会影响自己。在罗森塔尔等的实验中，如果老师很了解自己的学生，而且很相信自己的了解是正确的，那么实验者所提供的信息就不会改变他们最初对这些学生的印象，也就不会产生新的期望，当然也就不会改变他们的行为方式，那些学生的成绩也就不会有较大的提高。另外，如果人们知道他人对自己的看法是负面的，如某名学生认为老师对自己的评价很不好，那么他也不会让老师的这种期望得逞，自我实现的预言当然也不会实现。

3.4 对群体的知觉——刻板印象

我们每天都要与形形色色的人打交道，为了快速、有效地认识与应对他人，一个基本的认知策略就是分类。就像把植物分为花、草、树、蔬菜等一样，我们按年龄、性别、职业、出生地等把人分成各种社会群体。例如，在日常生活中，陌生人见面第一句话往往是："您是做什么工作的？""您是哪个地方的人？"在大多数国家，性别、年龄、种族、社会经济地位、文化背景都是划分群体的重要特征。

正因为社会被分为各种群体，刻板印象才会形成。所谓刻板印象，就是人们对一个社会群体所形成的印象。对一个群体的刻板印象是由正负性特征构成的。例如，大多数人认为女性是敏感的、热情的、依赖的，以家庭为中心的。在面试中，面试官的各种刻板印象会直接影响其对应试者的评价。这种刻板印象其实就是面试官的成见，非常不利于面试官做出客观公正的评价。例如，有的面试官对某省的人印象比较差，就会对来自那个省的应试者产生偏见，哪怕应试者表现不错也得不到高的评价。

3.4.1　影响刻板印象唤起与使用的因素

已有研究表明，在下列情况下，人们易唤起和使用刻板印象。

（1）一个人的类别特征越明显，与此类别相联系的刻板印象越易浮现在他人的脑海中。例如，一个女人的长相越甜美、穿着越女性化，人们越容易认为她是具有女性特征（如温柔、贤淑）的女人。

（2）对匿名的、可互换的群体成员易使用刻板印象，从而忽略个体特征。我们在日常生活中常有这样的经验，到某个饭店吃饭时，一位穿职业装的女士来打招呼，记下点的菜并送上碗筷、茶水。等再想多加一个菜时，我们都不知道刚才穿职业装的女士是哪一位了。

（3）当时间紧迫，需要快速对他人做出判断时，易使用刻板印象。

（4）当获得的信息很复杂，不易分析加工时，易使用刻板印象。

（5）当人们处于极端的情绪状态，如勃然大怒时，易使用刻板印象。

（6）当人们意识到对个体的判断不太重要时，人们也许不会进一步收集有关个体的信息，而只用有关群体的刻板印象来认识个体。

3.4.2　如何改变刻板印象

刻板印象作为关于各个群体的概括性特点牢固地储存在我们的记忆中，一看到或听到有关群体类别的线索，如一个群体的名称，一个人的年龄、性别、职业、籍贯、方言等，有关相应群体的刻板印象就会自然浮现在脑海中。所以，使用刻板印象的好处就是，能快速地了解一个陌生或不太熟悉的人或群体的特征。但刻板印象的使用也有弊端：一是，它夸大了群体内成员间的相似性，从而对个体容易产生先入为主、以偏概全的偏差；二是，它夸大了群体间的差异性，容易产生偏见与歧视。偏见是对一个社会群体及其成员所做的正性或负性的评价；歧视是对一个社会群体及其成员所采取的正性或负性的行为。

既然刻板印象有如此弊病，那么，如何才能改变它？在讲述改变刻板印象的方法前，首先分析一下人们使用哪些策略来抵制刻板印象的变化，然后再在此基础上探讨如何有效地改变刻板印象。

1. 人们在抵制刻板印象变化时所使用的策略

即使获得了与一个群体的刻板印象完全不同的信息，人们仍然不会改变原有的印象。那么，人们是怎样对待那些不一致的信息的？

（1）把不一致的信息解释掉。当获得与自己期望不一致的信息时，人们就会去找原因。人们通常把这种不一致的信息归因于特殊的环境，认为这种信息不是行动者真实品质的反映。

（2）把不一致的信息分隔开来。当不一致的信息不能被合理解释时，人们就会把一个社会群体进一步分成各个子群体，然后把不一致的信息归属于其中一个特殊的子群体，从而保持原有的刻板印象不变。

（3）把不一致的信息归因于群体中不典型的子群体。人们常常认为不一致的信息是从特殊的、非典型的群体成员那儿获得的，而原有的刻板印象是典型的群体成员所具有的，所以更具有代表性与概括性，当然也就不需要改变了。

2. 改变刻板印象的方法

心理学者的研究表明，通过与有刻板印象的对象进行接触可以有效地减少偏见。偏见很多时候来自了解不够。当与对方有充分的接触后，人们往往会改变原有的刻板印象。

（1）为了避免与刻板印象不一致的信息被归因于特殊的环境与时间，必须使不一致的信息不断重复，那么，这种稳定的信息就可以被解释为个体内在品质的反映，这样对个体所属群体的刻板印象就可能被改变。因此，人们需要对有刻板印象的群体成员进行长期的、深入的、一对一的交往。

（2）为了避免与刻板印象不一致的信息被归因于群体中的子群体成员，需要广泛与有刻板印象的群体成员交往，这样，所获得的普遍的不一致的信息就会改变人们对此群体的原有看法。

（3）为了避免把与刻板印象不一致的信息归因于群体中的非典型成员，要与群体中有代表性的、典型成员进行交往。

（4）由于刻板印象常常是自动被唤醒的，又无意识地作为人们判断、评价与行为的基础，要想改变刻板印象，人们必须有意识地去寻找不一致的信息，有意识地校正自己的判断。这才是改变刻板印象的根本与前提。否则，即使不一致的信息反复、广泛地出现，人们仍然可能熟视无睹、充耳不闻。

国内有关群体知觉的研究已有很多。例如，韩向明让252名学生与成人在100个形容词中挑出五个来描述美国人、英国人、法国人、日本人、印度人、中国人等。结果得出：我国居民认为美国人是敢于冒险的、思想解放的、不拘小节的、外向的、开朗的；中国人是勤劳的、爱国的、聪明的、吃苦耐劳的、勇敢的；等等。孙健敏以25对形容词为测量工具，比较了中美大学生对对方的刻板印象。结果发现：美国大学生评价中国大学生是无攻击性的、忠诚的、关心别人的、聪明的、有耐心的、含羞的、虚弱的、消极的、保守的；而中国大学生眼中的美国大学生是幸福的、大方的、强壮的、干净的、主动的、吸引人的、聪明的、自信的、幽默的、勇敢的、不忠诚的、自私的、富有攻击性的。

在群体知觉中的刻板印象，对面试评价会有比较大的影响。面试官要充分认识到刻板印象普遍存在于每个人的头脑中，时刻影响着我们对个体的评价。面试官要保持开放的头脑，尽力降低刻板印象对面试评价的影响。

第4章
面试效果怎么样：信度与效度

面试官面试评价的效果如何：事实令人吃惊

在人员选拔的实践中，笔者接触过许多企业人力资源管理者和机关事业单位的领导，他们多数对面试"看人"很自信。当笔者问他们实际面试效果如何时，他们往往认为效果不错。什么叫"效果不错"？多半只是主观感觉，而且这种主观感觉通常难以得到验证。例如，面试得分高的人是否就是业绩好的？很少有人去做这个检验。还有那些被面试官淘汰的应试者根本就没有机会展示他们的能力和业绩。也许，有的面试官将金子淘汰了而留下了沙子。

为了检验面试官的面试效果究竟如何，笔者曾进行过一项实践探索。首先，由六位面试官对已通过笔试筛选的近百名应试者进行面试，面试测评要素包括语言表达能力、人际协调能力、应变能力等。面试官都是有面试经验的组织与人事工作者。然后，对被录用的30名应试者在其上岗一年内的工作情况进行追踪调查，调查内容与面试评价要素相同（如语言表达能力、人际协调能力等），调查方式是让用人部门主管对应试者进行评价。最后，计算每位面试官当初对每名应试者的面试评价分数与工作表现情况得分之间的相关系数（面试效度的一个指标），如果一致性高，则说明面试评价有比较好的预测效度，反之，则说明预测效果不理想。结果非常令人失望，六位面试官中有两位面试官的相关系数只有0.13（相关系数的平方才是有贡献的变异量），这几乎意味着这两位面试官的面试评价与当初随机抓阄选人没什么两样。笔者建议用人单位在以后的人员招聘面试中不要再用这两位所谓"有多年面试经验"的面试官。还有两位面试官的相关系数也不到 0.3，应该说也不是太理想。

笔者的上述研究意味着，面试实践中面试官评价的效果令人担忧。每位面试官都得思考这样的问题：为什么面试效果不好？如何让面试效果更好？而要做到这一点，每位面试官必须了解心理测量学的基本理论，特别是人才测评的信度和效度等重要概念。

4.1 面试试题质量的评价

面试试题的质量是直接关系面试效果的重要因素。只有针对性强、质量高的面试试题才有可能考察出应试者的有关素质，从而达到面试的目的。相反，试题质量差的面试不仅达不到面试的目的，而且会影响一个组织的形象。曾经有家企业在人员招聘时，为了考察应试者对公司是否忠诚，设计了这样一道面试试题："假如你的个人利益与公司利益发生冲突，你怎么办？"显然，每名应试者都会说："我会牺牲个人利益，服从公司利益。"能言善辩者还会谈出个人利益服从公司利益的一大堆理由。也就是说，这样的面试试题质量太差，不能有效地考察应试者的真实想法。那么，如何评价面试试题的质量？下面将结合实际进行探讨。

4.1.1 面试试题质量评价的主要方面

面试试题质量可以从以下几个方面进行评价。

1. 思想性

思想性是指面试试题的设计要取材于现实生活中时代性强、内容健康、格调比较高的内容，尽量避免那些不合时宜、消极庸俗的内容。我们不妨来看看这样的面试试题：

"学生会拟对外卖小哥的生活状况开展社会调查，由你负责组织实施。由于调查期间出现疫情，参与调查的学生因为担心感染新冠疫情纷纷退出调查组。面对这种情况，你怎么办？"

从思想性的角度来说，这道题的内容有两个明显的问题。首先，新冠疫情已经成为过去，所以试题背景不合时宜；其次，学生因担心感染新冠疫情纷纷退出调查组等内容太过于消极，好像学生缺乏社会责任感似的。这样的试题设计就不符合思想性的要求。

2. 针对性

针对性是指面试试题要围绕岗位要求、应试者的状况和面试本身的特点进行设计。首先，面试总是为特定的岗位选人，所以面试试题设计一定要紧密围绕招聘岗位在能力素质上对面试的具体要求（包括哪些素质要求是重要的、决定性的，哪些素质要求是附带的），充分体现不同岗位工作要求的特点。其次，面试试题设计要考虑应试者群体的状况，包括应试者群体的受教育程度、专业背景、工作经验等。如果试题背离了应试者群体的实际状况，那么试题设计得再好也难以达到选拔的目的。最后，面试具有与笔试不同的特点，面试试题设计要注意其与笔试的区别，如不要将面试试题设计成一些纯知识性的问题。下面我们来看两道面试试题：

> 例题 1　某地政府机关从大学生中招录公务员的面试试题："请谈谈你过去在管理决策方面做得比较成功的事件。"
>
> 例题 2　某五星级酒店招聘餐厅服务员的面试试题："请你说说吃西餐时刀叉的位置摆放。"

这两道题的针对性都比较差。在例题 1 中，许多大学生由于没有工作经验，又没有担任学生干部，所以很可能就没有管理决策方面的事件，这样许多应试者将无法回答此题。在例题 2 中，这样的问题更应在笔试里去考察，在面试中用这样的试题成本太高，而且效果不好，毕竟一道题只考察了酒店服务员的一点儿小常识，要全面考察则需要问很多类似的问题。

3. 典型性

典型性是指面试试题的内容应能反映出测评要素的关键特征，也就是说，面试内容具有一定的典型性。例如，考察应试者的组织协调能力，不能以其组织一家三口外出旅游的事件为背景，因为一家人是一个很特殊的群体，家庭成员间关系简单，相对也比较融洽，人数也少，组织这样的群体外出活动很难反映出应试者的组织协调能力。而比较典型的事件应该是，在组织中发生的，如筹备一个大型会议，组织开发一个较大的项目等。下面我们不妨分析这样一道面试试题：

"如果有一天，你在出差赶飞机的途中，突然发现一个年轻人正准备从五层楼往下跳时，你怎么办？"

这道题考察应试者的应变能力，但这样的情境显然太少见了，缺乏典型性，这样的问题不能很稳定地考察一个人的应变能力。

4. 可行性

可行性是指面试试题在实际操作实施中可行。通常我们不能等到面试实施时才发现试题不可行，所以，命题者在设计试题时要换位思考一下，假设自己是应试者，能否回答这道题，可能会出现哪些情况。

"中国有句古话叫'人平不语，水平不流'，请你谈谈对这句话的看法。"

此题测量应试者的综合分析能力，其立意是不错的。"人平不语，水平不流"的意思是指一个人如果得到了公平合理的待遇就不会表示不满了，水平静后就不会流动了。但在现实中有些人并不理解这句话的本意，从而无法回答此题或回答会离题，这就不能说其综合分析能力太差，而是理解能力或知识方面比较欠缺。这样的试题可行性就不好。当然，如果把对这句话的解释加到试题中，此题便可用。

4.1.2 面试试题质量评价的具体标准

上面我们讨论了面试试题质量评价的主要方面，在具体试题评价中还有许多具体的标准。

1. 试题与测评要素是否一致

一般来说，每道面试试题总有一个重点考察的测评要素。如果试题设计得不好，往往不能测量到相应的要素。在面试命题中，经常会出现这样的情况：本来是要测量要素A的，实际却测量了要素B。这个问题在面试命题中是经常发生的，一定要引起命题者的高度重视。

有人说："要使组织气氛和谐，领导就要讲民主；要提高工作效果，领导还是专断点儿好。"请谈谈你对这个问题的看法。（测量要素：领导决策）

事实上，民主与专断只是两种不同的领导决策风格，它们有各自的优点，适合各自不同的决策情境，太民主与太专断都不好。所以，此题并不能有效地测量应试者的领导决策能力，而更能考察应试者的综合分析能力。

2. 试题难度是否适中

难度是指试题的难易程度。难度越大，即试题的要求越高，应试者达到试题所要求的行为反应的可能性越小，这样的面试试题就不能有效地区分不同水平的应试者，从而达不到面试的目的。如果面试试题很容易，也同样达不到区分应试者的目的。所以面试试题难度以适中为宜。

那么，对面试试题的难度如何估计？一般是由命题者根据经验对试题难度进行估计的。这里还要考虑一个重要因素——应试者的素质。同样的面试试题，对于素质不高的应试者群体可能太难，而对于素质高的群体可能很容易。例如，同样一道面试试题：

"请你谈谈贸易保护主义对世界经济可能产生的影响。"

对于文化素质不高的生产工人来说显然是很难的，但对于国际贸易公司的职业经理人来说就显得比较容易了。

3. 取材是否合时宜

取材是否合时宜很重要，过去很好的面试题材可能到现在就不适用了。从这个角度来说，面试试题设计应随着时代的发展不断地推出新的主题。例如，这样的面试试题：

"加入WTO之后，我国的经济发展有何积极影响？"

这道面试试题在中国尚未加入或者刚刚加入WTO时还有考察价值，而在中国加入WTO二十多年后的今天已经没有什么新意，显然是有些不合时宜了，而像中美贸易冲突、大数据等方面的主题相对更合时宜。

4. 题意是否容易理解

面试与笔试不同，笔试试题应试者可以来回看很多遍，而面试试题通常面试官说一遍就过去了，这就要求试题要易于理解。如果试题太长，应试者就很难准确地理解试题内涵，或者听到后面的内容时忘记了前面的内容。因此，在面试实践中，试题长度不宜超过100字，否则就会使一些应试者无法全面把握试题内涵。另外，试题中的每个句子也不宜太长，否则会造成应试者理解上的问题，原则上，一个句子不宜超过30字。

如果试题中的数据过多，也会影响应试者对题意的理解，因为人的记忆容量是有限的，通常也就 5~9 个独立单元。如果超过这个数目，人们就无法记住所有信息。何况在面试中，应试者通常处于比较紧张的状态，更不宜让他们接收太多的信息。

5. 文字是否浅显易懂

面试试题的表述应该浅显易懂，否则应试者理解起来很费劲，会加剧其紧张的心理，从而更不利于其正常水平的发挥。面试表述一定要注意口头语言与书面语言的区别，有时，书面表述很清楚的语言在口语表述中会出现问题。另外，在面试中如果用到某些专业术语，一定注意应试者能否理解，否则对那些不理解术语的应试者来说是不公平的。

4.2 面试的可靠性：信度

信度是衡量人才测评工具质量的一个重要指标。如果测评工具的信度不理想，测量结果就无法被认为是应试者的一致、稳定和真实的行为表现，测量就没有任何意义了。

4.2.1 信度的概念

信度主要是指测量结果的可靠性或一致性。接受测量时应试者的行为可能由于各种原因而产生变动，偏离其真实行为，这就会导致测量结果产生误差。测量结果的可靠性与测量结果受误差影响的程度密切相关。误差越大，可靠性就越低。众所周知，在物理测量中，拿一把尺子去测量一张桌子的长度，之前测量的结果和现在测量的结果总是一样的，张三测量的结果与李四测量的结果也会是一样的，这就说明不同测量间的一致性很高。对同一名应试者的不同测量间也应该有一致性。当然，由于人才素质测量比物理测量要复杂得多，因此不同的人才测量间会有差异，但这种差异应该有一个范围，否则我们就认为测量信度太低，测量结果不可信。

为了说明人才测评的误差类型，我们不妨用物理测量来增进理解。假如用一根皮尺来测量人的身高，每次测量都会有一定的误差。首先，皮尺本身作为一种量具是有一定的精度限制的，也就是说，量具本身就有误差，这种误差是必然的同时又是有规律的。这种误差叫作系统误差。其次，每次测量都可能有操作上的差异，或者由于受不可预见的外界因素的影响，从而造成误差，这些误差也是难免的。这种毫无规律的误差叫作随机误差。一个好的人才测评工具不仅要有尽可能高的精度，还必须把误差控制在一个有规律的范围内,这样测量结果才比较稳定可信。信度实际上就是对随机误差的一种度量。

在考察测评工具的信度时,首先要考虑稳定性问题,包括:

(1)测量结果的一致性程度,即不同时间、不同条件下所得测量分数之间的一致性有多大。

(2)个人获得的分数与"真实分数"之间的接近程度如何。

(3)测量一致性是否可以达到实际应用的程度。

其次要考虑影响测量稳定性的原因,即分数不稳定、不一致的原因,包括:

(1)什么因素造成了这种差异。

(2)这些效应的相对作用如何。

4.2.2 如何评估信度

1. 重测信度

重测信度又称稳定性系数,它的测量方法是重测法,即用同一种测评工具在不同时间对同一个群体施测两次,这两次测量分数的相关系数即重测系数。根据重测系数的高低,可以得知测量结果在经过一段时间之后的稳定程度。重测信度越高,说明测量的结果越一致、越可靠。例如,我们选用测验 A 测量某儿童的智商,第一次的测量结果是 100(中等智商),而一周以后再测,结果发现他的智商变成 150(超常儿童)。若没有特殊原因,一个儿童的智商不应该在一周之内发生如此大的变化。由于两次测量结果不一致,我们很难下结论说这个孩子的智商是多少。所以,在一般情况下,我们会认为这个测验的重测信度很低,是不可信的。

在评估测评工具的重测信度时,必须注意重测间隔的时间。间隔时间太短,被评价者对测试题记忆犹新,必然会造成假性高相关;而间隔时间太长,测试结果又会受被评价者的身心特质改变的影响,使相关系数降低。重测间隔时间的长短,必须根据测验的性质和目的来确定。如果希望测量结果能够预测较长时间的变化,则重测间隔的时间应该长一些。表 4-1 给出了一个有关智力测验施行重测法的信度系数的例子。

表 4-1 重测法的信度系数

重测时间	信度系数（r）
同日或次日	0.85~0.90
1 年	0.85
2~2.5 年	0.80

续表

重测时间	信度系数（r）
5 年	0.75~0.80
9 年	0.78

在进行重测信度的评估时，还应注意以下两个重要问题。

（1）重测信度一般只反映由随机因素导致的变化，而不反映应试者行为的长久变化。例如，应试者智力的发展和能力的提高，不是重测信度考虑的因素，由于这些因素导致的重测相关系数的降低，不能说明测验的重测信度低。

（2）不同的行为受随机误差影响不同。例如，手指敏捷性就比推理能力更易受疲劳、环境等因素的影响。因此，我们必须分析测验的目的和了解测验所预测的行为。当测量的行为或特质较为稳定时，重测信度的解释才有效。

2. 复本信度

复本信度又称等值性系数，是以两个测验复本（功能等值但试题内容不同）来测量同一个群体的，然后求得应试者在这两个测验上得分的相关系数。复本信度的高低反映了这两个测验复本在内容上的等值性程度。两个等值的测验互为复本。

计算复本信度的主要目的是，考察两个测验复本的试题取样或内容取样是否等值。同样是测量数学运算能力的测验，如果一个测验复本侧重于考察加减法运算，而另一个复本侧重于乘除法的运算，两者之间的相关性必定不会太高，即复本信度低。

复本信度的主要优点在于：

（1）能够避免重测信度的一些问题，如记忆效果、练习效应等。

（2）适用于进行长期追踪研究或调查某些干涉变量对测验成绩的影响。

（3）减少了辅导或作弊的可能性。

复本信度也有其局限性：

（1）如果测量的行为易受练习的影响，则复本信度只能减少而不能消除这种影响。

（2）有些测验的性质会由于重复而发生改变，如某些问题解决型的测验，如果掌握了解题原则，就有可能产生迁移。

（3）有些测验很难找到合适的复本。

3. 内部一致性信度

重测信度和复本信度分别注重考虑测量跨时间的一致性和跨形式的一致性，而内部一致性信度系数主要反映的是测验内部试题之间的关系,考察各个试题是否测量了相同的内容或特质。内部一致性信度又分为分半信度和同质性信度。

（1）分半信度。分半信度系数是通过将测验分成两半,计算这两半测验之间的相关性而获得的信度系数。一般采用奇偶分半的方法,即将测验按奇数题和偶数题分成两半,并分别计算每名应试者在两半测验上的得分,再求出这两个分数的相关系数。这个相关系数就代表了两半测验内容取样的一致性程度,因此也称内部一致性信度系数。

计算分半信度系数可以采用常用的积差相关方法。但是,这种相关系数实际上只是半个测验的相关系数。例如,100道题的测验,两半的分数实际上是从50道题得到的。而在重测信度和复本信度中,分数是从所有100道题中得到的。在其他条件相等的情况下,测验越长,信度系数越高。因此,分半法经常会低估信度,必须进行修正。常用的修正方法是斯皮尔曼-布朗公式（条件是两半测验方差相等）：

$$r_{xx} = \frac{2r_{hh}}{1+r_{hh}}$$

式中,r_{hh}是两半测验的相关系数;r_{xx}是估计或修正后的信度。

（2）同质性信度。同质性是指所有测验试题测量的只是单一特质或内容,表现为所有测验试题得分的一致性。例如,"3+4=？"和"4+5=？"这两道加法题是高度同质的,而"8+13=？"就与前面两道题有些不同质,因为后面涉及进位加法。

同质性是保证测验只测量单一特质的必要条件。如果同质性差,则测验可能混淆了不同的内容,就无从判断究竟反映了被评价者的什么特征。例如,在考察管理技能时,预测与决策、监督与控制等都是不太容易区分的,对试题的设计要求相当高,否则就会混淆不同技能,导致结论错误和用人失误。

同质性信度是指测验的各试题在多大程度上考察了同一内容。同质性信度低时,即使测验的各试题看起来似乎是测量同一特质,但测验实际上是异质的,即测验测量了不止一种特质。例如,在测量小学数学工程类应用题时,试题表述过长而且难以理解,这样一道看似测量数学应用题解决能力的试题实际上还测量了语言理解能力,那些理解能力差的人根本不可能答对试题。

4．评价者信度

在有些测量情形中,评价者的评判也是误差的来源之一。面试中就有评价者的判断,这种判断的主观性往往造成不同评价者的评分很不一致,因此有必要考虑评价者信度。

评价者信度是指不同评价者对同样对象进行评定时的一致性。最简单的估计方法就是，随机抽取若干应试者的面试录像，由两个独立的评价者评分，再求两个评价者之间的相关系数。如果评价者在三人以上，而且又采用等级记分时，就需要用肯德尔和谐系数来求评价者信度。其公式为：

$$W = \frac{S}{\frac{1}{12}K^2(N^3-N)}$$

式中，W 为评价者信度，K 为评价者人数；N 为被评价者人数；$S = \sum_{i=1}^{N} R_i^2 - \frac{1}{N}(\sum_{i=1}^{N} R_i)^2$；$R_i$ 为每个对象的被评等级。

例如，有 4 位评价者，对 6 位面试应试者进行评分，所评等级如表 4-2 所示。

表 4-2 等级结果

评价者	应试者编号					
	一	二	三	四	五	六
甲	4	3	1	2	5	6
乙	5	3	2	1	4	6
丙	4	1	2	3	5	6
丁	6	4	1	2	3	5
R_i	19	11	6	8	17	23

可求得：

$\sum R_i = 19+11+6+8+17+23 = 84$

$\sum R_i^2 = 19^2+11^2+6^2+8^2+17^2+23^2 = 1\,400$

$S = 1\,400 - 84^2/6 = 224$

$W = \dfrac{224}{\frac{1}{12} \times 4^2 \times (6^3-6)} = 0.80$

最后，我们将各种信度系数类型相应的误差方差来源进行列表（见表 4-3）比较。

表 4-3 各种信度系数类型相应的误差方差来源

信度系数类型	误差方差来源	信度系数类型	误差方差来源
重测信度	时间取样	分半信度	内容取样
复本信度	内容取样	同质性信度	内容的异质性
重测复本信度	时间和内容取样	评价者信度	评价者差异

一般情况下，间隔施测的复本信度（重测复本信度）值最低；修正后的分半信度值最高。

4.2.3 面试的信度如何

在 20 世纪 60 年代以前，人事选拔面试由于缺乏信度而受到人们的批评。早在 1915 年，W.D. Scott 曾让六名人事经理对 36 名销售代表进行面试，结果发现信度很低（Cascio，1991）。此后，许多研究发现，选拔性面试的信度确实低得令人失望（Wagner，1949，Urich & Trumbo，1965，Reilly & Chao，1982）。因为在传统面试中根本就没有面试设计，面试官的提问是很随意的，不仅面试本身缺乏标准，而且不同应试者的面试结果是不可比的，不同的面试官对同一个人进行面试也常会得到完全不同的结果。由于面试信度低的事实是许多人事心理专家和组织行为学家都无法回避的问题，因此他们便开始努力寻求改进面试信度的措施，终于在 20 世纪 60 年代提出了面试信度更有保证的结构化面试技术。

结构化面试通过设置标准化的问题和规范统一的评分标准，让面试评价误差降低，从而大大提高了面试信度。近几十年的研究表明，面试具有一定信度，只是不同面试研究的测量信度差异很大，信度系数为 0.15～0.80。尤其是 1995 年 Conway 等人的元分析研究结果得出，111 个评分者间的信度系数的加权平均值（根据样本量加权）为 0.70，其中 90% 的置信区间为 0.39～1.00，取样的标准误仅为 0.0023。他们的研究还表明，不同研究信度差异大的主要原因在于三个因素：研究设计（单独面试和小组面试）、面试官培训、结构化程度（问题的标准化、评分的标准化等）。这些因素之间还有交互作用，如问题的标准化对单独面试的信度影响非常大等。总体来看，国外有关面试信度的研究还有待发展，至今未能取得一致意见。一方面是因为他们的研究方法比较单一，信度指标多以评分者间的相关系数或 W 系数为主，很少应用概化理论等现代测量理论来研究面试问题；另一方面许多研究是在模拟面试的条件下得到的，其可实现性和结论的可推广性都有待进一步改进。

在我国的面试实践中，不论是国家公务员的录用还是事业单位人员招聘，结构化面试的应用非常广泛，从面试信度来看还是比较理想的。笔者在 2000 年专门针对面试的误差分析研究表明，现行公务员选拔性面试的概化系数高达 0.937，这意味着由七位面试官从八个方面对应试者进行面试评分，结果的可靠性是不错的。如果在对测量精度影响不大的前提下，考虑到降低面试成本和提高考试效率的问题，实际上由五位面试官从四个方面对应试者进行评价，其概化系数就可达 0.90。笔者的研究还发现，增加面试官人数比增加面试试题数量更能提高面试测量的精度。另外，从面试各维度的误差分析来看，求职动机和举止仪表的概化系数相对较低，再从各维度评分的平均标准差和变异系数来看，这两个维度都是最小的。由此可以认为，面试官在这两个维度的评分中拉不开应试者间的差距，在影响测量可靠性的进一步提高中起消极作用。因此，应考虑将这两个维度在面试结构中的权重降低，必要时甚至可以删除。

4.3 面试的有效性：效度

效度是衡量人才测评工具质量的另一个重要指标，效度的作用比信度的作用更大。如果一个测评工具的效度很低，无论它的信度有多高，这个评价工具都没有应用价值。

4.3.1 效度的概念

效度是一个测量工具准确测出所要测量的内容的程度，可以反映测量的准确性。在物理测量中，尺子测量的总是长度，磅秤测量的总是重量。但是在人才测评中，有时会发生用"尺子"测量"重量"、用"磅秤"测量"长度"的现象，这种测量就缺乏效度。另外，就算测量的特质没有问题，也未必准确。例如，一台磅秤，由于长期使用，弹簧已经变形，一个100斤重的人站上去，显示的却是110斤，一天称10次，显示的都是110斤，测量的"信度"足够好，但准确度并不高，也就是说，效度并不理想。

影响效度的因素有很多，包括测量、样本团体、效标等，现就此分别加以说明。

1. 测量

凡是能造成测量结果误差的因素，都会影响测量的效度。测量效度的高低，很大程度上取决于该测量受无关因素影响的程度。受无关因素的影响越小，则效度越高。由测量带来的影响因素有以下几点。

（1）测试试题的质量。试题的指导语不明确、试题的表达不清晰、试题太难或太容易、试题中出现额外的线索、诱答设计不合理、试题过少、试题的安排和组织不恰当、试题不符合测量目的等，都会影响测量的效度，使效度降低。

（2）实施测量时的干扰因素。测验的环境太差、应试者不遵从指导语、计分错误等，都会使测量的效度降低。对于效标效度，效标获取的时间与测量时间相隔越长，测量结果与效标的关系受无关因素的影响就越大，所求得的效度必定越低。显然，这些因素使得测量分数反映的不单是测量内容，而且是无关因素的干扰。

读者可能会注意到，这些因素同样也会影响信度，因为它们会使测量结果波动不定。

（3）应试者的影响因素。应试者的反应定势、测试动机、情绪和身心状态都会对测量结果造成影响，所以这些也会影响测量效度。

2．样本团体

对效度的计算往往是通过对样本团体的分数进行各种分析得到的，所以样本团体的性质也会对测量效度产生影响。这种影响体现在以下三个方面。

（1）同一工具对不同的团体所测量的功能可能是不同的。例如，同一项算术测验，对于能力较差的应试者可能测量的是数学推理能力，但对于能力较强的应试者，可能测量的只不过是对以前所学内容的记忆能力和计算能力。在评价效度时，我们要力求样本团体的性质与所要测量的团体的性质尽量相似，以确保效度比较高。

（2）对于同一工具，样本团体的性质不同，效度也会有较大的差别。样本团体的性质包括年龄、性别、教育水平、智力水平、动机水平、职业等特性。同一工具对不同性质的团体可能有不同的预测能力，因此我们将这些对测量的效度产生影响的因素称为干涉变量。例如，对出租汽车司机实施能力测量后发现，测量成绩与司机的工作成绩的相关仅为 0.20，这是相当低的预测效度。但是，当把对开车有兴趣的司机抽出来单独计算效度时，却发现效度是 0.60。这说明该测量工具虽然对所有司机的工作成绩没有预测能力，但对于"有工作兴趣的司机"这一亚团体却有较好的成绩预测能力。在这个例子中，兴趣就是一个干涉变量。

（3）样本团体的异质性对效度也会有影响。用相关系数表示的效度系数会受到样本团体的分数分布的影响。如果其他条件相同，那么样本越同质，效度越低；反之，效度越高。

3．效标

效标是衡量测验有效性的参照标准，是一种可以直接、独立测量的行为。换句话说，要测量效标，就必须把效标行为转化为某种可以操作的测量指标。效标可以细分为观念效标（效标的实质性内容）和效标测量（效标的具体度量方法）。例如，对于筛选销售人员的销售技巧测验而言，其观念效标是"销售工作的成功"；而效标测量往往用"年销售量"来表示。

常用的效标有以下几种。

（1）学术成就。这种指标常作为智力测验的效标，其逻辑假定是：智力高（以高 IQ 分数为标志）的人，其学术成就也应当越大。相应的常见的效标有在校成绩、学历、标准成就测验分数、教师对学生智力的评定、工作中的研究成果、有关的奖励和荣誉等。这些效标也属于对学术能力倾向测量的精确描述，因此，也可以作为某些多重能力倾向测验和人格测验的效标。

（2）特殊训练成绩。能力倾向测验常用的效标是被评价者在将来某种特殊训练中所取得的成绩。例如，机械能力倾向测验的效标可以是在工厂技术培训中的成绩。用特殊训练成绩作为效标，其测量值往往采用完成训练后的某种成就测验的成绩、正式安排工作的等级、指导教师的评定等指标。多重能力倾向测验常用学校中类似课程的成绩作为效标的测量值。例如，言语智商用语文成绩作为比较标准，空间视觉能力分数用地理成绩作为比较标准。

（3）实际工作表现。在许多情况下，比较令人满意的效标是实际工作表现，这种效标可用于起选拔作用的一般智力测验、人格测验及能力倾向测验等。

（4）团体对比。采用团体对比确定测验有效性的方法是：用两个在效标表现上有差别的团体，比较它们在预测原分数上的差别。例如，一个音乐能力倾向测验的效度可以通过比较音乐学院学生的分数与一般大学生的分数而获得；一个机械能力倾向测验的效度可以通过比较机械学院学生的分数与一般大学生的分数而获得。这种团体对比几乎可以在任何效标基础上选择，如学校成绩、评定或工作表现，也可以使用现行的类别，如不同的级别、岗位、部门之间的对比。团体对比在人格测验中也常用，如对社交特质的测验效度，就可以比较推销员或行政官员的测验成绩和工程技术人员的成绩之间的差别。各种职业团体的比较常可作为兴趣测验的效标，而有些态度量表经常也以不同政治、宗教、地理的团体对比来确定效度。

（5）等级评定。有时也可以采用其他人对应试者的效标行为的评定作为效标。这种评定往往由应试者的老师、同学、上级、同事等观察者做出。评定不局限于对应试者某种成就（如工作绩效）的评定，也可以包括观察者根据测验所欲测量的心理特质在应试者身上的表现而做出的个人判断。例如，对应试者的支配性、领导能力、诚实性、独创性或智力等进行评定。评定可以作为任何测验的效标，尤其适合人格测验，因为人格测验的客观效标很难找到。虽然这种评定是主观的，但只要在严格控制条件下，它仍不失为效标材料的有效来源。

（6）先前有效的测验。一个新测验和先前有效测验的相关程度也经常作为效度的证据。这种效度叫作相容效度。当新测验只是先前有效测验的简式时，后者的成绩完全可以作为一种效标。同样，纸笔测验可以用效度已知的操作测验成绩作为效标；团体测验可用个体测验作为效标。必须指出，只有当新测验比先前公认的有效测验更简单、更省时、更经济时，才能用后者作为效标。

在采用效标关联效度时，效标的性质会影响效度的评价。一般来说，如果其他条件相同，所测量的行为或心理特质与效标行为或特质越相似，效度系数就越高。假设我们要开发一个管理能力测验，现在要为这个测验选定效标。也许有人会考虑采用下列效标来源：学历、升入现职位的速度（年限）、近三年管理工作的业绩、同行的评价、上司的评价等。显然，这些效标与测量内容的同质性并不高，将测验分数与它们求相关时，得到的效度值大小也就不同。

4.3.2　如何评估效度

根据评估效度方法的不同，效度可以分为内容效度、效标关联效度和构想效度三类。

1. 内容效度

内容效度是检查测验内容是不是所测量的行为领域内的代表性取样指标。在实际工作中，我们编制的测验不可能包含所要测量的行为领域的全部可能的材料或情境，只能选择一个有代表性的样本，通过观察被评价者对个别试题的反应，来推测其总体行为表现；因此，取样的恰当性就是影响测量效果的一个重要因素。如果所选择的试题偏重某部分内容，或者过难或过易，就会使测验难以对目标行为或特点进行准确、全面的测量。

内容效度的确定一般没有可用的数量化指标，只能靠推理和判断进行评估。较好的内容效度依赖于两个条件：

（1）测验内容范围明确。

（2）测验内容的取样有代表性。

确定内容效度的方法通常是由专家根据测验试题和假设的内容范围做系统的比较后判断得出的。如果专家认为测验试题恰当地代表了所测内容，则测验具有内容效度。这种方法的主要问题是：缺乏一种数量化指标来描述内容效度的高低；不同专家的判断可能不一致；如果测验内容范围缺乏明确性，就会使效度的判断过程困难。

2. 效标关联效度

效标关联效度也称效标效度，反映的是测验分数与外在标准（效标）的相关程度，即测验分数对个体的效标行为表现进行预测的有效性程度。

效标是考察测验效用的外在标准。例如,对一个机械能力倾向测验而言,其效标可以是某人成为机械师后的工作表现;对一个管理能力测验而言,其效标可以是某人将来管理工作的绩效。效标关联效度往往用于预测性测验。在这种测验中,根据测验分数做出的预测一般用于甄选决策,所以,只有当证明测验分数确实能够预测所研究的行为时,这种决策才可能正确。

效标关联效度主要考虑测验分数与效标间的关系。因此,效标关联效度也可以定义为测验分数与效标间的相关程度。效标的测量材料可以在与测验实施大致相同的时间内获得,也可以在测验实施很长时间后获得。根据效标材料收集的时间不同,可以将效标关联效度进一步区分为预测效度和同时效度。

预测效度的效标材料往往是在测量结束后隔一段时间才获得的,它反映的是任意一段时间间隔后应试者行为表现的预测程度。预测效度适用于那些对人员进行选拔、分类和安置的人事测验,这些测验需要对应试者未来的工作绩效进行可靠的预测。

预测效度通常用追踪法进行评估,面试官通过长期观察,积累材料,来衡量测验结果对应试者未来表现的预测能力。例如,可以对那些应试者进行长期观察,获得他们工作一段时间后的绩效的材料,查看测验分数是否正确预测了他们的工作绩效。

同时效度的效标材料差不多可以和测验分数同时收集。有时,同时效度可以替代预测效度,因为当测验施测于已存在有效效标材料的团体中时,就不必经过一段时间后再做比较。例如,大学生的测验成绩可以与其在学校的功课成绩直接比较,选拔测验的得分也可以与应试者在现有工作中的绩效做比较。因为同时效度的评估不需要长期追踪,其应用更为普遍。

同时效度和预测效度的差异的根源不是收集效标的时间不同,而是测验目的不同。前者多用于诊断现在的状态,后者多预测未来的结果。这种差异可以用两种不同的询问方式来说明:

(1)"某人成功了吗?""某人患病了吗?"

(2)"某人会成功吗?""某人会患病吗?"

第一类问题属于具有同时效度性质的测验要求回答的问题;第二类问题属于具有预测效度性质的测验要求回答的问题,针对的是未来发生的情形。

3. 构想效度

构想效度是指测验对理论上的构想或特质的测量程度。构想通常是指一些抽象的、假设性的概念或特质，如智力、创造力、言语流畅性、焦虑等。这些构想往往无法直接观察，但是每个构想都有其心理上的理论基础和客观现实性，都可以通过各种可观察的材料加以确定。例如，言语流畅性可以通过语速、语句间的逻辑性、口误的数量等可观察的指标进行确定。构想效度关注的问题是，测验是否能正确反映理论构想的特性。例如，一项言语流畅性测验所测量的是不是真正的言语流畅性，是否对言语流畅性的理论概念中包含的所有特点（如语速、语句间的逻辑性、口误的数量等）都进行了测量。

常用的构想效度指标有：

（1）发展变化。智力测验中最常用的标准是年龄差异，通常通过考察实际年龄观察测验分数是否逐年增加。在儿童期，一般认为智力是逐年增强的，因此如果测验有效，测验分数应该反映这种变化。所以，验证智力测验的构想效度时，可以检查不同发展水平儿童的表现。在工作中，人们的经验会随时间而积累，所以，如果要考察某项技能的效标，可以假定该技能在一定时间范围内是随从事该项工作年限的增加而增加的。而这个假定实际上也是年资工薪的理论基础之一。工龄增加，经验丰富，技能增加，对组织的贡献也就增大，报酬自然也就应该越多。当然，这个假定并不是对所有人在所有时间段内都成立，还需要考察验证。

（2）与其他测验的相关程度。相同构想或特质的测验，彼此之间应该高相关。因此，一个新测验与相似的旧测验之间的相关程度，可以作为衡量新测验所大致测量的相同行为的程度的标准。如果一个新测验与现有的有效测验的相关程度很高，而且不是更简便或易于实施的，那么就没有必要编制这个测验。与其他测验的相关程度还有另一种用途，就是表示新测验是否受到某些无关因素的影响。一般来说，不同构想或特质的测验之间相关程度要很低，因此，一个能力倾向测验不应该和人格测验高相关，学术能力测验不应该与管理技能测验高相关。

（3）因素分析。因素分析是分析行为资料内部关系、结构特性的一种统计技术，比较适用于构想效度的研究。通过因素分析可以找出测验中所包含的特质。卡特尔（Cattell）就是通过因素分析的方法从一系列形容词中归纳出16种共同因素，最终按照这16种特质构造成16人格因素测验的。

采用因素分析材料的构想效度分析可以这样进行：首先，对测验的所有项目进行因素分析统计，抽取能够解释测验结果的大部分变异的一些共同因子，这些共同因子可以用来描述测验的组成。然后，比较由这些共同因子描述的测验组成是否与测量目标（某种特质或能力）的理论构想相一致。

（4）会聚效度和区分效度。坎贝尔1960年指出，要确定一个测验的构想效度，该测验不仅应与测量相同构想或特质等理论有关的变量高相关,也应与测量不同构想或特质等理论无关的变量低相关,前者称为会聚效度,后者称为区分效度。这就是坎贝尔和菲斯克(D.W. Fiske)1959年提出的构想效度的一种测验方法。例如,一个数学推理能力测验与数学课成绩的相关程度就是会聚效度;而该测验与阅读理解能力测验的相关程度就是区分效度。因为在设计测验时,已将阅读理解能力作为数学推理能力的无关因素来考虑。区分效度特别适合人格测验,因为人格测验比较容易受到各种无关变量的影响。

4.3.3 面试的效度如何

1. 面试与其他人才测评方法的效度比较

传统面试由于缺乏最起码的信度,所以其预测效度极低(Schultz, 1979)。但随着结构化面试的盛行和行为性面试的出现,面试的效度也大大提高了。表4-4和表4-5给出了西方学者归纳的各种人事选拔方法的效度比较,其中,效度指标是预测结果与实际工作绩效的相关系数。

表4-4 各种人事选拔方法的效度比较(一)

具体技术方法	效度指标(r)
评价中心	0.31~0.63
工作取样	0.31~0.54
能力测验	0.25~0.53
行为性面试	0.25~0.40
个人履历资料法	0.24~0.37
个性测验	0.15~0.22
申请表	0.14~0.26
非行为性面试	0.11~0.23

(资料来源:Clark, 1992)

表4-5 各种人事选拔方法的效度比较(二)

具体技术方法	效度指标(r)
评价中心——提升	0.68
结构化面试	0.62
工作取样	0.55
能力测验	0.54
评价中心——绩效	0.41

续表

具体技术方法	效度指标（r）
个人履历资料法	0.40
个性测验	0.38
非结构化面试	0.31
申请表	0.13
占星术	0.00
笔迹法	0.00

（资料来源：Anderson & Shackleton，1993）

从这两个效度比较表中可以看出，非行为性面试和非结构化面试的效度指标都比较低，其效度值还不如个人履历资料法。相对来说，行为性面试和结构化面试的效度要高得多。就表4-5来看，对于传统的非结构化面试来说，效度指标仅为0.31（转换成效度系数即相关系数的平方不到0.10）；而结构化面试的效度指标高达0.62（效度系数达0.38）。还有多个元分析研究更加全面地考察了影响效度的因素（Huffcutt & Arthur，1994。McDaniel等，1994，Weisner & Cronshaw，1988），研究发现，结构化面试的效度高于非结构化面试的效度。以胜任工作的潜能为标准，结构化面试的效度系数95%的置信区间为0.34~0.86，而评价中心的效度系数95%的置信区间为0.15~0.91。而且，结构化面试的成本却只有评价中心的几分之一。由此可见，结构化面试是值得研究和推广的一种现代测评方法。

2．结构化面试与非结构化面试的效度概化研究结果

表4-6是多个元分析研究得出的面试的效度概化研究结果。研究显示，结构化面试的预测效度大体一致，Wiersner等、McDaniel等、Marchese等、Schmidt等、Schmidt等、Huffcutt等、Campion等七项元分析研究的结构化面试效应值的均值为0.40~0.49，而且七项研究之间的标准差比较小；但非结构化面试的效应值比较低。

表4-6　关于面试的效度概化研究结果

序　号	预测因子	效应值（ρ）	资料来源
1	结构化面试	0.47	Wiersner等
2		0.37	McDaniel等
3		0.38	Marchese等
4		0.40	Schmidt等

续表

序 号	预测因子	效应值（ρ）	资料来源
5	结构化面试	0.51	Schmidt 等
6		0.37	Huffcutt 等
7		0.35~0.62	Campion 等
8	非结构化面试	0.14	Hunter 等
9		0.14~0.33	Campion 等

3．结构化面试对不同预测效标的预测效度

前面我们提到了效标的不同种类，对于结构化面试来说，不同的效标其预测效度是不一样的。国内有研究以测试3年后的职务提升和年底考核为效标，探索比较了职业能力笔试与结构化面试的预测效度（见表4-7）。

表 4-7　某国有机构公开选拔测试的预测效度

选拔测试方式	效　　标	
	职务提升	年底考核
职业能力笔试	0.483**	0.002
结构化面试	0.590**	0.342*

**表示在0.01水平上相关显著，*表示在0.05水平上相关显著。

表 4-7 显示，职业能力笔试和结构化面试对应试者的职务提升都有较理想的预测力，但职业能力笔试对年底考核没有预测力，而结构化面试仍有一定的预测力。

4.3.4　提高面试信度和效度的措施

大量面试研究和实践表明，面试的结构化程度、面试的类别等因素都会影响面试的效果。因此，采取以下措施可以提高面试的信度和效度。

1．对应试者提问的标准化

提问的标准化是结构化面试最严格的特征，但不同的结构化面试在这方面的严格程度上仍有差别。高度结构化的面试（Campion，1988）和情境性面试（Latham，1989）可能是最标准化的，它们要求所有的面试官提问同样的问题而没有追问；而行为事件访谈法（Janz，1982）允许追问。研究表明，面试官的一致性在不允许追问的面试中比在允许追问的面试中要高得多（Schwab & Heneman，1969）。

2. 面试前做好工作分析

尽管没有工作分析也能设计出结构化面试，但多数结构化面试是基于系统而深入的工作分析的。Wiersner & Cronshaw（1988）的元分析研究表明，基于系统的工作分析的结构化面试比无工作分析的面试更有效。

3. 给面试官提供有关工作要求的信息

有些结构化面试给面试官提供了有关工作需求的信息，包括所需的知识、技能和能力等。由于这些工作信息构建了一个共同的参照框架，从而使面试的信度和效度得以提高。为面试官提供完备的工作说明会在很大程度上消除各种评定偏差并提高评定信度（Langdale & Weitz，1973；Wiersner & Schneiderman，1974）。

4. 不给面试官提供有关应试者的信息

通常在非结构化面试中，面试前后都会给面试官提供有关应试者的信息。但是，在结构化面试中，或者阻止面试官在面试前看有关应试者的背景材料（Campion等，1988），或者在面试前给面试官提供一套关于应试者的正式材料（Brown，1979）。研究证据表明（Dipboye等，1984），当面试官事先不看有关应试者的背景资料时，面试官之间评分的一致性更高。

5. 在面试过程中做记录

在面试中做记录有利于更精确地回忆（Macan & Dipboye，1986；Schuh，1980），提高面试的预测效度。

6. 给面试官提供界定良好的行为量表

结构化面试常常会给面试官提供好的、中等的和差的面试回答的行为样例。至少两个研究表明，行为定位评定量表可以提高面试官判断的信度（Maas，1965）和准确性（Vance等，1978）。

7. 分解评定指标

研究证据表明，在面试中，分解评定指标比仅有一个总体评定指标更能产生高质量的判断（Einhorn，1972）。而评定指标的机械合成也比一个总体评定指标有更高的效度（Harris，1989）。

4.4 面试的误差究竟来源于哪里

国内外大量实践探索表明,面试的误差来源是比较多的,包括面试官培训得怎么样、面试问题的质量、评分的标准化等,这些因素之间还有交互作用。了解面试误差的来源,对于全面认知面试评价的误差,并有效地控制误差、提高面试效果具有重要的理论意义和实践意义。笔者在这方面做过一些深入探索,这里简要介绍一个误差分析的研究过程和结果,供有兴趣的读者参考。

4.4.1 研究过程

(1)应试者的选取。50名应聘某市有关单位的候选人,已通过资格审查和纸笔测验,年龄均在35岁以下,学历在大专以上。

(2)面试官。面试官都经过一天的专门培训,并有10人次以上的结构化面试经验。

(3)测量过程。7位面试官对50名应试者进行逐一面试,共设有8个维度,包括综合分析能力、言语表达能力、应变能力、计划与组织协调能力、人际交往的意识与技巧、自我情绪控制、求职动机与拟任职位的匹配性、举止仪表等。实施时采用严格的结构化面试方式,即对所有应试者均由这7位面试官来评价、每名应试者的面试试题完全相同、面试程序完全等同,每名应试者的面试时间为30分钟左右,共用3天的时间实施面试。面试评分采用10点量表的方式进行。

(4)测量维度的界定。对所涉及的8个维度都有明确的一般定义和操作定义。

(5)分析方法。主要采用概化理论的分析方法探讨误差构成,同时探讨不同面试要素的测量准确性。概化理论与经典测量理论、项目反应理论并称为三大测量理论。概化理论是经典测验理论与方差分析相结合的产物,它把方差分析技术引入心理测量领域,对于测验的编制、施测过程中的误差控制、测验的评价等提出了一整套新的方法。

4.4.2 研究结果分析与讨论

1. G研究

G研究(Generalizability Studies)采用了两面交叉设计:$p \times i \times r$(应试者×试题×面试官)。根据这种设计,可以得到应试者的能力、试题、面试官三种主效应和四种交互效应(pi、pr、ir、pir)。各效应的方差分量如表4-8所示。

表 4-8　面试中各效应的方差分量估计值

效　　应	p	r	i	pr	pi	ir	pir
样本容量	1	7	8	7	8	56	56
估计的方差分量	0.815	0.025	0.042	0.277	0.074	0.018	0.326
占总方差的百分比（%）	51.7	1.6	2.7	17.6	4.7	1.1	20.7

注：由于四舍五入，百分比之和不一定为100%。

从表 4-8 中可以看到，最大的方差分量是应试者的能力（测量目标 p）。它解释了分数总变异的 51.7%。而由面试官因素（r）和试题因素（i）给分数总变异带来的贡献比较小，分别只占 1.6%和 2.7%。面试官与应试者的交互作用（pr）占总变异的 17.6%。这说明不同面试官在不同应试者间的相对评价上不尽一致，而在不同试题间的相对评价上差异较小（4.7%）。另外，三重交互作用（pir）占总变异的 20.7%，这说明在面试评价中有一定的随机误差。

2. D 研究

（1）两面随机的 D 研究。

根据 G 研究所估计出来的各种方差分量，我们可以考察不同 D 研究（Decision Studies）下概化系数（Generalizability Coefficient，简称 G 系数）的变化。

对于各面随机条件下交叉设计的 D 研究，当 $nr'=7$，$ni'=8$ 时，G 系数高达 0.937（见表 4-9）。

表 4-9　面试中各效应的方差分量估计值

效　　应	p	r	i	pr	pi	ir	pir	G 系数
样本容量	1	7	8	7	8	56	56	
估计的方差分量	0.815	0.004	0.005	0.040	0.009	0.000	0.006	0.937
占总方差的百分比（%）	92.7	0.5	0.6	4.6	1.0	0.0	0.7	

从表 4-9 中可以看到，当由 7 位面试官从 8 个方面对应试者进行评价时，测量目标（应试者）的变异占了 92.7%。这意味着 7 个评分员从 8 个方面对应试者的表现进行评价可以有效地测量应试者的有关能力。

通过变换面试官面和试题面的水平，我们可以看到 G 系数的变化（见表 4-10）。

表4-10　p×i×r面试设计中面的水平对G系数的影响

G系数	i=1			G系数	r=1			
	r=3	r=5	r=7		i=2	i=4	i=6	i=8
	0.748	0.807	0.836		0.631	0.684	0.704	0.714

从表4-10中可以看到，当试题面（i）的水平为1，面试官面（r）的水平从3增加到5时，G系数从0.748增加到0.807，增幅达7.9%，而面试官面（r）的水平从5再增加到7时，增幅只有3.6%。同样地，当面试官面的水平为1，试题面的水平从2增加到4时，增幅即达8.4%，而从4增加到8时，增幅才4.4%。这意味着，当层面达到一定的水平时，继续增加水平数并不一定显著提高测量的可靠性。根据本研究的结果，当面试官面的水平为5、试题面的水平为4时，就能比较有效地改进测量的精度，实际上可以求得此条件下的G系数为0.90。我们还可以看到，在面试评价中，面试官面比试题面更能决定测量的可靠性，也就是说，增加面试官人数比增加面试试题数量更能提高面试测量的精度。当r=1时，即使i=8，也只能使G系数达到0.714，而当i=1时，r=3即可使G系数达0.748。

（2）单面（r）随机条件下的D研究。

为了考察面试更适合测量哪些要素，而不适合测量哪些要素，即各要素在面试测量中的可靠性大小，我们可以通过考察不同面试维度的测量误差构成，来分析这个问题。在本研究中，各个面试维度都可以看作p×r的单面交叉设计，这样本研究所用的8个维度分别代表了8个单面设计。各维度的误差构成和G系数如表4-11所示。

表4-11　8个面试维度p×r设计（r的D研究样本量为7）的结果比较

维　　度	D研究各方差分量及其所占的百分比			G系数
	p	r	pr	
综合分析能力	0.884（91.2%）	0.004（0.4%）	0.081（8.4%）	0.916
语言表达能力	1.085（92.6%）	0.002（0.2%）	0.085（7.3%）	0.928
应变能力	1.091（92.6%）	0.007（0.6%）	0.080（6.8%）	0.932
计划与组织协调能力	1.104（92.4%）	0.000（0.0%）	0.091（7.6%）	0.924
人际交往意识与技巧	0.910（90.0%）	0.005（0.5%）	0.097（9.6%）	0.903
自我情绪控制	0.893（90.8%）	0.004（0.4%）	0.087（8.8%）	0.911
求职动机与拟任职位的匹配性	0.670（87.6%）	0.010（1.3%）	0.085（11.1%）	0.887
举止仪表	0.472（82.8%）	0.016（2.8%）	0.082（10.7%）	0.853

从表4-11中可见，举止仪表和求职动机与拟任职位的匹配性的G系数相对比较低

（分别为 0.887 和 0.853），这说明举止仪表和求职动机与拟任职位的匹配性两个维度的测量最不准确。再从单个观察的方差分量来看，在举止仪表和求职动机与拟任职位的匹配性的测量中，应试者的能力变异在总变异中所占的比例也是最低的（分别只占 82.8%和 87.6%），而面试官因素的影响和随机误差所占的比例最大。相对来说，应变能力、语言表达能力和计划与组织协调能力的测量精度比较高。

为了进一步考察各维度 G 系数高低的起因，我们认为 G 系数高低可能与面试官对各维度评分的平均数与标准差有关，如果某个维度的评定中应试者之间的差异较小，那么其面试官一致性就会较低，从而影响测量的可靠性。表 4-12 是本研究中各维度评价的总平均数与平均标准差。

表 4-12　7 位评分者对各维度评价分数的总平均数与平均标准差

维　　度	总平均数（M）	平均标准差（S）	变异系数（S/M）
综合分析能力	7.64	1.16	15.2%
语言表达能力	7.76	1.24	16.0%
应变能力	7.52	1.25	16.6%
计划与组织协调能力	7.46	1.28	17.2%
人际交往意识与技巧	7.53	1.22	16.2%
自我情绪控制	7.77	1.20	15.4%
求职动机与拟任职位的匹配性	7.79	1.10	14.1%
举止仪表	8.14	0.99	12.2%

从表 4-12 中可以看到，不论是从平均标准差还是变异系数来看，举止仪表和求职动机与拟任职位的匹配性两个维度都是最小的。相对来说，通过这两个维度，面试官最难将应试者区分开来。

4.4.3　研究结果

根据本研究的结果，现行的结构化面试的概化系数高达 0.937，这意味着由 7 位面试官从 8 个维度对应试者进行面试评分，结果的可靠性是很高的。如果在对测量精度影响不大的前提下，考虑到降低面试成本和提高考试效率的问题，实际上由 5 位面试官从 4 个维度对应试者进行评价，其概化系数就可达 0.90。本研究还发现，增加面试官人数比增加面试试题数量更能提高面试测量的精度。

从面试各维度的误差分析来看，求职动机与拟任职位的匹配性和举止仪表的概化系数相对较低，再从各维度评分的平均标准差和变异系数来看，这两个维度都是最小的。

由此可以认为，面试官在这两个维度的评分中拉不开应试者之间的差距，在影响测量可靠性的进一步提高中起着重要的消极作用。因此，应考虑将这两个维度在面试结构中的权重降低，必要时甚至可以删除。

从样本的构成对测量精度影响的分析中可以看到，概化系数对样本的同质性比较敏感。因此，尽管本研究表明结构化面试的可靠性很高，但具体应用中应注意到样本的同质性问题，特别是当录取率处于中间水平时（如 30%~70%），更应重视这个问题。在这种情况下，最好增加面试官，并在评分标准的制定与培训上多下功夫，如果可能的话，将面试与测验等其他手段结合起来作为淘汰标准，可以有效地降低录用的失误率。

第 2 部分

掌握面试技术

第 5 章
面试试题的设计与创新

如何改进效用不断下降的套路化面试试题

笔者曾经帮助一家企业做人员招聘。除了一些必需的岗位胜任力，该企业还很看重员工的上进心和学习能力，所以他们设计了这样一道面试试题："你在事业上有什么追求？我们公司在哪些方面满足了你的这一追求？"结果，多名应试者可能受过培训公司的专门训练，给出了比较相似的答案："我认为每个人都应该在事业上有所追求，我本人对×××比较感兴趣，也具有这方面的潜力和特长，希望在这方面有所成就。贵公司在行业内很有影响力，能在这样的平台上磨炼自己，一定能成就一番事业……"在场的面试官有多位企业高层管理者，他们听了这样的回答感觉挺好，认为今年应试者的整体素质都不错。殊不知，这样的回答往往不是应试者真实想法的表达，只是为了迎合面试官。这样的面试试题难以考察应试者的上进心和学习能力。

经过沟通，笔者第二天为用人单位设计了这样的面试试题："在最近两年的工作或学习中，领导和同事（或同学）觉得你最需要提高的工作（或学习）能力是什么？为了提高这一能力，你想了什么办法，进行了哪些方面的努力，取得了什么样的效果？"结果发现，这道面试试题就可以很好地区分不同应试者的上进心和学习能力，那些积极追求进步的应试者有更强的危机意识，总是主动采取各种有效措施，包括牺牲业余时间来尽快提高自己比较欠缺的能力。

这一案例告诉我们，应试者可能问题回答得"很完美"，但在实际工作中不一定真的会像其说的那样去做。由此可见，许多套路化的面试试题不能有效地考察应试者的实际能力。那么，如何设计出有效的面试试题？本章将结合实际就此专题进行探讨。

5.1 传统面试试题的功能与局限

5.1.1 传统面试试题的功能

在传统的面试实践中，最常用的面试试题有六种：背景性问题、智能性问题、意愿性问题、压力性问题、情境性问题、行为性问题。下面我们对每种题型的功能进行简要介绍。

1. 背景性问题

背景性问题通常是有关应试者个人基本情况的问题。在面试开始时，面试官往往用3~5分钟来了解应试者的个人、家庭、教育和工作背景方面的情况。

（1）功能。背景性问题主要有三个方面的功能：

①让应试者放松，自然进入面试情境，形成融洽和谐的面试气氛，确保后面的面试顺利进行。

②验证和澄清简历上的个人信息。

③为后续的面试提问提供引导，便于深入面试。

（2）样例。

①请你简要介绍一下你的主要经历。

②请你用3分钟的时间进行自我介绍。

2. 智能性问题

智能性问题主要考察应试者对一些事物和现象的理解和分析判断能力。这类问题通常以一些较复杂的社会热点问题为主题，考察应试者的综合分析能力。对应试者的能力评价一般不是看其观点本身是否正确，而主要是看应试者是否言之成理，论据是否充分，能否自圆其说。

（1）功能。智能性问题的功能在于考察应试者思维的逻辑性、严密性，思维的深度和广度，综合分析能力等。

（2）样例。

①一项调查表明，我国高校毕业生创业率约为1%，与国外相比偏低；另一项调查表明，大学生创办的公司，盈利的仅占17%，五年内能够维持生存的仅有30%，而社会创办的公司五年内平均存活率为50%。请据此谈谈你对大学生创业问题的看法。

②随着云时代的到来，大数据也受到越来越多的关注，你认为这会对我们的工作和生活方式产生什么样的影响。

追问：这对你的工作提出了什么样的要求？

3. 意愿性问题

意愿性问题一般考察应试者的行为动力，内容涉及应试者的价值取向、求职动机、职业兴趣等多个方面的特征。

（1）功能。意愿性问题主要用于考察应试者的动力特征与拟任职位的匹配性。

（2）样例。

①有人认为，大学生的兴趣还未定型，应该多尝试一些不同种类的工作，以寻求自己的职业定位；也有人认为，大学生应该干一行爱一行，频繁换工作成本太高。你对这个问题怎么看？为什么？

②从你的专业背景和能力水平看，可选择的职业范围很广，而我们这个行业的整体薪资水平比较低。你选择我们是出于什么考虑？

4. 压力性问题

压力性问题通常是给应试者施加一定的压力，看看其在压力情境下的反应，以考察应试者在有压力的情境中能否保持思维的逻辑性和条理性等。

（1）功能。通过给应试者创设一定的压力情境，考察其情绪稳定性、应变能力等。

（2）样例。

①有人说，当代大学生在人际交往中有以自我为中心的倾向，习惯于从自

己的立场、观点出发，很少顾及他人的想法和感受。你在人际交往中有这种倾向吗？假如你被录用，你将如何尽快融入组织中？

②假如某国外著名公司的总裁到你单位洽谈合作项目，你作为主管副总，为这次谈判进行了紧张的准备。但在谈判开始前半小时，你获知你的技术翻译在赴谈判途中因交通事故受伤，相关技术资料已丢失。此时，外方总裁已到场，你又根本不能失去这个难得的机会，你怎么办？

5. 情境性问题

情境性问题是创设一种假设性的情境，考察应试者将怎么做。此类问题的基本假设是，一个人说他会做什么，与他在类似情境中会做什么是有联系的。情境性问题的优点是，问题情境可以根据职位要求来任意创设，所以问题设计往往与职位紧密相关。另外，情境性问题对所有的应试者都是公平的，因为他们都需要处理自己没有经历过的同一个情境问题。

（1）功能。此类试题可以考察应试者各个方面的能力和个性品质，包括应变能力、计划与组织能力、决策能力、情绪控制能力等。通常其他题型不能考察的测评要素，可以考虑用这种题型来考察。

（2）样例。

①领导让你牵头负责一个重要的紧急项目，并从各部门临时为你抽调了几位同事，协助你开展工作，但你发现这几位同事能力水平参差不齐，个性又都很强，让他们一起共同完成一项任务很费劲。面对这种情况，你怎么办？

②假如你在一个工作团队中，由于分工的原因，整天比较清闲，而有的同事则很忙。时间一长，工作忙的人心理很不平衡，他们开始疏远你，背后还经常数落你。面对这种情况，你怎么办？

6. 行为性问题

行为性问题关注的是应试者过去的行为，所问的问题是应试者实际上做了什么、怎么做的、有什么结果，而不是他们知道什么（工作知识问题），或者他们将做什么（情境性问题）。行为性问题的基本假设是，在类似的情境下，一个人过去的行为表现是预测其未来表现的一个良好根据。

行为性问题很注重能反映相关素质的行为事件。一个完整的行为事件必须包括四个要素（STAR）：

（1）情境（Situation）：关于任务、问题背景的具体描述。

（2）目标（Target）：应试者在特定情境中所要达到的目标、所需完成的任务。

（3）行动（Action）：应试者针对上述情境所采取的行动或未采取的行动。

（4）结果（Result）：已采取的或未采取的行动的结果。

如果应试者的事件描述不完整（缺少一个或一个以上的要素），就要通过后续的深入追问来弥补。这样做的原因有两个，一是只有完整的行为事件才能反映出应试者是否具有某方面的能力特征；二是用追问来澄清更多的事实和细节，可以防止应试者捏造事实。

（1）功能。通过应试者描述过去所做的事情，考察其能力和个性适应方面的胜任情况。

（2）样例。

①你过去一定有这样的情况：你曾感到有必要找一个员工谈谈，他的工作表现需要改进。请介绍一下当时的情况。

后续问题（深入追问）：

- "你怎么知晓这一情况的？"
- "你晓得这一情况多久后才采取行动？"
- "你对该职工说的原话是什么？"
- "他的回答是什么？"
- "最后结果怎么样？"

②在你的工作经历中可能出现过这样的情况：你所在的组织（如单位、科室、班级、工作组等）与另一个兄弟组织产生了矛盾或冲突，要由你来负责或参与解决。请你举例谈谈具体情况。

追问1：你当时遇到了什么问题？

追问2：你的任务是什么？

追问3：你采取了哪些措施？

追问4：最终的结果如何？

5.1.2 传统面试试题的局限

应该说，上述六种传统面试试题中，背景性问题、意愿性问题、情境性问题相对较容易通过培训掌握问题回答技巧，从而使面试问题的回答缺乏真实性，面试也就难以考察相应的岗位胜任力。

1. 背景性问题的局限

例如："你最大的缺点是什么？"应试者面对这一问题时肯定不会如实说出自己的一些致命缺点，如原则性不强、人品不好等。他们会说一些不痛不痒的缺点，如做事情考虑太多、过于自信等。

> 面试官："你最大的缺点是什么？"
> 应试者："我的缺点是有时太认真，考虑问题太细致。"
> 面试官："你最不愿意做什么？"
> 应试者："我是个工作狂，我最不愿意做的就是休息。"

用人单位很高兴地录用了这名应试者。可当工作中需要加班时，这名应试者常常用各种借口推脱，用人单位这才发现这名应试者最愿意做的就是休息，也就是说，上述面试试题是无效的。

2. 意愿性问题的局限

动力特征对于许多工作来说都是很重要的胜任力。非常遗憾的是，对于动机等深层次的心理特征，一般的面试较难准确地测量，而用心理测验的方法可以进行有效的测量。如果要在面试中考察这些心理特征，就需要更高的问题设计技巧。例如，要考察应试者的成就动机，传统面试试题很可能是这样的：

> 面试官："你个人的工作目标是什么？"
> 应试者："我的工作目标是没有最好，只有更好，我将不断追求卓越。"
> 面试官："你这样做的动力来自哪里？"
> 应试者："我想人生就应该有所成就才有意义，这就是我努力工作的动力。"

很遗憾，这名应试者进入单位后工作要求不高，业绩平平。可见，应试者对这样的问题往往有所准备，他可以说得非常好，但实际中根本就不是那么回事。

3. 情境性问题的局限

情境性问题可以考察的胜任力范围很广，但其最大的不足是，应试者说会怎么做有时与其在现实情境中的实际做法间会有差异。例如，为了考察应试者的人际关系处理技能，可能会设计这样的问题：

> 面试官："假如在工作中，你的同事不仅不配合你，还处处给你设置障碍。面对这种情况，你怎么办？"
>
> 应试者："面对这种情况，首先，要分析原因，寻求同事不配合自己开展工作的原因；其次，要积极地与同事进行沟通，希望得到同事的理解和支持；最后，在必要的情况下，还要向领导汇报，希望领导出面帮助自己做好协调工作。"

这种套路式的回答看似不错，其实应试者在现实中对人际关系的处理可能根本就不是这样的。

5.2 传统面试试题的回答套路

上面只是列举了几个容易通过培训按套路化方式来回答问题的题型。在实际面试中，面试试题缺乏设计，以及更多的题型容易通过培训进行模式化的回答，而且没有经验的面试官往往还给予比较高的评价。这种情况在当前的实践中已经非常普遍且非常严重。许多面试官都是单位的领导，他们琢磨面试试题的积极性远远不如应试者高，从而导致许多应试者能够在面试中很好地包装自己，其后果就是许多面试试题失效了。要有效应对这种情况，面试官必须深入了解应试者的应试培训，只有知己知彼，才能百战不殆。这里仅列举当前应试培训比较普遍的人际关系类和计划组织类面试试题，供面试官研究参考。本书在第11章和第12章中将对面试套路问题进行系统的探讨。

5.2.1 应试培训：人际关系类面试试题的答题套路

1. 答题套路

（1）处理与领导关系的问题。

假如发生了试题中描述的情况，我会本着从大局出发的原则，采取以下做法：

首先，尊重领导，服从领导安排，理解领导的做法，摆正自己的心态；

其次，如有不同意见，委婉地与领导沟通；

最后，本着大事讲原则，小事讲风格，从整体利益出发。

（2）向领导提出建议不被采纳的问题。

首先，要服从领导的决定，按领导的意见执行；

其次，要反思自己的建议存在什么问题，根据情况继续收集证据；

最后，找合适的时机，与领导进行沟通。

（3）做事不被同事理解的问题。

首先，继续做好事情，不能影响工作；

其次，收集同事不理解的原因和证据；

最后，找合适的时机与同事进行坦诚沟通。

2. 答题样例

问题： 假如你是某项目组负责人，新来的小王所学专业与项目紧密相关，他提出了一些工作建议，但你觉得可行性不大而没有采纳，导致他对你有不满情绪。领导也找你谈话并提醒你多听取他的意见。你会怎么做？

回答模板：

（1）找机会与小王进行沟通，一方面表明歉意，我没有采纳他的建议打击了他的工作积极性，希望他能够保持工作积极性，日后有想法仍希望他主动提出来；另一方面，向小王说明，之所以否定他的建议，是我结合以往的工作经验做出的决定，同时针对他所提的建议进行探讨，讲明如何优化建议才能更好地保证效果。

（2）完成好项目工作。在接下来的项目执行过程中，要多倾听小王的想法和建议，并进行充分考量，合理的即采用，对不好判定的，可以组织小组成员甚至领导参与集体讨论。这样做既体现了对小王的尊重，也能够保证项目质量。如果否定小王的想法，一定遵循上述原则并告知理由。

（3）向领导汇报。项目完成后，要形成书面材料请领导审阅，服从领导的工作安排。然后向领导汇报我是如何处理与小王之间的关系、如何帮助他成长的，并且向领导承诺日后一定更有责任心，做好示范带头作用，提升自身的管理能力。

5.2.2 应试培训：计划组织类面试试题的答题套路

1. 答题套路

对计划组织类面试试题，除了判断轻重缓急的排序类问题外，其他大多数都属于会议或活动的组织。其具体组织实施大体可以分为事前计划准备阶段、事中实施执行阶段、事后总结反思阶段。具体步骤如下：

（1）破题。主要是表达：这项活动的"意义和目的"。所谓意义，就是这项活动的作用。所谓目的，就是这项活动将要达到的目标。

（2）事前计划是重点。一般来说，事前计划准备阶段是涉及事项最多、工作量最大的环节，需要统筹安排各类相关事宜，组织各种人力和物质资源，务求细致严谨、面面俱到、不留死角，全面考验着组织者的计划能力、统筹安排能力和组织能力。这也是很多计划组织类面试试题只问如何做好准备工作的原因。

（3）事中实施要全面。事中实施执行阶段所涉及的内容主要是实施过程中的各项事宜，内容相对集中，不像计划准备阶段那样纷繁而琐碎，而一般只要按准备阶段所拟定的方案有条不紊地进行即可。这个阶段是体现工作或活动中心任务的阶段，是核心阶段。在这个阶段中，应试者要把自己作为组织者的角色扮演好。需要协调哪些人、哪些事、哪些物，都要有条不紊地通过陈述展现出来。要让自己置身于场景中去思考自己的答案，展示自己的组织协调能力。

（4）事后措施要个性化。实施结束后，要有善后的措施，这个措施一定要置身于其中，体现出人性化、个性化特点。内容要符合常理，符合事物发展的逻辑规律。最后是事后的总结反思，所涉及的内容不外乎是整理相关记录并形成总结报告。

2. 答题样例

试题：单位今年新录用了一批公务员，领导让你组织他们的岗前培训。你会怎么做？

回答模板：

组织这样一次培训有利于提高初任公务员对工作的认识，帮助他们尽快适应岗位工作。我一定会努力把这次活动组织好，具体有以下几点打算：

第一，在培训之前，了解领导的意图，向有经验的同事请教，在此基础上制订一个周密的培训计划，计划的内容包括此次培训的时间、地点、参与人员、经费，培训过程中可能出现的问题，以及相应的应急预案，报领导审批。领导审批过后，进入培训的准备阶段，联系好相应的老师，布置好培训的场地，准备好相应的食宿，通知好相应的学员，印发培训讲义。召开会议，明确分工，落实各小组的责任，做到专事有专人，专人有专责。

第二，在培训过程中，及时协调好各小组之间的关系。教学组要采取互动的形式确保培训效果，教务组要做好培训讲义收发、学员考勤以及学员和教师之间的联系等工作，设备组要做好整个培训过程中音响、投影设备的正常运行，后勤组要为整个培训提供相应的后勤支持。与此同时，过程中的情况及时向领导汇报，让领导了解培训进度。

第三，培训结束后组织一次考核，检验培训的效果，并做好培训总结，向领导汇报此次的培训收获，以便为以后的类似培训积累经验。

5.3 针对核心胜任力的面试试题设计与创新

在许多工作中，有一些共同的核心胜任力。如何针对这些核心胜任力进行有效的面试试题设计与创新，对广大人力资源工作者和面试官来说，是非常重要且实用的问题。这里我们从动力和能力两大方面来探讨面试试题的设计与创新。

5.3.1 能力方面的面试试题设计与创新

能力特征对许多职位来说是很重要的岗位胜任力，包括综合分析能力、学习能力、创新能力、沟通能力。

1. 综合分析能力的面试试题设计

综合分析能力是目前面试中考察最多的测评要素，因为综合分析能力对于各类工作来说都很重要。如前所述，面试设计通常以一些较复杂的社会热点问题为主题，考察应试者的综合分析能力。但在面试实践中我们还可以通过创设其他方式来测量。这里列举笔者在面试实践中采用较多的几种题型，包括观点反驳题、案例分析题、造句题和漫画题。

（1）观点反驳题。

面试官给出一个观点和一系列论据，让应试者反驳。这种题型可以很好地考察应试者的综合分析能力，防止其按套路答题。下面是笔者在面试实践中用过的一个样题。

样题：

请针对下列观点提出反驳意见，并说明理由。

观点：增设 7 天"五一"黄金假利国利民

论据 1：随着人们生活水平的提高，旅游的需求量增加，而且"五一"期间全国大部分地区的气候很适合出游，增加"五一"黄金假可以更好地满足群众对美好生活的需求，同时能有效缓解春节和国庆节的出行压力。

论据 2：从国家层面来讲，旅游可以拉动内需，促进消费，假日经济涉及第三产业的大部分行业，对于提高旅游目的地群众的收入水平、促进当地就业作用明显。

（2）案例分析题。

面试官给出一个案例，让应试者对案例进行分析。用这种题型测试综合分析能力需要注意的是，由于案例一般来说文字量比较大，所以最好面试时给应试者提供题签，让其回答问题前先阅读案例。下面是笔者设计过的一个样题。

样题：

《宋史》记载，有一天，宋太宗在北陪园与两个重臣一起喝酒，边喝边聊。两臣喝醉了，竟在皇帝面前相互比起功劳来。他们越比越来劲，干脆斗起嘴来，完全忘了在皇帝面前应有的君臣礼节。侍卫在旁看着，觉得他俩实在不像话，便奏请宋太宗，要将他俩抓起来送吏部治罪。宋太宗没有同意，只是草草撤了酒宴，派人分别把他俩送回了家。第二天上午，他俩都从沉醉中醒来，想起昨天的事，惶恐万分，连忙进宫请罪。宋太宗看着他俩战战兢兢的样子，便轻描淡写地说："昨天我也喝醉了，记不起这件事了。"

对上述故事中宋太宗的做法，你是怎么看的？

（3）造句题。

面试官给出一个背景和多个词，让应试者用这些词形成一个观点，并说明理由。下面是笔者设计的一个样题。

样题：

请你用下面四个词形成一个观点，并说明理由。

人才强国　人才大国　人才数量　人才质量

（4）漫画题。

面试官给出一幅漫画，让应试者谈谈对漫画的理解和从中得到的启示。

样题：

根据你对下面漫画的理解，结合实际，谈谈你的看法。

2. 学习能力的面试试题设计

在现代社会，一切都处在不断变化与发展中。要想适应这样的社会，就要不断去学习，否则很容易被社会所淘汰。在这样的背景下，学习能力就成为招聘面试中的重要内容。

在传统的招聘面试中，许多用人单位认为，只要学习成绩好，学习能力就强，所以在招聘中很看重应试者的学习成绩。事实上，学习成绩更多反映的是知识的学习和掌握情况。而工作中的学习与书本知识的学习差别很大，内涵也更丰富，也更偏重能力的掌握而非静态知识的获取。那么，对这样的能力应该如何去考察？下面列举两个实践探索样例。

（1）在最近两年的工作中，领导和同事对你哪方面的工作能力最不满意？如果没有，那么你对自己哪方面的工作能力最不满意？为提高这个能力、更好地胜任工作，你个人做了哪些方面的努力？取得了什么样的效果？请具体谈谈你的措施和成效。

（2）在过去三年中，为了掌握一项新技能或通过一个认证考试，你是如何学习的？请谈谈这样一个事例，重点介绍你的具体行动和取得的成效。

3. 创新能力的面试试题设计

创新能力的重要性是不容置疑的，大到一个国家，小到一个单位，创新能力都是核心竞争力的重要体现。在"大众创业、万众创新"的时代背景下，培养创新理念、提高创新能力对每个人来说都显得尤为重要。那么，如何通过面试来考察应试者的创新能力？

要考察创新能力，首先要明确创新的内涵。创新能力不仅涉及个体的创新思维能力，还涉及思维品质（如开放性）。从表现形式来看，创新不单是技术创新，还包括体制机制创新、管理创新和模式创新。下面列举两个实践探索样例。

（1）业务（技术）创新。在工作中，有的事情可以按既定的规则和做法来完成，有的事情需要自己去寻求新的解决方案，创造性地解决问题。请谈谈你迄今为止创造性地解决最成功的一个业务难题。你当时是怎么考虑的？最后找到了什么样的问题解决方案？

（2）管理创新。在一个单位里，随着外部环境的变化，为适应发展需要、提高工作效率，经常需要对单位的规章制度或者工作流程进行改革。在过去的工作中，请你举一个具体事例，谈谈你是如何在制度或工作流程的改革方面做出自己的贡献的。

追问（根据应试者的回答情况）：你是如何发现需要做出这一改革的？这一改革的难点有哪些？你为此付出了哪些实际行动？这些行动的效果又如何？

4．沟通能力的面试试题设计

沟通能力几乎是任何工作都需要的一种基本能力。在传统面试中，对沟通能力的评价更多地依据应试者在整个面试过程中表现出来的沟通能力。但事实上，这种沟通能力更偏重口头表达能力。

模拟面谈设计

情境：你是一家石化公司的办公室主任，公司的人们称你为"姜主任"。公司现有员工5 000多人，近年来效益越来越好，在过去的一年里获得了3.1亿元的利润。

你所主管的办公室有七人，其中年龄最小的是29岁的小王。他是某名牌大学行政管理专业的研究生，两年前毕业分配来的公司。他的学历在办公室是最高的，但发挥的作用不大。尽管他的文笔不错，也有较强的事务管理能力，但工作的主动性和积极性不够，总是你让他干什么他才干什么，他是你最不满意的下属。当然，他对于你交给的任务还是能按要求完成的。

现在又到了年终考核的时候，你想给他评个"基本称职"，以促动他的工作，但"基本称职"是属于中等偏下的评价（5%优秀，15%良好，60%称职，15%基本称职，5%不称职），你担心这会让他产生情绪。因此，你准备就此与他进行一次面谈。

你的任务：你的任务是要通过15分钟的面谈，说服小王心平气和地接受你的决定，同时鞭策他以后更努力地工作。

5.3.2　动力方面的面试试题设计与创新

动力特征对许多职位来说是很重要的岗位胜任力，其重要性不言而喻。这里就工作中非常重要的动力特征进行面试探索，包括诚信度、成就动机、责任心、主动性。

1．诚信度的面试试题设计

诚信度非常重要，但对它的考察比较难。最早的诚信度评价是通过测谎仪进行的，这种仪器通过记录应试者在回答某些问题时表现出的呼吸、血压、脉搏、皮肤电等生理指针变化，判断和预测员工是否诚实。到20世纪80年代中期，测谎仪也成了极其流行的选拔工具，但该方法受到了极大的质疑，最大的争论是，这种仪器是不是一种预测在职员工不诚实的可靠而有效的工具。1988年，美国联邦政府通过了《雇员测谎仪保护法》，这导致了测谎仪作为诚信评价工具的终结，并促进了纸笔诚信测验开发活动的开展。

国外的这些诚信度测验，通常都是通过自陈式问题来考察的，如"公私分明，不随意将公司财物作为个人用品使用""处理问题总是先考虑企业利益和部门利益"，在应用中取得了一些效果。

那么，如何设计面试试题来有效地考察应试者的诚信度？这里提供两种思路。

（1）采用行为事件访谈技术。在面试中，很难通过直白的设问来考察应试者的诚信度，例如："你认为自己是不是一个诚信的人？为什么？"这样的问题几乎是无效的。但是，如果我们把问题具体化，让应试者去谈一些自己经历过的事情，据此判断其诚信度，这就成为一条有效的途径。下面举一个笔者曾经用来考察管理者诚信度的案例。

> 每个人在组织中都会面临个人利益与组织利益的冲突，我们提倡每个管理者要以组织利益为重，诚实做事，不因个人目的而隐瞒欺诈，应自觉进行自我约束和自我控制。请你回忆一下在最近三年的管理工作中，当你遇到这种利益冲突时是怎么处理的？请具体谈一个事例。
>
> 追问（根据应试者的回答情况）：这件事情的发生背景是怎样的？当时你有哪些可供选择的不同行动方案？最后你选择了哪些有效行动？这些行动的效果如何？

通过追问，我们可以得到完整、真实的行为案例，其中包括案例发生的背景、应试者的角色、应试者的行动方案和最后的结果。据此，我们就可以比较好地判断应试者的诚信度。当然，本案例中的诚信度偏重组织承诺。我们还可以设计偏重规则意识（不投机取巧）或者因个人守信而吃亏的面试试题，以便更加全面系统地判断应试者的诚信度。

（2）借鉴情境判断测验技术。我们还可以借鉴情境判断测验技术，通过给应试者呈现问题情境，让应试者对问题解决方案进行选择和评价，以此考察其诚信度。这样的面试需要提前让应试者阅读材料，然后在面试中进行回答。下面给出这样的案例材料。

> 请你仔细阅读以下这些情境。假设你是这些情境中的人物，根据你的工作

经验，对每个情境下的四个选择，按照最愿意到最不愿意的原则进行排序，并对每个选择进行评价。

（1）某公司接到一份订单，客户急需一种市场上旺销的产品。生产这种产品可以使用一种价格低廉的原材料，但该原材料具有轻微毒性，对消费者的健康有潜在危害（客户和消费者对此并不知情），而使用另一种无毒的原材料则需要高得多的成本。若你是该公司的负责人，你将决定使用何种原材料？

A. 由于受客户提供的产品价格限制，为尽可能降低成本，将使用价格低廉的原材料。

B. 查询相关的管理部门，咨询国家对该产品的原材料是否做出严格的规定，若无限制或限制比较宽泛，则使用价格低廉的原材料。

C. 将两种原材料的情况告知客户，若客户无异议且不肯出高的价格，则使用价格低廉的原材料，反之使用无毒价高的原材料。

D. 为了消费者利益，即使降低企业获利能力也只使用无毒价高的原材料。

（2）某公司处于继续发展的关键期，但存在着资金困难，决策层决定用公司的资产做抵押向银行贷款。为了获得较高的贷款额度，有人向总经理建议有必要采用各种方法请求外来评估单位高估本公司的财产。如果你是老总，你将怎么做？

A. 公司的发展是企业头等大事，目前评估业的自身活动也不是很规范，为了保证公司的贷款，将使用一切办法请评估公司高估。

B. 公司的发展是企业头等大事，告知评估公司实情，并要求其给予适当高估。

C. 与评估公司进行常规接触，提出放宽评估尺度的要求，若无法达到，不勉强。

D. 要求评估公司如实进行评估（避免低估），并寻求可能的其他融资途径。

由于应试者面对每个问题情境时都需要进行问题解决，因此面试官可以通过对应试者的方案选择和评价，来判断应试者的诚信度。

2. 成就动机的面试试题设计

成就动机即追求卓越、争取成功的内驱力，对许多工作来说，成就动机是非常重要的胜任力。研究发现，成就动机对个体的活动具有重要的作用。高成就动机者与低成就动机者的区别就在于，前者想把事情做得更好。一个组织的成功与进步，与其成员的成就动机水平，以及高成就动机者的多寡有着密不可分的联系。因为成就动机对个体、组织和国家而言意义重大，所以不断有研究者致力于成就动机的结构探讨与量表开发。研究者认为，成就动机特质导致人们为自己设置困难但又有可能实现的目标，追求完美，计算风险，面对不确定性，对问题采用新颖、创新的解决方法，并愿意对行为的结果承担自己的责任。

既然成就动机很重要，那么如何设计面试试题来有效地考察应试者的成就动机呢？下面笔者提供一些思路，供读者参考。

（1）从目标设置入手。高成就动机者一定有相对比较高的目标追求。这种目标追求的考察一般不要问其想法，关键看其以前设立的目标以及目标达成的情况，包括追求目标过程中面对困难时的表现。例如，可以设计这样的面试试题：

在过去的五年中，你主动为自己设置的最大的学习或工作目标是什么？

追问（根据应试者的回答情况）：当时为什么要设置这个目标？为实现这一目标你具体付出了哪些努力？中间遇到困难时你是如何面对的？最终实现这个目标了吗？经历这个事件后你有什么体会？

（2）采用迫选的办法。为了考察成就动机，也可以采用迫选的办法，让应试者从几个无所谓好坏的选项中做出自己的选择。例如，《财富》世界500强企业中用到的一道面试试题是这样的：

你是愿意做大池塘里的一条小鱼，还是愿意做小池塘里的一条大鱼？为什么？

有名应试者回答："小池塘里的一条大鱼——那么池塘就属于我了，但是没有什么可让我征服的。大池塘里的一条小鱼——这样的话我就有很多成功的机会！"根据应试者的这一回答，可以推测其成就动机还是比较高的。

我们还可以列出多种选择，让应试者进行排序并说明理由。

以下多个因素都与工作有较密切的关系：薪酬福利、职业声望、职业前景、职业稳定性、工作成就、能力提升、与同事和领导的关系。请问，你最看重哪个因素？最不看重哪个因素？请按其重要性排出顺序并说明理由。

在这个问题中，不同的选项很难有优劣之分，但每个选项与成就动机的密切程度是不一样的。如果应试者把与成就动机密切相关的因素（如工作成就、能力提升）排在相对靠前的位置，就可以判断其具有较高的成就动机。

3．责任心的面试试题设计

责任心实在是太重要了，它几乎渗透到每个人工作生活中的方方面面。很多人力资源管理工作者问笔者如何在面试中把责任心测量出来，这是很不容易的一件事。这里谈谈笔者的一些实践体会。

（1）对组织负责。对组织负责是一个人责任心的重要体现，也是测量员工责任心的一个重要视角。对组织负责可以有很多表现，如维护组织声誉、保护组织利益、关注组织发展等。下面给出这样一个面试试题的设计样例：

> 最近两年，在没有外部要求的情况下，为改进所在岗位的业务工作或管理成效，你付出了哪些努力？例如，通过各种方法提高工作效率，向领导提出改进工作流程、工作习惯、规章制度等方面的建议并被采纳等。请具体谈一个这方面的成功事例。

（2）对他人负责。生活中我们可以看到，一个有责任心的人总是勇于承担责任，他往往比那些没有责任心的人表现得更为"劳心"，活得似乎也更累。据此，我们可以从工作或生活中的一些细节去考察应试者的责任意识。例如，在北京对应届大学生（非北京生源）进行招聘面试时，曾设计了这样的问题：

> 你选择在北京工作，意味着你将不能与父母在一起。他们就你这一个孩子，你对他们未来的养老问题有什么考虑？

不同应试者对这个问题的回答差别很大，有的人根本就不考虑这个问题，有的人对此有比较周密的打算和考虑。这个问题可以在一定程度上考察其责任心，通常一个没有孝心的人是很难有责任心的。当然，我们不能简单地以一个问题就确定应试者是否有责任心，但如果工作生活中多个方面的问题都反映出一个人没有责任意识，我们就可以推测其责任心不强。

4．主动性的面试试题设计

在应届大学生的招聘中，经常有用人单位的领导问笔者能否在面试中把主动性考察出来，因为主动性对初入职场的人来说很重要。对主动性差的大学生，用人单位的反馈往往是，领导让他干什么他就干什么，让干多少就干多少，不会主动想办法解决问题。

例如，某领导因工作原因需要查看一份上周的《人民日报》，就让新入职的大学生去单位楼下的报亭看看能否买到。结果大学生发现报亭里没有。多数人可能就会告诉领导说买不到了。而这名大学生发现报亭没有报纸后，当即联系人民日报社，并当天就去社里找到了领导想要的报纸。这就是主动性。主动性强的人不用领导多要求，会主动寻求问题的最终解决办法。

从内涵方面来说，主动性是指在没有外在要求的情况下，发现需求并自发地采取行动以实现工作目标。主动性可以体现在以下很多方面：

- 不需要他人提出要求，能够意识到并根据当前的情形行事。
- 在事情发生前就有所准备，并能准确把握机会。
- 能够主动承担更多的工作和责任。
- 积极寻求外部的支持，以了解他人的想法。
- 能够独立行动，改变事情的发展方向。
- 为完成目标而迅速采取一些措施，使结果远远超过预期。
- 为了寻找新的机会，努力拓展工作内涵，获取新技能、新经验。
- 能够贡献自己的建设性意见。

下面给出两个主动性的面试试题设计样例。

（1）假如你被录用并工作一段时间后，发现所在部门的业务流程存在不合理的地方，可能带来风险。同事们对此不以为意，并表示一直都是这么做的，也没出过问题。面对这种情况，你怎么办？

（2）假如组织派你到某基层单位去挂职锻炼，由于知道你是挂职干部，当地领导对你很关照，很少给你安排任务，导致你每天无所事事，而周围的同事每天却忙得团团转。面对这种情况，你怎么办？

5.4 面试方式的创新

5.4.1 工作情境表现测试

工作情境表现测试是给应试者创设一个情境，面试官通过言语交流观察应试者的行为表现，评价其是否具有相关的实际能力。这种面试方式的一个突出特点是，可以有效考察应试者的相关素质，因为应试者通常在情境中无法伪装自己，而在陈述性面试中应试者比较容易掩饰自己，这就有效地克服了陈述性面试中普遍存在的一个问题：面试中说得很好，可实际能力并不一定行。下面列举两个有代表性的工作情境表现测试样例，供读者参考。

工作情境表现测试样例一

测评岗位：客户服务部经理、营销部经理。

测评要素：说服能力、组织协调能力、处理冲突技能、思维反应能力。

测评设计：让应试者以公司经理的身份去面对一位客户（面试官的合作者）的抱怨，目的是解决客户纠纷。

情境设计：应试者（公司经理）熟悉自己的角色和面谈任务，准备10~15分钟后，开始进行模拟面谈。

情境：你是一家装饰公司的总经理，公司内部的人都称你为"张经理"。早上8点15分，你像往常一样提前10多分钟来到你的办公室，安排这一天的工作。今天的一项重要工作是，要与一位重要来访者进行业务洽谈，这位来访者将在半小时之后（8点45分）到达。可就在这时，一个愤怒的年轻人冲进你的办公室，他大声嚷道："你就是张经理吗？前一段时间我刚刚买的新房子，请你们公司帮我搞装修。现在我一住进新房子，就发生了很多意想不到的问题：客厅的墙壁出现了裂缝；卫生间的地砖不平整；更糟糕的是，装修时新换的暖气管道漏水，物业对我们自己换过的管道出现问题根本不管，只能由你们装修公司负责。因此，你们至少要退还我一半的装修费，否则我将向消协投诉你们。如果漏水泡了我的木地板，我还将要你们给我加倍赔偿……"显然，你需要在比较短的时间里说服这个年轻人接受你的解决方案，因为绝对不能让那位重要来访者看到这种情境，以免影响业务洽谈。

任务：你的任务是要通过20分钟的面谈，让客户接受你的解决方案，这个解决方案应该在保证客户认可的前提下最大限度地减少公司的损失，不要给公司留下任何后患，所以这次面谈对你来说是很重要的。

工作情境表现测试样例二

一家照相器材专营店招聘一名管理人员。招聘当天的上午，照相器材专营店的经理认真地听了五名应试者的情况介绍后，又让他们谈谈对公司今后发展的设想与展望。总体来说，经理对这五个人都比较满意，所以有些拿不定主意，毕竟只能选用他们中的一个。

到了中午，几名应试者一起吃饭，经理说有事不能奉陪。但就在他们吃水果的时候，经理来到了他们身边，和大家聊天的同时，眼神却定格在他们座位前的桌面和碗筷上。经理看到，有两名应试者的盘子里剩了一些菜汤和少量的青菜；另两名的盘子里横七竖八地放着吃不了的鱼、肉，米饭不光剩在碗里，还"播种"到桌面上不少，没啃干净的鸡骨头和鱼刺也被扔在了桌子上。只有一名应试者的盘子和饭碗都干干净净的，吐在桌上的鸡骨头和鱼刺也不带一点儿肉。于是，经理当场宣布，他要的管理人员就是那名吃得最干净的应试者。经理认为，他这样选择，是因为不会精打细算、不懂得点滴节约的人，是很难与公司同舟共济的。

5.4.2 调研答辩式面试

对于比较复杂的管理岗位和中高层管理人员的选拔，我们通常很难用一个简单的任务背景去考察其胜任力。在这种情况下，我们可以让应试者去解决一个开放的复杂管理问题，来考察其实际管理水平和业务能力。调研答辩式面试就是依据这种思路来设计的面试方式，通过让应试者自行去一个单位乃至一个城市进行调研分析，形成解决问题的思路，再在此基础上进行面试。这里给出一个调研答辩式面试设计案例，供读者参考。

背景情况：

笔者所在的部委在选拔中层干部时，就曾经采用调研答辩式面试。具体方式是组织所有的候选人赴北京市房山区韩村河进行调研。

韩村河旅游景村简况：

韩村河旅游景村位于北京西南40千米处，隶属北京市房山区韩村河镇，现有居民910户，人口2 712人，总面积2.4平方千米，是国家3A级景区，被誉为"京郊双文明第一村"。改革开放前，韩村河因"臭水沟，烂泥塘，挖野菜的结成帮"而被称为"寒心河"。改革开放后，村民在回乡知识青年田雄的带领下，将一个只有30多人的小建筑队，发展成为集建筑、市政、水利、公路、施工及设计、开发、建材等于一体的多元化大型企业集团——韩建集团。集团最高年创产值64亿元，实现利税4.7亿元，现有总资产80亿元。

在致力于发展韩建集团的同时，中共党员、韩村河村党总支书记田雄不忘发展韩村河。他逐渐认识到，要想把"寒心河"变成"幸福河"，必须先发展生产力，发展集体经济，日益壮大的集体经济才能成为村民幸福的源泉。为实现这一目标，韩建集团向韩村河投资数千万元，实现了全村农业从种到收全过程的机械化作业，并建成农业高科技示范园区。同时，从1992年起，他带领韩村河开始实施新的规划建设。截至1998年年底，共投资5亿多元建成了11个高标准的住宅小区，581栋小别墅楼，8种建筑风格的21门公寓式多层住宅楼，910户村民全部住进了新楼房。经过多年努力，贫穷落后的韩村河发展成了花园式的乡村都市。

调研安排：

在为期半天的调研中，大家参观了韩村河社会主义新农村建设展览馆、韩建河山管业基地、高科技蔬菜大棚，并听取了有关领导关于韩建集团创业历程、韩建四大产业发展以及韩村河美丽乡村建设情况的汇报。随后，每名应试者走访农户并与他们进行座谈。

面试设计：

调研结束后，大家回到单位接受面试答辩，面试试题全都围绕参观过程中的所见、所闻、所感和所获来进行。例如，"你觉得韩村河建设和发展的成功经验是什么？""在半天的调研中，你认为韩村河当前面临的挑战和问题是什么？对此你有什么建议？"……

这种调研答辩式面试可以很好地测试候选人的实际工作能力，包括提出问题、分析问题、研究问题和解决问题的能力。调研能力是国家机关公务员很重要的工作能力，而且同样的调研过程，由于不同的候选人经验不同、感悟不同、能力不同，收获也不同，所有这些差异都可以在面试试题的回答中得以甄别。

5.4.3 投射性面试技术

如前所述，传统面试存在的一个普遍问题是，应试者通过培训很容易按套路化方式来回答面试试题，导致一些面试试题失效。而投射性面试技术就是要让应试者不知道要测量其什么能力，也无法知道如何回答才是"理想的答案"，这样的面试效果往往更加客观有效，当然其命题设计就更需要创新。

美国西南航空公司招聘面试案例

面试背景：

在航空业快速发展的时候，美国西南航空公司给全世界创造了数百个就业机会，有几十种类型的职位，包括飞行员、飞机维修师、研发人员、空中小姐、空中先生以及地勤人员。作为一个非常知名的公司，这么多职位同时招聘，吸引了世界各地成千上万的应试者。那么，他们如何筛选应试者呢？

首先，他们筛掉基本技能不符合要求的候选人，其余只要与所应聘职位有点儿相关的人，都要进行初次面试。

面试方式：

把参加面试的应试者每20人分为一组，坐在会议室里，主面试官会跟大家说："大家好，今天大家参加初次面试。你们当中有申请各种职位的，请每人演讲3分钟，内容包括：你叫什么名字？应聘什么职位？为什么应聘这个职位？只讲3分钟，时间一到就换人。"

这样一来，20个人的面试只用一小时就完成了。

究竟考察什么

面对这个问题，很多人都会无一例外地认为，这是在看演讲者的口头表达和逻辑思维能力、仪表仪态等方面的表现，同时通过其演讲可以观察出这个人对自己是否有一个期望，如果有，也就更能和公司达成一致的前进目标。

这些考虑都很有道理。是否每个人都能无拘无束地站在台上，面对几十个人而滔滔不绝地讲呢？拿飞机维修师来说，作为一个修飞机的人，在以后的工作中是否有机会遇到面对这么多人讲话的场景？基本没有可能，因为他只负责修飞机而已。但是，用人单位却要考察他在众人面前演讲的条理性和表达能力。这好像不太公平，他可能一看见人多就吓得发抖，浑身冒汗，但他不一定不能修飞机。所以，用人单位考核的并不是这些东西。

用人单位在这里隐藏了很多东西，这就是面试中的声东击西法，即让应试者感觉好像在考察某些东西，但实际上考察的是另一些东西。当某个应试者在台上演讲时，主面试官根本不关注其所讲的内容，而是观察另外19个人在干什么。会不会有的人因为演讲者表现不佳而幸灾乐祸，轻蔑之色溢于言表，或者跟别人交头接耳，这样的人肯定就要被筛掉。也有的人，还没轮到他，那就写点东西，或看手机、接电话，甚至来回溜达，这样的人又将被筛掉。

什么样的人才能成功地进入第二轮面试？那些没轮到，但是很认真地倾听演讲者讲话，不交头接耳，对演讲者有起码尊重的人。

西南航空公司提供的是航空服务，公司里的所有人都要尊重他人，也就是现在非常强调的要有客户服务意识。应试者可能没有想到，修飞机的技术、演讲技巧或者仪表等方面，是主面试官在第二轮面试时要看的东西。而第一轮面试是门槛，换句话说，必须设一道所有职位（从前台到总经理）都应该跨过的门槛。在西南航空公司有一段很有名的话：

> "我们的费用可以被超过，我们的飞机和航线也可以被模仿，但是我们为我们的客户服务感到骄傲，这是没有人能够模仿得出来的。通过有效的雇用，我们为公司节省了费用，并且达到生产率和顾客服务的更高水平。"

第6章
面试的实施程序

面试中最容易犯的错误

在人员招聘面试中,一些用人单位经常会犯错误,而且很多错误很低级,这不仅会影响人员招聘的效果,而且会损害用人单位的形象。下面就举一个笔者亲身经历的实例来剖析一下。

在某单位的人员招聘面试中,笔者被邀请作为外部面试官参与面试评价。早上8点30分,我们七位面试官(其中有三位外部面试官)赶到面试现场。因时间比较紧,我们几乎连面试题本都没看完就开始面试了。由于主面试官(该单位领导)也刚刚看到题本,因此在宣读面试试题时磕磕巴巴,加剧了应试者面试时的紧张情绪。更糟糕的是,面试试题中有这样一句话:"信息安全是我们行业发展的软肋。"面试官把"肋(lèi)"错念成了"lè(乐)",导致应试者请求主面试官复述试题。可能因为紧张,应试者在主面试官复述后还是对试题有疑惑。最后有位面试官就补充说"软肋就是薄弱环节",应试者才终于明白了题意。由于每位面试官对试题和评分要点都不熟悉,因此在前两名应试者面试的过程中,多位面试官忙于翻看题本,以便尽快掌握测评要素和评分要点,根本没有太多时间去倾听应试者的回答,更无暇观察应试者的行为表现……

在这个面试实例中,面试官犯了太多错误,这些错误对应试者来说很不公平,对用人单位来说有损自己的形象。

6.1 面试实施前的准备

面试实施前的准备工作有很多，从面试官的角度来说，包括对工作职位、应试者的有关材料、面试试题和评分标准等的熟悉；从用人单位的角度来说，包括实施程序的设计、面试场地的选择和设计等。做好这些准备工作是顺利完成面试的基本条件。

6.1.1 面试官在面试前的准备工作

有的面试官会认为，应试者为了成功应聘，需要精心准备，而面试官并没有什么可准备的，只需根据应试者的面试表现对其进行评价就可以了。这种看法其实是错误的。实际上，面试是面试官与应试者双方的较量，面试官通过面试来考察应试者，应试者在面试中了解面试官和用人单位。面试前的准备工作对于面试官来说是很重要的。

那么，面试前面试官需要准备些什么？下面我们就此进行讨论。

1．熟悉工作职位

面试官在面试前需对工作职位有清晰的了解。这一点对于外部面试官来说尤为重要，因为外部面试官往往不太了解用人单位和招聘职位的情况。面试官对职位的主要职责和任职要求了解得越清楚，在面试中就能更有针对性地评价应试者，并选到理想的工作人员。

为了判断面试官是否对工作职位及相关背景足够熟悉，可以通过以下几个问题进行测查：

（1）我是否对判断应试者应具备哪些重要的任职资格有足够的了解？

（2）我是否能够将该职位的职责清晰地向应试者传达？

（3）我是否能够清晰地描述用人单位的有关信息和职位信息？

2．熟悉应试者的有关材料

一般来说，在面试前面试官会获得应试者的应聘材料和简历（无履历面试和公平性要求很高的公职人员面试除外）。面试官对这些材料一定要认真阅读。这样做一方面是为了了解应试者的个人背景信息，将其与职位要求相比较，对应试者的胜任程度进行初步判断；另一方面是发现应试者应聘材料和简历中的问题，必要时在面试中予以澄清。

在阅读应试者的应聘材料和简历时，应该注意以下几个方面的问题。

（1）浏览外观与行文。当拿到一份应聘材料和简历时，人们首先注意的就是它的外观，其次就是文字、语法等。通过浏览外观可以获得一些信息，例如，简历是否整洁，排版是否美观，语句是否合乎逻辑，用词方面是否得当等。如果是英文简历，可以看看其英文表达水平如何。一般来说，比较专业的简历通常为两三页，如果简历过长或过短必须引起重视。

（2）注意空白的内容或省略的内容。现在越来越多的用人单位给应试者提供了标准化的简历模板，使所有应试者的简历看上去都包括同样的内容。这样，面试官就会很容易发现应试者的简历中有哪些栏目是空白的或者有哪些内容被省略掉了。面试官需要对这些内容在面试中进一步了解。

（3）注意与应试者的应聘职位或行业相关的工作经历。一般来说，一个人应聘一个职位，通常会选择与自己过去经历相关的工作内容。在面试前，面试官应该对应试者曾经在哪些单位工作过有所了解。例如，一名应试者可能曾经在一个竞争对手的公司里做过类似的工作，或者在这个行业中很有名的一家企业中工作过，这些经历都应该在面试过程中进一步了解。

（4）考虑应试者工作变动的频率和可能的原因。在应试者的简历中最关键的部分可能就是他的工作经历了。在他的工作经历中，面试官可以关注该应试者工作变动的频率如何，是否在很短的时间内（如几个月）就更换工作。如果更换过于频繁，就可以将其作为问题在面试中提出来。另外，可以考虑一下应试者每次工作变动的原因是否合乎情理，找出工作变动的动机。例如，从一家知名企业换到一家小公司，工作单位变了，工资反而下降了；所从事的工作领域发生了变化，从做技术转向做人事；等等。关于工作变动的动机问题常常是面试中的重要问题。

（5）注意应试者工作经历中时间上的间断或重叠。有时，一名应试者从一个单位离职的时间和到下一个单位就职的时间之间会有一个间隔，在这段间隔的时间应试者在做什么应该是面试官关心的问题。另外，有的应试者的工作经历中有时间上的重叠。例如，某应试者在 2016 年 5 月至 2017 年 1 月间既在一所学校任教，又在一家公司工作，这需要在面试中澄清。

（6）注意应试者对薪酬的要求。在应试者的应聘材料中，面试官还应该特别关注应试者目前的薪酬状况及其对薪酬的期望值。薪酬是一个很现实的问题。一般来说，人们换单位的时候不会主动从薪水高的单位转向薪水低的单位，也不会接受实际薪酬水平比其期望值低得多的单位。所以，面试官在面试前应该注意应试者对薪酬的要求。现实中经常会发生这样一种情况：用人单位已决定录用某应试者，可由于薪酬问题应试者拒绝了，导致用人单位陷入被动局面。一个可行的办法是，用人单位可以将应试者所期待的薪酬与该职位所能提供的薪酬进行比较,在面试中与他讨论这一问题。

3．熟悉面试试题和评分标准

面试官需要事先熟悉面试试题,以便在面试中做到胸中有数,把精力集中在应试者对试题的回答上。对于主面试官来说,事先熟悉面试试题更有必要,因为只有这样,才可能不会出现前面所说的念错字之类的低级错误。评分标准也是每位面试官需要事先熟悉的重要内容。面试官只有"吃透"评分标准,才能客观准确地根据应试者的面试表现来评分,否则在面试现场面试官既要用心琢磨评分标准,又要判断应试者的回答,很可能两个方面都做不好。

有时,面试试题不是由用人单位事先拟订好的,而是由面试官自行决定的。在这种情况下,面试官需要事先琢磨几个面试的基本问题,用以考察应试者的主要素质,其他一些附带的问题可以根据面试的具体情况来提出。

6.1.2 实施程序的设计

1．实施程序设计的原因

从用人单位的角度来说,面试前的一项重要工作是做好实施程序的设计工作,这项工作的基本要求是确保面试实施程序对所有应试者来说都是公平的。这一点很重要,因为面试本来就是一种依赖于面试官主观判断的评价方法,如果实施程序很不规范,那么面试结果很难令人信服。在招聘面试中,实施程序的不规范会让应试者感到不公平,从而影响用人单位的形象,更有甚者可能将用人单位推向法庭。

2．实施程序的内容

实施程序的内容一般包括以下几个方面。

(1)面试实施的具体步骤,包括从应试者到达面试地点到面试结束的整个计划安排。一般来说,所有应试者需要在正式面试开始前15分钟到达面试地点,然后以抽签方式确定应试者的面试顺序,以确保程序的公平性;然后应试者按顺序逐一进入面试现场,当一名应试者进入面试现场时,提醒下一名应试者做好准备;面试官按预定的面试试题进行面试。

(2)对所有应试者的面试时间应有统一规定,这就需要在面试题本设计与操作规范方面有明确的要求。

（3）面试的记分方法，面试官对面试评分的登记、核准和分数汇总等方面都应有明确、规范的说明。

具体实施程序如图 6-1 所示。

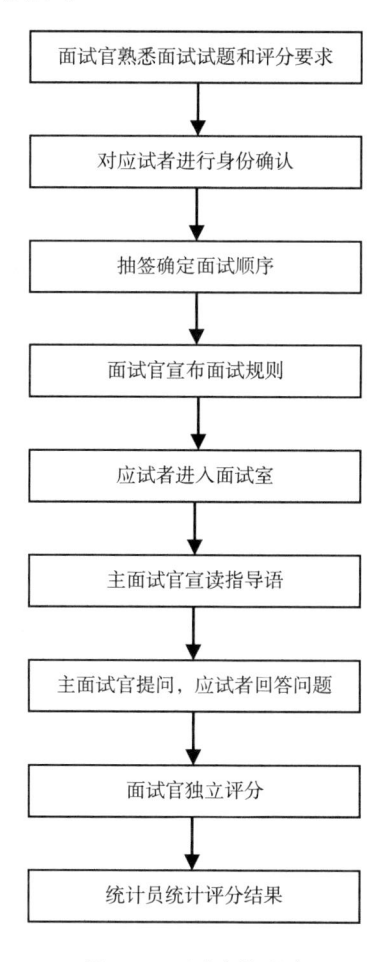

```
面试官熟悉面试试题和评分要求
          ↓
    对应试者进行身份确认
          ↓
      抽签确定面试顺序
          ↓
      面试官宣布面试规则
          ↓
       应试者进入面试室
          ↓
      主面试官宣读指导语
          ↓
  主面试官提问，应试者回答问题
          ↓
        面试官独立评分
          ↓
      统计员统计评分结果
```

图 6-1　面试实施程序

6.1.3　面试场地的选择和设计

面试场地的选择和设计也是面试前的一项重要工作。一般来说，对面试场地的基本要求有四条：一是场地的环境必须无干扰，安静；二是场地的面积应适中，一般以 30~40 平方米为宜；三是场地的温度、采光度适宜；四是每个独立的面试场地，除主考场外，还应根据应试者的数量设立若干候场室，候场室的选择应与主考场保持一定距离，以免相互影响。

面试场地的布置也是很有学问的。根据面试官与应试者的座位安排，我们认为图 6-2

和图 6-3 是比较理想的两种方式。

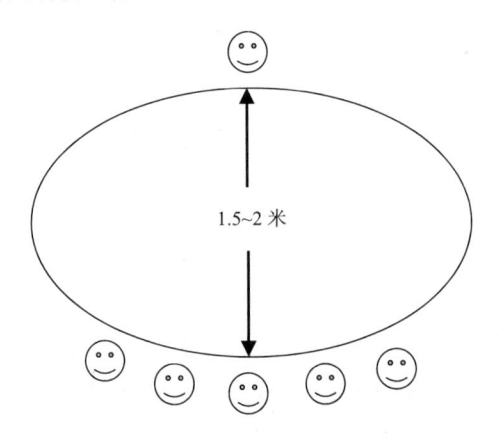

图 6-2　面试官与应试者座位安排图一

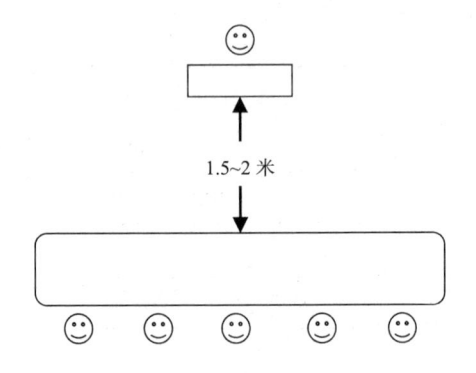

图 6-3　面试官与应试者座位安排图二

6.2　面试进程的控制

面试是以考察应试者的相关素质为目的的，这就要求面试官对面试进程进行控制，对于沉默寡言的应试者，要鼓励其开口；对于滔滔不绝的应试者，要控制好面试话题。可以说，如何控制面试的进程是面试实施的关键。

6.2.1　构建和谐的面试氛围

在面试中，构建和谐、友好的面试氛围对于面试的顺利进行是很有必要的。那么，如何构建和谐的面试氛围？这对面试官提出了较高的要求，特别是在面试的起始阶段。在这个阶段，面试官的提问应该显得自然、亲切，像闲聊一样，这样一方面可以消除或缓解应试者的紧张和焦虑情绪，另一方面便于引出面试的主题。

如果一名应试者一进面试场地便显得过于紧张，拘谨地坐在面试座位上，不停地搓动双手，那么此时显然不能立即切入面试的主题。怎样使应试者放松是一门学问，尤其是在面试开始时，面试官应该找一些比较轻松的话题让应试者平静下来。例如：

- "今天过来的时候路上堵车了吗？"
- "我们的办公楼不难找吧？"
- "请坐，你是怎么来的？家住得远吗？"
- "从你家里到这里走了多长时间？"

此类问题可以拉近面试官与应试者之间的距离。有时，甚至可以用幽默的方式来寻求彼此间的和谐关系。例如，面试官从简历中得知应试者的名字叫"江若愚"，便可以问："你的名字很有意思，取这个名字有什么说法吗？"又如，面试官从简历中得知应试者非常擅长打乒乓球，曾获得过某市青年杯的亚军，就可以说："听说你的乒乓球打得很不错，以后可得向你请教。"

面试官不仅在面试开始时要注意构建良好的面试氛围，而且在接下来的正式面试过程中要时时注意维护与应试者的和谐关系。那么，要做到这一点面试官需要注意什么？

首先，面试官在面试中需要保持良好的面部表情，亲切、自然的微笑在无形中会拉近面试官与应试者之间的距离，必要的点头和赞许会消除应试者心中对面试官的戒备和怀疑。如果面试官的表情太严肃，就会增添面试过程中的紧张气氛。

其次，面试官需要注意自己的言行，提问时要像平常与人交谈那样平易近人，切忌"打官腔"，因为在面试这种场合，应试者与面试官的地位本来就是不平等的，面试官无须通过提问的口气来显示自己的"优越性"。

最后，当应试者在面试中表现不好时，面试官切忌对其进行责备，而应予以鼓励。

6.2.2 有效把握面试进程

1. 让应试者多讲

面试的目的是考察应试者是否具备相关的素质。这就决定了在面试中要让应试者多讲，而面试官少讲。但是在面试实践中，我们经常会看到这样的情况：有的面试官因某个话题而引发了自己的兴趣，开始滔滔不绝地感慨起来；还有的面试官提问时说了很多话，而应试者用一两句话就将面试官的问题回答清楚了⋯⋯

调查表明，在面试过程中，蹩脚的面试官的发言时间多于应试者回答问题的时间，应试者提供不了多少信息；一般的面试官谈话的时间与应试者差不多；而高明的面试官能将多数面试时间留给应试者。实践证明，面试官在面试中的说话时间不应超过 1/3，2/3 以上的时间应留给应试者。这样才能真正发挥面试的效能。

在面试中，面试官经常会遇到不善言辞的应试者。这些应试者有时对于一些问题因不知道如何更好地回答而闭口不语，有时对于一个本来可以发挥的话题，三言两语就谈完了。这就使面试官得到的信息不充分，也就很难对应试者的相关素质进行评价。因此，面试官可以采用以下几种对策。

（1）适时沉默。在面试中，面试官不要当应试者出现停顿时就开口谈别的问题，有的停顿意味着应试者可能在考虑如何进一步回答问题，有的则意味着应试者不知道已回答的内容是否让面试官满意。如果面试官适时保持沉默，就意味着在对应试者说："你还没说完，请你考虑好之后继续回答。"这一对策对于内向的应试者还是比较管用的。

（2）给予鼓励。有时应试者出现停顿，是因为担心自己回答不好问题。这时特别需要面试官的鼓励。例如，应试者在回答问题时突然不想说了，面试官不妨问："还有吗？"或者直接说："你已经说了不少，请继续说。"此时应试者一般会继续往下说。

（3）利用身体语言。面试官利用身体语言也可以鼓励应试者开口，如适度的身体前倾等。这些会使应试者感到面试官对自己的认可，更有继续谈下去的勇气。

2. 控制面试的主题

面试时间是有限的，例如，谷歌公司规定面试时间为 30 分钟左右。面试官要紧紧围绕面试目的实施面试，原则上不提无关的话题，更不要在无关的话题上浪费太多的时间，否则面试官将很难从得到的信息中判断应试者的相关素质。这个道理说起来谁都能明白，但面试官如何控制面试的主题并不是一件容易的事。

在面试中，面试官要时刻注意收集应试者的胜任特征方面的信息。如果面试官感到某方面的胜任特征信息已经足够，那么可以转移话题到其他胜任特征上；如果面试官感到某方面的胜任特征信息还很不充分，那么一定要围绕这个话题继续展开。下面我们来看一个利用行为性问题进行面试的例子。

面试官：请你谈谈你做得比较成功的一件组织协调方面的事情。

应试者：让我先想想。上个月，我参与组织了一个大型的会议，由于准备工作充分，问题考虑周到，会议取得了成功。

面试官：这是一个什么性质的会议？为什么要开这个会议？

应试者：这是一个大型研讨会。我们要把一项研究成果开发成产品，需要各方面的人员对开发成本、开发时间、市场潜力等问题进行论证。

面试官：你在组织这次会议中的主要任务是什么？

应试者：此次会议的组织工作是由我们的主管——办公室主任负责的，我的任务是配合主任做好有关的工作。一个大型的会议需要大家的努力……

面试官：对不起，我打断一下。在此次会议中，你具体做了些什么？

应试者：我做了几乎与会议有关的所有具体的事，如联系落实会议地址、提前两周通知与会人员等。虽然这些事很烦琐，但如果有一件事没做好，就可能使会议失败，如……

面试官：对不起，请问，你做的这些事是自己想到的，还是办公室主任安排的？

应试者：我不是负责人，所做的事都是主任安排的。

……

以上只是面试官和应试者对话的片段。我们可以看到，应试者两次被面试官打断，目的都是让应试者说出更多的面试官感兴趣的胜任特征信息。

在面试中，面试官经常会遇到说起话来滔滔不绝的应试者。对于此类应试者，面试官在面试开始时就应要求其简要回答问题。如果应试者在回答某个问题时耗时太多，那么面试官在下一个问题开始前，就要提醒他："你刚才回答那个问题所花的时间太多，接下来你得抓紧时间，挑重点来回答。"面试官也可以对应试者所说的无关内容显得不感兴趣，例如假装弄掉笔、笔记本之类的东西，利用声音打断应试者的话题，然后抓住机会说："说得不错，现在让我们谈论下一个话题，好吗？"从而迫使应试者结束话题。最直接的办法是打断应试者的话，不过，这样做有时会影响应试者的情绪，所以只有在应试者回答一个问题没完没了时才采用此法。

3. 面试中突发事件的处理

面试中什么情况都有可能发生。对于面试中发生的各类突发事件，最关键的是面试官自己要保持平静的心情，否则就会使面试陷入忙乱之中。例如，应试者由于过分紧张，面红耳赤，注意力不能集中到面试问题上，语无伦次……这时面试官不应继续进行面试，而应待应试者冷静一段时间后再开始面试。我们曾经为某银行对外招聘工作人员，当时一位女应试者在谈论一件事时突然哭了起来。也许是我们的问题让她回忆起伤心的往事，深深地刺痛了她内心深处的伤疤。当遇到这种情况的时候，面试官千万不要不知所措。正确的做法是，暂时中断面试，对应试者表示理解和关怀，递给她纸巾，使她尽量平静下来。必要的时候，也可以让应试者单独待一会儿，等她的情绪平静之后再继续进行面试。

6.2.3　面试的收尾

面试的收尾阶段是面试官检查自己是否遗漏了关键胜任力的问题并加以追问的最后机会。如果面试官觉得已经充分收集了应试者的有关信息，就可以考虑结束面试。有经验的面试官十分重视面试收尾阶段的自然和流畅，避免给应试者留下某种疑惑、突然的感觉。临近收尾，面试官一般应给予应试者最后的提问、重申或强调某些信息的机会。下面我们给出一个面试收尾的例子。

　　面试官：在今天短短的30分钟里，你已经回答了所有的面试问题。对于你前面的回答，你还有什么需要补充和说明的吗？

　　应试者：没有了。

　　面试官：假如我们录用了你，你对我们还有什么要求？

　　应试者：没有什么要求。如果可能的话，我希望单位能给我提供一个集体宿舍。

　　面试官：好了，今天的面试到此结束，谢谢你的合作。我们会在一周之内通知你我们的决定，请注意查收。

6.3　面试提问与记录

面试是通过面试官的提问和应试者的回答来进行的，所以，面试提问是面试中的重要方面。面试记录则是面试官面试评价的依据。

6.3.1　面试提问

面试提问是面试官的一项主要活动，提问的质量和水平直接关系到面试的效果。如何提问是每位面试官都应掌握的基本技能。

1. 提问应力求通俗、简明、有力

首先，提问应做到通俗易懂，不要使用生僻的字词和专业性太强的词汇，以免让应试者费解。提问的内容、方式和用语要适合应试者的接受水平。其次，提问一定要简明扼要。研究表明，一个问题描述的时间宜在 45 秒以内，30 秒左右为佳，不能超过 90 秒。如果超过 90 秒，不论是应试者还是面试官，都会感到不好理解，或者说问题不太明确。此外，面试官提问时，不要无精打采，而要活泼有力，可配上得体的手势，从而使问题产生一定的感染力和吸引力。

2. 提问应根据应试者的回答灵活进行

尽管面试的关键问题往往是事先准备好的，但面试过程中的提问并不拘泥于已有的问题，而可以根据应试者的回答情况，围绕面试目的和职位胜任特征灵活进行。如果应试者把面试官还没有问的问题给回答了，面试官就无须按事先预定的程序再对这个问题进行提问；如果应试者对该回答的问题没有回答或者只回答了一部分，而且这个问题关系到应试者的关键胜任特征，面试官就需要进一步就此问题进行追问。

3. 提问应抓住关键事件

任何岗位的工作都涉及两类事件，一类是关键事件，另一类是非关键事件。关键事件来源于招聘岗位的关键挑战。

以航空公司的空乘人员为例，大多数空乘人员都会与乘客友好地打招呼，核查他们的登机信息，并提供餐食和饮料，这些都是非关键事件。关键事件则可能涉及飞机遇到强气流或延误时空乘人员如何与乘客沟通，如何面对咄咄逼人的乘客，如何帮助乘客处理突发疾病等。这些情况的发生并不频繁，但是一旦发生，就要求空乘人员保持冷静、控制情绪并进行有效沟通。因此，当对空乘岗位的应试者进行面试时，面试官应当让应试者描述他们面对这些情况时是如何处理的。

4. 提问应多用开放式问题

提问应多用开放式问题，并尽量让应试者列举一些实例，而不要用多项选择式问题，因为这会让应试者感到正确答案就存在于这几个选项之中，从而根据面试官的意图去猜测。表 6-1 给出了开放式问题的一些样例。

表 6-1 开放式问题的一些样例

多项选择式问题	开放式问题
你是怎样分派任务的？是分派给已经表现出有完成任务能力的人，还是分派给表现出对此任务有兴趣的人，抑或是随机分派	请描述一下你是怎样分派任务的，并举例说明
你的管理风格是什么样的？是 X 理论的、Y 理论的，还是 Z 理论的	请描述一下你的管理风格，并举例说明你在工作中是怎样运用这些管理风格的
你觉得工作中最大的激励是报酬，还是从工作中获得的快乐	你认为工作中最大的激励是什么？为什么
你的前一任主管是一个随和的人，还是一个严厉的人	你的前任主管是一个怎样的人？请举例说明
在你今后的职业生涯中，你是会继续在这个领域中工作，还是会做一些别的事情	你的中长期职业发展规划是怎样的

从表 6-1 中可以看到，开放式问题明显优于多项选择式问题。

6.3.2 面试记录

在面试过程中，面试官还需要做一些笔记，因为人的记忆容量是有限的，尤其是当面试官需要在一天里面试很多应试者时，必要的记录可以帮助面试官更好地评价每名应试者。那么，如何进行有效的面试记录？

1. 只记录事实，不加任何主观推测

面试官做面试记录时，要记录应试者所说的原话和行为表现，不要将自己的主观推测放进去。因为面试记录是面试官后续评价的凭证，如果此时加入很多个人的主观推测，就会使面试记录失去客观性。所以，面试官只需记录事实即可。

2. 给所记录的内容加小标题

由于面试记录的内容很多、很杂，因此为了便于后续整理和查看，可以给所记录的各部分内容加上小标题。

3. 形成自己的快速笔记方法

在记录时不必将应试者的每一句话都记下来，而应记录一些关键要点。由于在面试中面试官的任务有很多，如提问、倾听、观察和评价等，因此面试官必须形成自己的快

速笔记方法，否则很难同时兼顾那么多的面试活动。

4．记住，这是你评价的凭证

在面试中，面试官应该清楚：记录是评价应试者的重要凭证。在西方发达国家，面试记录往往是面试评价的法定证据。的确，面试记录有助于面试官更加公平地评价应试者。

面试记录可以记在一个专用的笔记本上。面试结束后，面试官将面试记录按要素整理成有关评价，并给出要素得分，填写在面试记录与评定表里（见表6-2）。

表 6-2 面试记录与评定表

序 号		应试者姓名		应聘职位	
考察内容	得分（分）		评价		
综合分析					
语言表达					
组织协调					
人际沟通					
应变能力					
情绪稳定性					
实践经验					
人职匹配					
总分（分）					
综合评价以及录用建议			面试官签字 日期：　年　月　日		
备 注					

6.4 面试倾听与观察

面试中的信息是通过面试官的倾听和观察得到的，面试官通过这两条途径能够充分获取应试者表现出来的言语信息和非言语信息，为面试评价提供依据。

6.4.1 面试倾听

1. 常见的倾听错误

一位优秀的面试官必须是一名好的听众。要做到这一点并不容易。在生活中我们经常看到，有的人听别人说了一半话就以为自己全清楚了，其实在理解中加入了好多个人的主观推测；更有甚者，由于喜欢表现自己而不愿意听别人说话，与人交谈时老是抢话题，根本不怎么听别人讲，这样的人在面试中很难成为一名称职的面试官。倾听是以听到声音为前提，但倾听加深了我们对听到的声音的理解和情感的投入。倾听是人主动参与的过程，必须思考、接收、理解，并做出必要的回应。

下面列举几种面试官比较常见的倾听错误。

- 倾听时不专注：目光游离，东瞧西看，没有认真听。
- 主观臆断：他人讲的事情自己猜测，歪曲他人的意思。
- 个人偏见：不喜欢应试者或其所讲的内容。
- 关注个人偏好：只想听那些自己想听的内容。
- 只重结果：过于关心结果而不关注过程。
- 不愿听：更愿意自己发表意见，爱说不爱听。

2. 倾听中要注意的问题

上面列举了很多种倾听错误，那么，怎样的倾听才是正确的倾听？当倾听说话者说话的时候，我们需要将自己的全部注意力都集中在对说话者所说的内容的理解上，准确把握说话者所传递信息的情绪强度。

面试官要做到积极有效的倾听，除了准确理解应试者话语的意思，还要注意以下几个问题。

（1）排除各种干扰。在面试过程中经常会出现一些干扰因素，特别是在办公区进行面试的干扰因素更多，如电话铃声、窗外汽车的鸣笛声等。所以，一般面试场地宜选在远离办公区的安静之处。不过，不论发生什么情况，面试官都应该保持注意力的高度集中，积极倾听应试者的谈话。有时在面试了多名应试者后，面试官可能感到有些疲惫，再加上应试者的语言比较枯燥乏味，那么面试官很容易分散自己的注意力，这时面试官更需要控制自己的注意力，关注应试者的谈话。

（2）要善于提取要点。在应试者回答问题时，面试官没有必要将其所说的每一句话、每一个字都记录下来，而要善于从应试者的原话中获取与职位胜任特征有关的信息。特别是对于一些不善言辞、回答问题常常不得要领的应试者，面试官更需要从他们的回答中提取与问题有关的内容。

（3）要善于发挥眼睛、点头的作用。眼睛在倾听中有重要的作用，能够传达重要的信息。在面试中，面试官的目光大体停留在应试者的嘴、头顶和脸颊两侧这个范围内，这样会使面试官集中注意力关注所听到的信息；同时，这样做还会给应试者一种面试官对他感兴趣、认真听他回答的感觉，必要时，面试官还可伴以和蔼的表情和柔和的目光与微笑。

倾听应试者回答问题时，面试官还要有适度的点头，因为点头是一种双方沟通的信号。点头意味着面试官注意听并且听懂了应试者的回答。但是，点头要在无关问题答案的紧要处进行，否则容易泄露答案，违反面试的公平性原则。

（4）在听的同时要注意思考。有效的倾听者在听的时候也在进行思考。研究表明，人的思考速度大概是每分钟400字，而说话的速度是每分钟150字左右。这就说明想比说要快得多，因此在应试者说话时，面试官有足够的时间进行思考。例如，可以分析一下应试者所说的话的含义，使自己不仅听到了话语的表层意思，而且"听"到了应试者想表达的深层次的内涵。这才是"倾听"的本质所在。如果在听的时候不加思考，就很可能会误解对方想要表达的意思，这在日常生活的沟通中几乎是很常见的。例如，有时你可能不想听某人跟你唠叨，可为了给对方面子，只能"装作"倾听的样子，其实并没有理解对方的意思。

（5）要善于进行阶段性的总结。在面试中，应试者常常不是一次性地在某个胜任特征方面表现出全部信息，这就需要面试官将应试者所说的话与其前面所说的话联系起来，对应试者所说的话进行归纳、总结。必要的时候，面试官可以将总结出来的内容呈现给应试者，以确认其是否为应试者的本意。

（6）倾听时不要带有自己的观点。面试官在倾听时千万不要带有自己的观点。每个人对事物都有自己的想法和看法。当应试者说了一些与面试官相同的观点时，面试官很容易将自己的其他观点也当作应试者的观点。这时面试官会用一个"过滤器"去听，结果听到的都是与自己相同的观点，而那些不同的观点被忽视了。其实，这是面试官对应试者本意的歪曲，也是在面试倾听中最忌讳的。

6.4.2 面试观察

在面试中，面试官除了倾听应试者所说的话，还需要观察其非言语行为。心理学家研究表明，在人际交流中，言辞只占7%，声音占38%，而体态占55%。由此可见，非言语信息在信息交流中有很重要的地位。关于各类非言语信息的影响，我们在第 3 章已经做了比较系统的介绍。因为应试者的非言语行为只有通过面试官的观察才能得到，所以面试观察的重要性可想而知。

1. 注意应试者说话与其非言语行为的一致性

在面试中，面试官经常需要防备应试者撒谎。如何判断应试者有没有撒谎？观察其非言语行为是一条重要的途径。一般来说，人们说话时言语行为与非言语行为是一致的，而在说谎时会有一些比较典型的不一致的非言语行为表现。例如，说话时眼睛不敢正视面试官，声音比较小等；当面试官问应试者是否有过某方面的实践经验时，应试者回答的是"是"，同时很快地用手摸了一下自己的鼻子，或用手捂住了自己的嘴，那么很可能这个回答与事实不符。一旦怀疑应试者有说谎倾向，面试官就可以就有关问题的细节进行追问，从而确定其是否在说谎。当然，有时自信心不足的应试者也会有这样的表现，面试官需要根据具体情况来判断。另外，面试官需要特别关注应试者出现的行为变化。例如，某应试者在面试的前 20 分钟内一直很放松地靠着椅背，但当面试官问他为什么要离开原有的工作单位时，他的背部忽然离开了椅背，身体挺直，移坐在椅子的前端。尽管他所讲的离职原因听起来是可以接受的，而且他讲的时候也没有任何迟疑，但是其身体语言的突然变化不得不让面试官感到其中可能有问题，从而对其所讲的话的真实性打一定的折扣。

2. 把握非言语行为的内涵

对于应试者的非言语行为，面试官应注意在面试实践中琢磨其内涵。各种非言语行为在面试中往往有其特定的内涵（见表 6-3）。

表 6-3　非言语行为的内涵

非言语行为	典型内涵
目光接触	友好、真诚、自信、果断
不做目光接触	冷淡、紧张、害怕、说谎、缺乏安全感
摇头	不赞同、不相信、震惊
打哈欠	厌倦
搔头	迷惑不解、不相信
微笑	满意、理解、鼓励
咬嘴唇	紧张、焦虑、害怕
跺脚	紧张、不耐烦、自负

续表

非言语行为	典型内涵
双臂交叉在胸前	生气、不同意、防卫、进攻
抬一下眉毛	怀疑、吃惊
眯眼睛	不同意、反感、生气
鼻孔张大	生气、受挫
手抖	紧张、焦虑、恐惧
身体前倾	感兴趣、注意
懒散地坐在椅子上	厌倦、放松
坐在椅子边缘	焦虑、紧张、有理解力的
摇椅子	厌倦、自以为是、紧张
驼背坐着	缺乏安全感、消极
坐得笔直	自信、果断

另外，心理学家研究发现，在人的面部表情上，厌恶主要表现在人的鼻子、下颌和嘴上，恐惧主要表现在眼睛上，悲伤主要表现在前额和眉毛上，而吃惊则可以表现在脸部的任何部位上。

3．切忌以貌取人

容貌本来与人的内在素质没有必然的联系，但是由于日常生活中的心理定式，小说、电影、电视艺术造型的感染以及相面术的影响，面试官在面试时难免以貌取人。例如，有的人看上去显得有点"阴险"，于是面试官就认为他一定不是好人；有的人进入面试场地时东张西望了一下，面试官便认为此人可能诡计多端。这种推断都是在面试时应避免的。面试官应该保持开放的头脑，理性地去观察应试者所表现出来的行为。

4．充分发挥感官的综合效应与直觉效应

笔试依靠的是大脑的分析与综合，面试则集问答、观察、耳闻与分析于一体，使各种感官有一种共鸣的信息综合效应，其中直觉效应尤为明显。因此，经验丰富的面试官要充分发挥感官的直觉效应。但是，直觉效应不一定可靠，而应该尽可能获得"证据"上的支持，通过具体的观察去验证、去说明。

第7章
面试的评分与评价

面试评分的误区

笔者曾经主持某单位的人员招聘面试,面试采用严格的结构化面试方式,由七位面试官对每名应试者的口头表达、综合分析、组织协调、人际沟通、人职匹配五个测评要素进行评分。在面试了四名应试者之后,坐在笔者右侧的面试官可能看到自己的评分与笔者的评分相比偏低,就从第五名应试者开始放宽评价尺度,保持与笔者的"一致性"。在面试结束后,笔者查看大家的评分记录时发现,有位面试官对所有应试者的评分差不多都是7分(满分为10分);还有位面试官则只要应试者的口头表达能力和逻辑性比较强,就给其所有要素都打了8分或9分,而如果口头表达能力差,就给其所有要素都打了低分。

在本案例中,上述两位面试官的面试评分都有问题,而坐在笔者右侧的那位面试官随意放宽自己的评价尺度,反而造成了更多的评分误差,因为他对前四名应试者的评分虽然尺度较严,但是谁高谁低的排序还是一致的,而放宽评价尺度后排序就乱了。那位给每名应试者差不多都打7分的面试官,几乎没有什么区分度,相当于没有发挥面试官的作用。而那位只根据应试者的口头表达能力和逻辑性来评分的面试官,相当于在评分时没有区分要素,也就意味着所设的测评要素对他来说没有用。由此可见,面试评分是多么不容易的一件事,本章有必要就此专题进行探讨。

7.1 面试指标体系的构建

面试指标体系的构建,既要考虑目标岗位的胜任力要求,也要考虑面试方式自身的特点。例如,文字表达能力对于文字综合岗位可能很重要,但它不是面试能测量的,这样的能力就不能列入面试指标体系中。

7.1.1 面试指标体系的构成

面试测评要素涉及面很广,可以说,采用适当的面试方式,多数岗位的胜任特征可以通过面试进行比较好的测量。下面我们对公务员录用面试、事业单位招聘面试和企业招聘面试的指标体系进行探讨。

1. 公务员录用面试的指标体系

有人曾对多年间有关机关招录工作人员面试测评项目的测评表、法规文件、研讨文章等进行了广泛收集,并从收集到的文献资料中归纳出 65 个面试的测评模型作为研究样本。研究结果发现,65 个模型中出现的测评要素一共有 26 个,包括意愿类项目(A)、智能类项目(B)、人格类项目(C)和知识类项目(D)等四大类。

在当前各地公务员录用面试中,比较常见的测评要素有九个:综合分析能力;语言表达能力;计划与组织协调能力;人际交往的意识与技巧;应变能力;举止仪表;自我情绪控制;求职动机与拟任职位的匹配性;人职匹配度。

近年来,有学者对中央机关面试测评要素进行了调查,结果发现,用人单位和专家普遍认为现有的面试测评要素都很重要,这说明中央机关公务员面试的要素设置还是非常合理和科学的。当然,在可测性方面,有的要素测查效果较好,如语言表达能力、综合分析能力、应变能力等,有的要素测查效果还需要进一步提高,如人际交往的意识与技巧,这就需要用人单位在这类问题的设计和命题上下更多的功夫。随着公务员考录分级分类的改革,面试要素将更加丰富多样,面试测查在兼顾公平性的同时,也将越来越有针对性。

2. 事业单位招聘面试的指标体系

在当前事业单位的招聘面试中,面试测评要素包括语言表达能力、综合分析能力、组织协调能力、人际沟通能力、应变能力和举止仪表等。笔者认为,这种做法是很不可取的。因为事业单位很重要的特点就是其多样性和专业性,如果完全按照通用能力的考察模式来设计事业单位招聘面试的指标体系，其针对性就会降低，也就无法达到人职匹配的选人用人的目的。下面以教师和卫生两大行业为例，谈谈应该设计什么样的面试指标体系。

（1）教师招聘面试。

1）教师招聘面试的指标体系。笔者认为，教师招聘面试的指标体系应该包括以下三大方面。

①师德修养：包括具有正确的教师观和学生观，对师德规范有正确的认知，能够依法施教等。

②教育教学核心能力：这是教师的核心胜任力，包括教学设计能力、课堂管理能力、教学评价能力等。

③教师自身综合能力：这是现代教师适应社会发展需要所应具备的能力，包括主动学习的能力、沟通能力、应变能力、心理调适能力等。

2）教师招聘面试的方式。教师招聘面试的方式一般包括说课、试讲、教案设计和答辩等几种。不同用人单位采用的面试方式可能有所不同，或者选择其中一种，或者选择其中几种，有的地方甚至对不同科目的教师选择不同的面试方式。

①说课：教师口头表述课题的教学设想及其理论依据，也就是授课教师在备课的基础上，讲述自己的教学设计。说课是在备课之后、授课之前进行的一种相对独立的教学组织形式。说课是对课堂教学方案设计的说明，不但要说出教什么、怎么教，还要说出为什么教。由于相对上课来说，说课的形式较为简便，所用时间较短，而且说课也能展示应试者的课堂教学艺术，反映应试者语言表达、教态、专业功底等教学基本功，因此很多面试会选择说课这种形式对应试者进行考察。

②试讲：对常规课堂教学的模拟，要求应试者在特定的情境和有限的时间里，充分展示自己的课堂教学技能。在教师招聘面试中，有的用人单位会安排应试者直接在考场试讲，由评委听课后进行评价；有的用人单位则安排应试者在学校教室里进行试讲，不但有评委、专业教师进行评价，还有学生听课，这种形式对应试者提出了更高的要求，它要求应试者不但要讲好，还要调动课堂气氛，组织课堂教学。但不管是哪种形式，试讲都能全面地考察应试者的教学基本功，考察应试者对课堂教学方案的实施能力。

③教案设计：教案是教师备课的方案，是上课的重要依据。在实际教学活动中，教案起着十分重要的作用。通过一份教案可以看出设计者的教育思想、教学经验、教学能力，以及设计者对教材的熟悉程度等，因此，一些地方用人单位在教师招聘面试时会要求应试者同时提交一份教案，以评价其教案设计能力。

④答辩：一般是评委提问，应试者回答。问题可以是面试前已经设计好的，也可以是在应试者说课或试讲的过程中即兴提出的。问题涉及的范围非常广泛，既有关于学科知识或者教学技能的，也有涉及教学理念或者教育思想的。由于答辩可以在短时间内考察应试者的综合素质和反应能力，因此，一般的教师招聘面试中都会有答辩这一环节，以全面考察应试者的素质和能力。

（2）卫生招聘面试。卫生系统的招聘面试专业性很强，其测评指标体系可以从三个方面进行设计。

1）综合素质：包括综合分析能力、医患沟通能力、医疗政策法规的掌握与把控能力等。

2）专业知识应用能力：应试者应用专业知识分析问题、解决问题的能力，可以分五个大类进行设计，包括中医、西医、护理、医学技术、公共卫生管理。

3）实际操作能力：临床实操能力的考察，如通过情境模拟，让应试者抢救一位因心肌梗死而有生命危险的患者，以考察其应急抢救能力。

下面给出一套卫生系统招聘面试题本的样例，供读者参考。

某市医护人员招聘面试题本

你好，欢迎你参加今天的面试。今天的面试有六个问题，总时间为30分钟。注意把握好时间，现在让我们开始。

1. "能吃药不打针，能打针不输液"是世界卫生组织提倡的治疗原则。在我国实际情况却不是这样的，打针输液是最普遍的现象，与发达国家相比，我国这种情况更突出。对这种现象，你怎么看？

2. "小病进社区，大病入大医院"是我国倡导的就医原则。但实际上大家是大病小病都首选去大医院。对这种现象，你怎么看？

3. 一位老太太去看病，医生简单询问病情后，建议她做些化验和仪器检查。老太太却赶紧说自己没大病，不需要化验和检查。医生开药时，老太太以为医院故意想多赚她的钱，又坚持要少开药。如果你是接诊的医生，你会怎么办？

4. 某日，卫生部（2013年改为国家卫计委，2018年改为国家卫生健康委员会）突然发文，通知有一种流感药物导致很多患者出现严重的过敏反应。而恰好你近期使用这种药物对多名患者进行了治疗。作为医生，你怎么办？

5. 患者，男性，18岁，诉昨晚在看完电视后感觉眼睛疼，且有"复视"

现象，要求做进一步检查。作为接诊医师，你将对患者做哪些方面的检查？并请你为患者做眼球运动检查，间接、直接对光做反射检查。

6. 我市某大学学生食堂发生近千人食物中毒的事件，轻者头昏、腹痛、上吐下泻，重者昏迷、血压下降，情况十分紧急。对此，上级指示我市卫生局组织全市各大医院医护人员全力抢救。市局决定由你负责组织抢救工作，请你提出开展工作的措施。

3. 企业招聘面试的指标体系

企业的性质和岗位千差万别，这就决定了企业招聘面试更加复杂多样。遗憾的是，许多中小企业没有进行过深入的岗位工作分析，因此没有建立针对不同岗位的招聘面试指标体系。这样，不论是人力资源管理部门还是业务部门对岗位所需人才的要求往往只有笼统的个人观点，他们各有各的标准，面试有随意性的问题，选拔标准之间互相交叉甚至矛盾的情况也时有发生。相对来说，大企业特别是世界500强企业的做法值得学习借鉴。下面给出IBM的面试指标体系，供读者参考。

IBM 的面试指标体系

诚信——IBM 负责招聘的经理级人员都要经过专门的培训。在面试中，IBM 很看重人的正直和诚实，并把诚信的品质放在很重要的位置。

自信心——应试者是否充满自信心也很重要。在面试中，IBM 通过观察应试者的肢体语言就可以判别对方是否具有自信心，自信但绝不要狂妄。

沟通能力——应试者是否善于沟通。不在于说话多少，而在于能否说到点子上，思路是否清晰、是否有逻辑性……在面试中，面试官还会提一些与应试者观念不同的问题，看对方如何回答。沟通能力强的应试者表现得会很自如、落落大方。曾经有位工作经验丰富的应试者去IBM应聘，面试官问他在三五年后是否有离开公司的打算。面对这一问题，比较常见的回答是"我不会有这样的考虑"。可他回答说："我现在不能给你'是'或'不是'的答案，但我可以保证在IBM这几年会竭尽全力做出贡献，绝对不会辜负IBM的信任和培养。"这个回答给面试官留下了很深的印象。四年后他离开了IBM，但IBM认为他在IBM干得很出色，实现了面试时的诺言。

其他——例如，应试者在工作上是否具有主动精神，学习能力、创新能力以及适应变化的能力等也很重要。

企业的面试方式多种多样，一般不会局限于党政机关公务员录用中常用的结构化面试方式。第 8 章我们要介绍的胜任力面试在企业中就应用得非常普遍。

7.1.2 测评要素的操作化

每一个面试测评要素都是一个内部结构复杂的整体。测评要素本身是看不见、摸不着的抽象概念，但它们可以通过行为表现出来，所以，我们可以根据这些行为的属性对其进行分类，从而找到构成要素的关键指标。这些关键指标将测评要素具体化、结构化和行为化，是对测评要素进行深度剖析的结果，从而具有可观察、可测量、可评价的特点。举例来说，公关能力是一个测评要素，在面试评价中如果不能具体化就不可操作。假如我们根据某单位的岗位要求，将公关能力细化为关系建立（拓展新的客户）和关系维持（维系老客户），这样就很容易进行观察和评价了。

1. 测评要素释义

（1）测评要素的名称。测评要素的名称必须简单明了、通俗易懂，要素名称在 7.1.1 节"面试指标体系的构成"中通常就已经完成了。

（2）测评要素的操作定义。测评要素的操作定义是将测评要素的各种典型行为表现概括出来，用于解释测评要素内涵的定义方式。这种定义方式使测评要素更易于理解和可操作。

（3）测评要素的关键指标。任何一种测评要素都是由若干个关键行为构成的，这些关键行为可以根据其性质的不同分为多个行为群，每个行为群就是一个关键指标。这一步非常重要，只有结合岗位要求对测评要素进行深入分析，才能找到影响工作绩效的关键指标。

（4）测评要素的指标刻度。测评要素的指标刻度就是面试官用来评价应试者面试分数的基准。面试测评的最终目标，是要考察应试者的思想状况、能力水平、心理素质等是否符合工作岗位的要求，在多大程度上符合这种要求。而应试者的这些特征是看不见、摸不着的，面试官只有通过应试者在面试中的行为表现来推断其是否具备这些特征。

关于测评要素的指标刻度有两种观点。一种观点认为，应试者在具体测评要素上的表现并不是分数越高越好，而要根据岗位特点进行合理匹配。例如，在"亲和动机"测评要素上，高分特征表现为"过于关注人际关系、放弃原则、规避矛盾"，所以对于像内部审计类的岗位，亲和动机低一些反而更好。另一种观点认为，测评要素的指标刻度应该根据岗位特点进行设计。例如，"沟通能力"设计标准为 5 分，只有当应试者完全满足了测评要素所要求的全部表现时才得 5 分，应试者完全没有所要求的表现则为 0 分，应试者在该测评要素上的得分越高越好。这两种观点并不矛盾，核心都是为了实现人职匹配。

（5）测评指标的联系规则。在为每个测评要素标注了指标刻度后，还需要将指标刻度与测评要素的水平建立联系规则。如果将"沟通能力"划分为三个等级，从低到高分别为"1 级""2 级""3 级"，那么为了清晰地表现这三个数字各自代表的含义，还需将"沟通能力"不同水平的具体表现与设定的指标刻度建立联系规则。

2．测评要素操作化的样例

这里以某集团公司高层管理人员的面试测评要素为例，说明测评要素的操作化过程。

（1）测评要素构成。

目标类
战略管理能力
团队类
领导团队
合作共赢
知人善任
个人素质类
创新变革
学习能力
务实原则

（2）测评要素示例。

名称：战略管理能力。某集团企业正处在战略转型的关键时期，这就要求所有领导者时刻谨记集团战略目标、部门职能目标和个人工作目标，并强调三个目标的整体性和一致性。战略管理强调的是，决策层对目标的规划能力、目标成功要素的识别与平衡能力，执行层对目标的识别与要素整合能力，操作层将目标转化为具体可行的工作计划的能力。

操作定义：根据企业外部与内部经营环境及条件，对企业的阶段性目标进行分析、规划与设计，并分析决定目标实现的关键条件以及如何将不利因素转化为有利因素。从长期利益与短期利益、利润与成本、时间、资源整合等多方面考虑战略问题，并且能够将所规划目标转化为可行的工作计划。

关键指标:

关键指标	关键行为	无效或负面行为
目标识别与规划	能发现隐含目标 能正确解读目标 具有目标规划意识	对目标不敏感 强调行动而不注重目标 目标解读没有深入
要素识别	能发现实现目标所需的条件或了解成功所需的要素 发现实现目标还缺少的资源或条件	依赖个人主观判断所需的资源或条件
将不利因素转化为有利因素	明确现有条件的不利因素 寻找规避不利因素的方法	强调资源缺失
多元化思考	根据实际情况多角度考虑问题 兼顾长短期利益，考虑组织现实和战略需要	从短期利润等单一方面设定目标
将目标转化为可行的工作计划	将目标有效分解或针对不同对象制订计划 计划清晰、有条理	计划空洞、笼统

指标刻度:

关键指标	指标刻度
目标识别与规划	1分：能发现隐含目标 2分：能正确解读目标 2分：具有目标规划意识
要素识别	2分：能发现实现目标所需的条件或了解成功所需的要素 3分：发现实现目标还缺少的资源或条件
将不利因素转化为有利因素	2分：明确现有条件的不利因素 3分：寻找规避不利因素的方法
多元化思考	2分：根据实际情况多角度考虑问题 3分：兼顾长短期利益，考虑组织现实和战略需要
将目标转化为可行的工作计划	2分：将目标有效分解或针对不同对象制订计划 3分：计划清晰、有条理

7.2 面试结果评定与分数整合

7.2.1 面试评分表的制定

在确定面试指标体系及其操作样例后，就可以据此制定评分表，即面试官用来评价应试者面试表现的主要工具。

1. 面试评分的参考标准和量化尺度

在结构化面试的设计中，具体面试试题后面往往会给出出题思路和评分参考标准，这也是评价标准的一种体现形式。其优点是，帮助面试官从每个具体试题着手，更好地观察应试者在相关测评要素上的行为表现。其缺点是，容易使面试官误认为面试中应该针对具体试题进行要点评分，而不是根据应试者的总体表现按测评要素来评分。

制定具体试题的评分参考标准时，一个有效的方法是，让周围与未来应试者类似的人员测试编好的试题。例如，一道关于判断能力的试题，就可以让公认的判断能力强的人和判断能力差的人来回答，看看他们的说法和做法有什么不同，从中概括出某些区分性的行为表现、回答内容或特点的指标，说明这些指标与判断能力高低的对应关系，这些指标就成为测评要素的关键指标。

在制定面试评分表时，还要确定评分的量化尺度。面试评价的量化尺度在面试中体现为不同的分值，如 100 分制、10 分制、7 分制和 5 分制，也可以是优、良、中、差四等制或好、中、差三等制。在当前的面试实践中，人们普遍使用 10 分制和好、中、差三等制，也有按面试测评要素的权重大小来评分的。在面试中，面试官根据应试者行为表现符合行为指标的程度，按一定的评分规则（行为指标与量化尺度的对应关系），给应试者不同的分值，即完成面试的评分。

2. 面试评分表的常见形式

面试评分表是面试官手中的重要工具，是面试标准化、结构化的重要手段，集中体现了面试评价标准。面试前，对评价标准的把握和评分表的使用是面试官培训的一项重要内容。面试中，面试官一边提问，一边倾听回答，观察应试者的表现，同时将应试者的表现与面试评分表上的评价标准相对照，在面试评分表上记录要点，给应试者评分。

在现行各种面试评分表中，结构化面试的评分表（常称面试评定表）通常包括应试者的基本信息、测评要素及其权重、要素操作定义、评分尺度、面试官记录及评价等方面的内容，如表 7-1 所示。

表 7-1 面试评分表

姓　　名		性　　别		应聘职位	
测评要素	语言表达	综合分析	计划、组织与协调	应变能力	人职匹配
要素操作定义	理解他人的意思，口齿清晰，说话流畅；内容有条理、富有逻辑性；他人能理解并具有一定的说服力；用词准确、恰当、有分寸	能从宏观方面总体考虑事物；能从微观方面考虑事物各个组成部分；能注意整体和部分的关系及各部分的有机协调组合	依据部门目标，预见未来的机会和不利因素，并做出计划；看清冲突各方面的关系；根据现实需要和长远效果做适当选择；及时做决策；调配、安置人、财、物等有关资源	压力状况下，思维反应敏捷；情绪稳定；考虑问题周到	兴趣与岗位情况匹配；成就动机（认知需要、自我提高、自我实现、服务于他人的需要、得到锻炼等）与岗位情况匹配；认同组织文化
权重（%）	10	30	30	20	10
满分（分）	10	10	10	10	10
得分（分）					
面试官评价				面试官签字： 日期：　年　月　日	

7.2.2　面试评分与综合

1. 面试评分方法

有了面试评价标准和评分表后，经过培训的面试官就可进行评分了。基本思路是，将应试者在面试中的言语和行为表现与体现职位要求的测评指标相比较，并对两者相一致的程度给出一个数量化的描述。这个思路说起来容易，做起来难。因为科学、准确的评分是与面试官的品格、素质和业务能力密切相关的。面试官除了要了解与岗位相关的具体业务知识和能力，还要掌握人才测评方面的有关理论和方法，特别是与面试直接相关的面试设计思想、命题原理、提问技巧和观察技巧，这些都是正确评分的基础。此外，就评分工作本身来说，面试官还有以下几点需要把握。

（1）面试前，面试官应在一起研究拟任职位的要求，明确拟考察的胜任力；了解应试者的总体情况；研究面试题本，熟悉并理解面试题本中的问题，并形成追问的思路；理解并统一评分标准，有条件时还可以进行评分的模拟练习。

（2）面试的评分是分要素进行的，或者说是以要素评分为主、要点评分为辅的。只有准确评价应试者在各测评要素上的行为表现，才能客观有效地考察应试者的整体素质，也就是按照"先分析后综合""在分析的基础上再综合"的思路进行面试评分。对于极少量的知识性问题，还涉及按具体的评分要点来评分。目前，在全国个别省区市公务员考录和事业单位招聘面试中不设测评要素，让面试官直接打总分。这种做法笔者是不赞同的，因为就是打总分也得有评分依据，在什么测评要素都不设的情况下，评分难免有随意之嫌。

（3）面试评分应尽量在面试后期进行，即在应试者回答完所有问题后，综合各测评要素为其评分，以更加准确全面地评价应试者。但在面试实践中，许多面试官在应试者答完一道题就给相应的测评要素评分。这种做法至少有两个方面的缺陷：一是，有时一个测评要素并不完全取决于某一道题的回答，像语言表达能力，应试者回答完所有问题才能更好地反映这一能力；二是，一道题常常可以考察应试者多个方面的素质，所以仅将一道题对应一个测评要素这种做法本身就是不合理的。

（4）在面试过程中，面试官可以用铅笔对每名应试者在不同测评要素上的表现进行试评分，在面试结束时，再用签字笔写出最终分数，形成最终评价。这样既能减轻面试官的记忆负担，又便于操作。

2. 每位面试官的面试分数统计

每位面试官根据每名应试者在面试过程中的表现和测评要素的操作定义，为其面试结果评分。由于每个测评要素还会被赋予不同的权重，因此在面试成绩统计中，要根据每个测评要素的权重，换算出应试者在每个测评要素上的最后得分或总分（见表7-2）。

表7-2 面试成绩统计表

统计项目	语言表达	综合分析	计划、组织与协调	应变能力	人职匹配
权重（%）	10	30	30	20	10
满分（分）	10	10	10	10	10
面试官评分（分）	8	8	7	6	7
总分（分）	1×8+3×8+3×7+2×6+1×7=72				
面试官评价	面试官签字：				

3. 面试评分的综合

在由多位面试官分要素地同时评价同一名应试者后，如何确定应试者的面试总分？这既是一个测评理论问题，也是一个实际操作问题。也就是说，从理论上讲，如何利用几位面试官的实际评分尽可能合理地估计应试者的真实水平（即"应得分"，这个"应得分"是无法从实际得到的，只能通过应试者的各项"实得分"来估计）；从技术上讲，如何利用各位面试官的评分，计算或统计出一个相对更有代表性和误差更少的分数；从操作上讲，如何使最后分数的取得更简便易行、更易为应试者和社会所接受。目前，面试总分的确定主要有两种方式：协议法和统计法。统计法又有两种不同的模式。

（1）协议法。协议法主要适用于采用分级量表评分时面试总分的确定，如5分制、7分制等。面试结束后，面试官小组成员坐在一起，比较各自的评分并陈述理由，讨论分歧点；讨论之后，面试官各自重新评分以反映讨论的结果。因此，这种方法有时也被称为二次评分法。若重新评分后，仍然不一致，则再进行讨论。这个过程可以持续重复，直到达成一致为止。这种方法可以弥补现场评分时间紧迫和个别面试官水平不高带来的误差，有利于深化对应试者的分析，提高评价的准确性和一致性。在英国等公务员考录制度较成熟的国家，这是被普遍采用的方法。然而，这种方法也有缺点，就是要求面试官的整体水平较高，面试官小组内有良好的民主协商机制，否则，这种面试后的讨论不但不能提高评价的准确性，反而会使个别人操纵面试。这种方法，在我国采用不多，只在某些部门的招聘面试中有所尝试，主要原因是，有不公正、不客观之嫌，难以被应试者和社会接受。

（2）统计法。统计法是指通过对各面试官的原始评分进行统计处理来取得面试总分的方法。

当所有面试官在面试评价中的地位和重要性完全一样的时候，我们可以采用算术平均数的方法计算应试者的最后得分。在实践中，有以下两种统计模式。

第一种简称为"总分和去高低分法"。首先，分别把 N 位面试官每人在 M 个测评要素上的评分相加求和，得到面试官给该应试者的 N 个面试总分；然后，从这 N 个面试总分中去掉一个最高分和一个最低分，再求余下的 $N–2$ 个评分的平均数，即为应试者的面试总分。

第二种简称为"要素和去高低分法"。首先，将应试者从每个要素上得到的 N 个分数去掉一个最高分和一个最低分，求出余下的 $N–2$ 个评分的平均数；然后，将这 M 个测评要素的平均数相加，即得到应试者的面试总分。

如果面试官在面试评价中的重要性不同，就要根据每位面试官的不同权重进行计算。表7-3给出了这样的例子。在这个例子中，A、B、C三位面试官的权重分别为0.3、0.5、0.2，因此B面试官的评价结果对最终得分的影响就很大。

表 7-3　不同面试官的面试分数整合

面试官	权重	计划能力		团队协作能力		应变能力		沟通能力	
		原始	统计	原始	统计	原始	统计	原始	统计
A	0.3	5	1.5	2	0.6	2	0.6	3	0.9
B	0.5	4	2	4	2	4	2	2	1
C	0.2	3	0.6	4	0.8	3	0.6	3	0.6
最终得分（分）		4.1		3.4		3.2		2.5	

在人才测评中，当我们需要将不同测试项目的成绩进行组合分析时，就特定的测试维度来说，效度越高的测试方法也越能对应试者的素质特点进行准确把握，其权重也应越高。表 7-4 举例说明了不同测试方法在应试者最终得分中的作用。

表 7-4　不同测试方法的数据整合　　　　　　　　　　　　　　　　单位：%

测试方法	计划组织能力	目标管理能力	团体管理能力	激励下属能力	协调下属能力	主动性
能力测试	10	10	20	20	10	0
面试	40	50	20	80	30	50
无领导小组讨论	50	40	60	0	60	50
个人最终得分（分）						

在实践中，协议法和统计法也并不是截然分开的。在有的面试结束后，面试官之间首先进行简单的讨论，对分数做适当调整，但不强求一致，然后对面试官的分数进行统计处理。这种做法的前提是，面试官都能秉公办事，有自己的独立见解。

7.3　保证面试评价客观性的措施

前面我们已经指出，影响面试官面试评价的因素是多方面的，这些因素都会影响到面试评价的客观性。那么，如何控制这些因素、保证面试评价的客观性？这是用人单位和广大面试官共同关心的问题。在此，我们根据国内外的有关研究经验和笔者多年来的实践体会，提出以下几种提高面试评价客观性的途径。

1. 精心选择合适的面试官

面试官对面试的认识是关系面试评价客观性的首要因素。在实践中，有的面试官为了照顾自己的亲信、朋友，放弃面试官的基本职责，面试评分完全成了"关系分"；也有的面试官在思想上没有将面试当回事，对面试评分标准和评价方法一无所知；还有的面试官认为反正面试官不只自己一个人，面试评价就很随意，可能对看得顺眼的就打高分，对不顺眼的就打低分……

上述种种都是面试官在面试认识上的问题，没有认清自己的职责、摆正自己的位置。这与许多用人单位的做法也有关系，许多单位对面试的重要性认识不够，在面试官的选择上往往是谁有空闲就让谁当面试官。事实上，面试是用人单位引进人才最关键的一个环节，其重要性不言而喻，这就要求用人单位在面试官的选择上要慎重，要把那些个人品行良好、对组织认真负责的人选到面试官队伍中来。必要的时候，可以从组织外部聘请一些面试专家，以更好地保证面试效果。另外，面试前一定要对面试官进行思想动员，让面试官感到身上的责任重大。

2. 提高面试官的面试评价技能

要保证面试评价的客观性，仅仅依靠面试官个人良好的品行是不够的，因为面试评价是一项技术性很强的工作，所以面试官还需要具备相应的面试评价技能。为此，需要采取以下几个方面的措施。

（1）对面试官进行系统的面试技术培训，包括让面试官充分了解面试评价的设计思想，了解各测评要素的评价标准，掌握具体的面试评分技术要求，如评分表的使用要领等，并通过培训中的模拟评价、试评价等练习，帮助他们更准确地把握面试评价标准。对于主面试官来说，还有如何有效地面对各类应试者、控制面试进程的培训。

（2）面试官应有意识地克服面试评价中的光环效应和趋中效应等有违公正的心理倾向。就光环效应来说，要让面试官明白，每个人都有这种心理倾向，即对一个人的某方面印象好就觉得什么都好，印象差则什么都差。这就要求面试官明确每个测评要素的定义，把握要素内涵，根据每个要素来评价应试者，而不是整体评价一个人。

（3）利用面试官计分平衡表（见表7-5）来记录自己对不同应试者的评分情况，以先前应试者的评分为参照，更好地掌握和调整对后来应试者的评分。尽管从理论上讲，应该将应试者的表现与评价标准而非在应试者之间进行比较，但在实践中，不在应试者之间做比较几乎是很难做到的。面试官计分平衡表还可以减轻面试官的记忆负担，便于面试官当对多名应试者连续进行面试时，掌握前后一致的评价标准。

表7-5　面试官计分平衡表

应试者序号	应试者姓名	得分						
		综合分析能力（20分）	计划与组织协调能力（15分）	应变能力（15分）	语言表达能力（10分）	人际交往的意识与技巧（10分）	自我情绪控制（10分）	求职动机与拟任职位的匹配性（10分）	举止仪表（10分）
1									
2									
3									
4									
5									
6									
7									
8									
9									

3．采用规范、系统的面试方式

面试方式也是影响面试评价客观性的一个因素。为了提高面试评价的客观性，宜采取如下措施。

（1）尽量事先设计面试方式。如果用人单位事先对面试没有任何考虑，面试过程就会很随意，面试的信度和效度都无法保证。为此，笔者建议，用人单位事先对面试问题、面试程序乃至评价标准都应有一整套的设计。至于是否采用严格的结构化面试方式，用人单位可以根据情况来决定。毫无疑问，有设计的面试总是好于无设计的随意性面试，因为有设计的面试既可以保证面试的效果，也可以保证面试评价的客观性。

（2）系统围绕目标岗位的要求进行面试。因为面试总是为特定的目标岗位选拔人员，所以在面试前通过工作分析和胜任力分析了解该岗位对人员的素质要求，在面试中系统围绕这些素质要求进行面试，对于提高面试评价的针对性和客观性也是很重要的。因此，面试官特别是主面试官对目标岗位素质要求的把握非常重要。

4．采用有效的面试组织措施

采取有效的面试组织措施，也能在一定程度上提高面试评价的客观性。

（1）对面试官小组成员构成做出适当调整，如要求与应试者有亲属关系或其他重要关系的面试官，回避对该应试者的面试。有的部门或地方在组织实施面试时，由应试者临时抽签决定参加面试的顺序和由哪个面试官小组来面试，而面试官也临时抽签决定参加哪个面试小组和测评哪些应试者，面试官和应试者彼此之间都无事先的了解和准备。这种方法是提高面试评价公正性的有效管理措施。

（2）当场亮分，让面试官接受应试者、其他面试官、旁听者和其他现场人员的监督。这种方法在面试官的素养比较高时适用。但当面试官水平不高时，其当场亮分的准确性会大打折扣，而且没有调整和改正的余地，显得科学性不够。另外，这种方法会增加面试官的心理压力，让每位面试官更加认真地对待每名应试者的同时，也会让面试官在评分上变得保守。

5. 对面试官面试评价结果采取不同的处理方式

为了保证面试结果的客观性，对于每位面试官面试评价的结果还可以通过以下方式进行处理。

（1）汇总面试总分时，采用"要素和去高低分法"的统计方法，可以控制评分极端值给应试者真分数估计带来的误差，从而在一定程度上提高面试评分的客观公正性。

（2）由某些面试技术权威组织机构（如同竞技体操比赛中的"技术委员会"）对面试官的评分进行一定的统计处理和分析，从而判定其评分中是否存在不正常的偏差，对评分偏差超过规定限度的面试官宣布其评分无效甚至取消其作为面试官的资格，将是一项保证面试评分公正性的机制。

总而言之，面试评价是一项很复杂的工作。随着人员招聘面试研究和实践的深入发展，面试评价的科学性和公平性正在不断提高，特别是随着面试官队伍素质的提高和面试方式的不断改进，面试评价将更加客观、公正。

第8章
基于胜任力的面试

招聘失误的代价

在某地事业单位公开招聘考试时，招聘部门没有听从笔者的劝阻，对包括美术设计、舞台技师在内的一些艺术相关岗位统一实行与管理岗位人员一样的笔试和面试，笔试内容主要包括政治、法律、经济、历史、地理、艺术在内的综合基础知识，面试采用结构化面试方式，测评要素包括综合分析、组织协调、人际沟通和专业知识等方面。每个岗位按笔试成绩1∶3的比例进入面试，最终根据笔试和面试各占50%的权重录取成绩最高者。

此次招聘，程序严格，整个过程公平、公正。但是，笔试通过后进入面试的不少应试者专业能力不行。另外，在笔试和面试中表现都不错的一些应试者也无法胜任岗位工作，导致用人单位叫苦不迭，对负责此次招聘的部门多有抱怨。

该案例中最主要的问题就是，没有基于胜任力对应试者进行评价，只用了通用的基础知识和一般能力，结果笔试和面试把多数专业能力符合要求的应试者给淘汰了。因此，对于美术设计这种专业性强的艺术类岗位人员的招聘，首先要根据其岗位胜任力淘汰多数应试者，可以通过履历筛选和专业面试的方式，选择胜任力符合要求的应试者，然后在这个基础上采用结构化面试选拔综合素质较高的应试者。各行各业的许多特殊人才的招聘都应考虑这个问题，只有在具有岗位胜任力的应试者中选拔综合素质较高的，才是正确的选拔路径。

8.1 何谓基于胜任力的面试

8.1.1 传统面试的问题

1. 传统面试的局限性

传统面试很大的一个问题是没有系统地考察岗位胜任力,通常面试试题都比较随意。例如:

"请介绍一下你的个人经历。"

"你的强项和弱项是什么?"

"你喜欢和不喜欢的工作是什么?"

"你个人的工作风格是怎样的?"

此类试题存在两个明显的缺陷:

(1)面试官并不知道他们要考察的岗位胜任力是什么,这些试题也比较零乱,与胜任力的关系都不够密切。从应试者的角度来说,他们对这些试题也常常缺乏确切的认知,很多人说不清楚自己的强项和弱项是什么,甚至不知道自己喜欢和不喜欢的工作是什么。我们发现,那些自认为强项在于"处理人际关系"的人,并没有受到他们的合作者的喜欢和信任。哈佛大学心理学家阿吉瑞斯(Chris Argyis)的研究表明,受人们拥护的"行动理论"(他们说他们要做的事情)与他们的"应用理论"(他们真正做的事情)并无太大关系。

(2)应试者很容易通过事先的准备来回答上述试题,导致他们的回答大多是面试官希望听到的"标准答案"。例如,关于个人的弱项,某名应试者的回答是,做事很马虎,但他担心这样回答对自己不利,于是可能编造一个弱项,如"我最大的弱项是有时做事情太急躁"。问题在于,面试官根本无法判断应试者所说的内容是否属实,但面试好坏几乎就取决于应试者的回答。

2. 传统面试中面试官的角色及其问题

在传统面试中,面试官的角色是多种多样的,下面做简要归纳。

(1)事实发现者。许多用人单位在面试时经常询问应试者的背景信息,掌握一些"事实"。典型的试题有:

"你父母是做什么工作的？"

"你大学时期的平均成绩是多少？"

"你最近三年取得了哪些成果或荣誉？"

"你管理的下属有多少人？"

显然，这样的试题确实可以增进面试官对应试者的了解，但对于面试官判断应试者的人职匹配度的帮助有限，因为通过这些背景信息通常不好判断应试者的动力特征和能力特点，而且这些试题也很少涉及应试者在关键位置上如何行动等情况。因此这些背景信息不足以考察应试者很多重要的胜任力。

（2）理论家。理论家是指面试官询问的是应试者做某件事的信心或价值等试题。例如：

"你为什么要选择这个行业呢？"

"你有信心做好这项工作吗？"

"你认为这个思路对公司的发展有何重要意义？"

这些试题都是理论化的而非实操型的，谁都可以说得很好听，但至于应试者的真实想法和具体行动如何，面试官根本无法得知。

（3）治疗家。治疗家询问的是有关应试者曾经拥有的感觉、态度和动机等方面的试题。例如：

"当时你感觉怎么样？"

"你对你的直接上级有何看法？"

"告诉我你当时为什么对他发那么大的火？"

通过这些试题所获得的信息，主要依赖于治疗家对应试者反应的理解，而这种理解往往是最不可信的。"感觉"性的资料，关于一个人能做什么或实际做了什么常常讲得很少。一个人虽然对某项工作很消极，但做得很好，这可能因为其成就动机较高，或具有较高的技能水平。胜任力就是成就动机和技能，而治疗家却没有收集到这些资料。

（4）预言家。预言家是假定应试者在未来的位置上可能会做些什么。例如：

"假如你遇到一个很难合作的人，你会怎么做？"

"假如进入一个自己完全不懂的行业，你会怎么开展工作？"

"如果出现一个突发事件，你会如何保证完成任务？"

这些试题都是假想的,其最大的问题是人们怎么说并不见得就会怎么做。

8.1.2 基于胜任力的面试的含义和特点

1. 基于胜任力的面试的含义

基于胜任力的面试就是面试设计完全根据岗位胜任力来系统地进行,面试实施过程始终围绕岗位胜任力来展开。

从这个含义中我们可以看到,基于胜任力的面试不论是设计还是实施都要围绕岗位胜任力来进行。这就要求,不论是面试设计者还是面试官都必须对岗位非常了解,都要把握岗位胜任力的要求。如果不了解岗位,就不会去考察应试者的综合素质,而更多地依赖语言表达和行为举止来判断其胜任力。如果面试设计者与面试官不清楚想要什么样的应试者,他们怎么可能找到合适的人?

2. 基于胜任力的面试的特点

(1)面试具有岗位针对性。因为不同岗位的胜任力要求不同,所以针对每个岗位都会有特定的面试试题和面试方式。所谓的通用胜任力模型,在现实中有一定的指导意义,但反映不了岗位的特殊性,哪怕是通用性比较强的岗位(如销售人员),在不同的行业、不同的企业文化中,甚至在企业的不同发展阶段,其胜任力要求也会有很大差异。

(2)面试方式一定是半结构化的。传统的非结构化面试事先没有任何设计,提问也很随意。这种方式通常比较主观,难以系统全面地考察应试者的胜任力。结构化面试又过于刻板,不能根据应试者的情况进行有针对性的提问,通常也难以深入地考察其胜任力。半结构化面试则是事先根据岗位胜任力对面试试题做了一定的设计,同时在面试过程中又允许面试官根据具体情况进行有针对性的追问,从而可以系统深入地考察应试者的胜任力。

(3)面试试题一般以行为性试题为主。考察岗位胜任力最主要的题型就是行为性试题,因为过去的行为是未来的最好预测,这已经在大量的人才评价实践中被充分证明了。另外,还有一种题型就是情境性试题,也能在一定程度上考察胜任力。情境性试题是通过把应试者放到一个假定的情境中考察应试者的可能反应,遗憾的是,应试者说的与其实际情境中做的可能不是一回事。不过,对于应试者没有经历过的一些情境,可以通过情境性试题作为行为性试题的必要补充。

(4)面试时间通常需要 40 分钟以上。在面试实践中,很多用人单位对一名应试者的面试时间通常是 15~30 分钟。而对于基于胜任力的面试，这样的面试时间显然是不够的。岗位的胜任力通常会有 4~6 个，考察一个胜任力的平均时间不应低于 10 分钟，所以，笔者认为基于胜任力的面试时间应该是 40~90 分钟。当然，具体时间的长短与职位的高低、岗位的复杂性以及核心胜任力的数量都有关系。

8.2 基于胜任力的面试试题设计

基于胜任力的面试试题设计需要建立在目标职位的胜任力分析基础上。由于行为性面试是基于胜任力的面试最主要的形式，因此这里重点介绍行为性面试试题的设计。

8.2.1 如何设计行为性面试试题

1. 以实际能力为导向

在行为性面试过程中，真正要评价的是应试者的实际能力，而不是其所具备的外在条件。在面试试题设计中，大多数用人单位会要求应试者讲述他具体经历的事件及他在其中的表现，而不会去想象他怎么做。

在招聘面试中，经常会出现这样的现象：内部招聘的决策准确度远高于外部招聘的决策准确度。原因就是，内部招聘的决策依据是内部人员的实际工作能力，应试者过去的实际工作业绩提供了衡量其实际能力的参照指标。而外部招聘过于看重应试者的外在条件，很大程度上是基于应试者的工作经验、技术等级及教育背景做出决策的，而这些其实无法代替应试者需要完成的实际工作。

在设计行为性面试试题时，面试官应该更多地考虑让应试者讲述他遇到的某种情形，具体是如何处理的，引导其讲述真实发生而非杜撰出来的故事。而在面试过程中，面试官一方面要倾听应试者的故事内容以判断其实际处理问题的能力，另一方面要通过追问来判断该故事的真实性。在行为性面试中，一般有五种情况需要追问。

（1）为了帮助应试者形象化地重现当时的情境。

样例：你当时为什么要去完成这项任务？

（2）为了了解应试者个人当时有哪些具体行为。

样例：为了达到这个目标，你采取了哪些具体行动？

（3）为了了解所有具体情况的细节。

样例：为了说服他，你具体对他说了些什么？

（4）分辨出那是个什么事件。

样例：你在这个事件中的角色是什么？

（5）弄清结果。

样例：结果如何？你的上级或同事对此提出了什么意见？

2．针对性强

针对性是指行为性面试试题的编制必须围绕目标职位的关键胜任力特征，并考虑到应试者的群体特征。

（1）目标职位的关键胜任力特征。由于不同的职务层次、工作性质、岗位类别所需要的关键胜任力不一样，行为性面试试题也应有不同的侧重。在试题编制中，要注意选取那些带有岗位特定要求的典型性、经常性、稳定性的内容。例如，对于正职而言，"团队建设"能力是非常重要的；而对于副职来说，"角色定位"则显得非常重要（见表8-1）。

表 8-1　正职与副职的关键胜任力

区别点	正　职	副　职
测评要素及其定义	团队建设 善于赢得团队成员的信赖和支持，调动大家的积极性，引导他人或团队的观念和行动发生变化并跟随的能力	角色定位 对自己承担的副职角色认知清晰，很快适应新的角色，在领导团体中能够发挥承上启下和分工负责的关键作用
主要行为表现	认识上领先，提出的思路让人信服； 行动上主动积极，是他人效仿的范例； 沟通意识强，主动征求、听取意见，善于说服大家接受自己的观点； 善于通过远景传播，将全体员工的行动统一在一种价值观下	善于理解一把手的决定，并能主动地完善和创造性地贯彻执行； 与班子成员观点不一致时，能解决有主见与服从之间的矛盾，协调冲突； 主动承担责任，执行力强，善于督办完成任务； 维护正职的权威，承上启下，积极反馈上级传达的信息，主动汇报工作； 发现问题，具备独立思考的精神，以恰当的方式向正职提出自己的改进建议
行为性面试试题样题	当团队成员出现矛盾时你是如何处理的？具体谈谈你曾经管理过的一个团队的真实事例	如果你的直接领导工作经验很丰富，很难听取下属的意见，那么遇到这种情况你该如何处理？请谈一个类似的经历

（2）应试者群体的特征。应试者群体的特征也是编制行为性面试试题必须考虑的重要因素。如果脱离应试者的群体特征，那么试题设计的水平再高，也未必能达到行为事件考察的目的。

这里需要特别注意的是，当应试者是没有任何工作经验的应届大学毕业生时，行为性面试试题就难以从工作实践中去寻求，但可以从学习或学校生活中去挖掘，通常包括以下五个方面：

①课程学习中的事件。
②课题研究中的事件。
③班级集体活动中的事件。
④兼职或其他社会实践活动中的事件。
⑤家人、朋友之间的生活事件。

表8-2是针对应届毕业生的行为性面试试题样例。

表8-2 针对应届毕业生的行为性面试试题样例

测评要素	面试试题样例
成就动机、学习能力	你在大学里学得最好的一门课程是什么？你是如何学的？谈谈你的具体做法
协调能力、人际能力	请讲述你在大学期间所做的最能提升自己组织才能的一件事
合作性	给予是最大的快乐。请讲述你在大学期间所做出的给予他人最多的一件事
压力承受能力	请讲述你在学习期间所经历的最有压力的一件事
决策能力、独立性	在大学期间，你独立做出的一个影响你将来生活的决定是什么
信息搜寻、学习能力	为完成论文，你所遇到的最大的技术难题是什么？你是如何解决的
责任心、主动性	在社会实践中，你主动承担更多工作的印象深刻的一件事是什么

3．具有可行性

面试试题在实际操作中应具有可行性。通常，我们不能等到面试实施时才发现试题不可行，而要在命题时就充分考虑其可行性。一个比较好的方法是，命题人在设计试题时不妨换位思考，假如自己是应试者，能否回答这个问题，可能出现哪些情况等。例如：

面试官："请谈一个你在工作中做得最成功的决策事例。"

应试者："我工作时间不长，而且只做一些事务性的工作，还没有独立决策的事例。"

这就是一道不具有可行性的试题,因为该应试者身上还没有发生过这样的事例。稍做修改,这道试题谁都可以回答:

"请谈一个你在过去的生活或工作中做得最成功的个人抉择或决策事例。"

为了防止应试者回答行为性面试试题时用"我从来没发生过这样的事"来搪塞,用人单位在设计面试试题时还可以暗含每个人都有的经历:"我们做管理工作时都有不尽如人意的地方,你能给我们举一个你所遇到的这方面的例子吗?"

4．突出重点

行为性面试本质上也是在短时间内对应试者的抽样测评。行为性面试试题不可能面面俱到,只能考察最重要的岗位胜任力。例如,财务经理需要十二种胜任力,我们在行为性面试中可能只考察其中最关键的五种胜任力。

需要说明的是,短时间内的抽样测评还会导致行为性面试难以精确评价某些胜任力,如人品、诚信度、责任心等。绝大多数人只有在实际工作中,尤其是在关键时候才会表现出这些特征。所以,对此类胜任力的准确评价,往往来自其周围的人,包括上级、下属、客户等。

8.2.2 行为性面试试题的设计步骤

1．确定测评要素及其重要性

测评要素根据岗位胜任力模型来确定。表8-3是一家公司在选拔全国的区域经理时确定的七个测评要素,各个要素的重要性可用权重百分比来表示。

表8-3 某公司选拔区域经理的测评要素及其权重

测评要素	学习能力	市场开拓	组织协调	沟通表达	团队合作	执行力	进取心
权　重	15%	15%	15%	10%	10%	20%	15%

这种按照百分比来体现重要性的方法,对我们建立胜任力模型提出了很高的要求,因为对每种测评要素的重要性进行精确细分比较难。针对这种情况,常见的还有另一种确定重要性的方法——分级,基本格式如表8-4所示。

表 8-4 测评要素的分级

测评要素	重要性等级		
	1	2	3
学习能力		*	
进取心		*	
组织协调		*	
沟通表达	*		
执行力			*
团队合作	*		
市场开拓		*	

2．编制试题

行为性面试试题的编制方法有两种：关键事件法和经验确定法。

（1）关键事件法。关键事件法是指人才测评专家用心收集应试者经历的成功或失败的事件，并且试着以这些事件作为素材来设计行为性面试试题。通过这种方法设计出来的面试试题具有很高的内容效度，应试者会有很强的认同感。

下面是用这种方法设计面试试题的案例。

小李是某银行市场拓展部的客户经理，他给自己安排的工作是上午拜访自己多年来巩固下来的稳定的大客户，下午开发新的客户。几年来，他一直坚持这样的工作习惯。

某天下午，小李来到一座写字楼，从这座楼的顶层开始，一层一层地进行着"扫楼"的工作。逐个敲门，习惯性地自我介绍，掏出名片，这样一直进行到第十层。当敲开眼前这道门时，他立刻敏锐地意识到，这可能是一个大客户。通过对这家公司的观察，和与该公司保洁人员的交流，他决定对该公司进行全力以赴的营销。于是，他敲开了该公司总经理办公室的大门，与该公司总经理进行攀谈。从该公司总经理的话语中，他意识到这家公司的国际业务特别多，如其中的信用证、保理和保函等业务，他所在的银行都可以提供服务。于是，他回到银行立即向行长汇报，行长派国际结算部总经理与该公司总经理进行洽谈。此后，他经常走访该公司，询问公司在资金管理方面有无需要服务的地方。在这种攻势下，该公司尝试将公司的一部分业务放在他所在的银行。

小李在接下来的日子里并没有放松对该公司的公关。他主动向该公司领导介绍自己所在的银行推出的个人理财业务，并给他们提供一些理财的建议，逐步获得该公司领导的信任。最后该公司领导终于将自己的储蓄账户放到小李所在的银行，并采纳了小李的理财建议，取得了较高的收益。

根据上述关键事件，我们可以设计选拔客户经理的行为性面试试题，如表8-5所示。

表8-5 选拔客户经理的行为性面试试题

测评要素	行为性面试试题
客户开拓	在一个不太熟悉的环境中如何开拓新的客户？请结合一个类似的经历来谈谈你的主要做法，以及最终达到的效果
问题解决能力	请谈谈你最近解决一个别人看来比较棘手的客户问题。你是如何解决的？为什么在别人看来这个问题比较棘手

（2）经验确定法。经验确定法是指人才测评专家或人力资源管理者根据自己的经验，针对测评要素设计行为性面试试题。在实践中，由于时间、经费等方面的限制往往不宜实施访谈，此时就需要通过经验确定法设计行为性面试试题。组织有时会设置新的工作岗位，这种情况也无法获得关键事件。例如，用人单位要考察一个新职位的应试者的影响力，就可以这样设计：

"在过去的经历中，当你遇到阻碍时，你是如何试图通过其他人来达到目的的？请举一个最成功的具体事例。"

这种试题对各种职位都是适用的，在试题中经常使用的关键形容词包括最成功的、最难忘的、最具有挑战性的、最困难的、最失望的等。这里需要指出的是，面试试题的设计还要特别关注胜任力模型中各要素的评价标准和行为指标，只有这样才能有助于面试官在实施面试时准确有效地进行评价。

3. 试题的有效性检验

编制完试题后，还要对其质量进行评估，包括试题的可操作性、鉴别力、难度、效果等。最好的检验方法是预测，即寻找一些与应试者群体比较相似的人进行模拟面试，以考察试题的有效性。这是非常必要但经常会被忽视的一个环节，因为这会导致费用和时间的增加，而且要找到真正与应试者相似的群体也不是一件容易的事。

这里不妨举一个测量主动性的例子：

"请你举一个由于你的努力而使一个项目得以成功实施的例子。"

这道行为性面试试题看起来没有什么问题，但经过试测就会发现有两个问题：一是有的人没有项目实施的经验，无法回答；二是许多项目的实施要求都是领导提出来的，无法体现出"主动性"这一胜任力。于是，我们将其改成这样：

"请你谈谈这样一次经历：在没有外部要求的情况下，你通过自发的努力出色完成一个项目或者实施一次活动。"

4．形成行为性面试题本

在编制行为性面试试题的时候，常常会出现这种情况：当把许多经过检验被证明行之有效的单个面试试题组合在一起形成整套面试题本时，用人单位才发现这不是一套理想的面试试题。原因在于，随机组合未注意到整套题的题量和结构。

一般情况下，对于每种胜任力通常需要设计 2~3 道面试试题。另外，对于每种胜任力还要设置一道备选试题，以防止"面试官认为前两道试题没能很好地考察应试者相应的素质或者其工作经历中没有类似经历的情况"。因此，一套完整的行为性面试题本应该包括 10~15 道面试试题。试题太少，可能无法有效地挖掘应试者有关胜任力的足够信息；试题太多，可能导致面试官对每道试题点到为止，无法深入追问，从而使面试流于形式。从结构上来说，应以成功事件题和中性题为主，辅以少量的失败事件题。

8.3 基于胜任力的面试实施过程

8.3.1 行为性面试实施前的准备

1．行为性面试主持人的培训

在情境模拟面试中，试题设计是核心；而行为性面试的关键在于主持人（主面试官），行为性面试试题设计得再完美，如果主持人不合格，面试效果也不可能理想。有研究认为，管理者面试选人的成功率一般只有 33.33%，原因在于，面试官在评价应试者时，主要依靠自己的主观感觉，而缺少能够用来参照的准确的岗位胜任力模型，缺少一套系统、科学的评价方法和流程。而且，对于那些通过面试录用到工作岗位的人员，也很少去做一些跟踪，以检验面试的有效性，从而失去了进一步提升面试准确性的机会。如果由经过培训的专业人员来主持行为性面试，面试的效度能达到 0.5，远高于一般企业主管面试的成功率。即使一些没有太多企业工作经验的专业工作人员，只要具有人才测评或心理学的专业背景，采用了行为性面试的技巧和方法，也能够达到面试的较佳效果。其中起关键作用的一个因素是专业的培训。没有经过培训的面试主持人与经过专业培训的面试主持人，对比效果的差异非常明显。

（1）专业技能培训。要想成为一名优秀的行为性面试的主持人，需要对人才测评的专业知识有一定的了解，需要掌握行为性面试的理论体系和操作技能。面试是为了了解应试者的素质与岗位要求的匹配度，因此主持人必须熟悉掌握岗位胜任力模型方面的知识，以及依据胜任力模型进行提问的技巧。但在人力资源管理实践中，大多数人都很难做到这一点。

> 一位企业的招聘主管，一度对自己的面试能力非常自信。但有一次，她为用人部门先后招聘了三个行政助理，用人部门试用后都不满意，所以不到半个月就把他们都辞退了，原因是，这三个人的沟通能力都不符合用人部门的要求。实际上，在面试过程中，她专门考核了这三个应试者的沟通能力，自我感觉非常不错，才推荐录用。现在，她开始对到底怎样通过面试来考察应试者的沟通能力感到困惑。
>
> 经过进一步的了解，专家发现用人部门总是将新来的人与刚离职的小王进行比较：小王很容易把事情做好，新上岗的人员却很难完成。因此，专家建议这位招聘主管与用人部门的经理进行沟通，详细了解：离职的小王在沟通过程中有哪些行为表现？新来的人又有哪些行为表现？然后，在面试的时候，以小王的行为表现作为标准参照，收集应试者过去经历中与小王相似的行为信息，以此对应试者的沟通能力进行评价。

这是一个典型的应用胜任力模型的事例。事例中的招聘主管把沟通能力理解成了表达能力，即能够把事情清楚地说出来，以使别人了解他的能力。用人部门对沟通能力的要求则不仅是能够把事情说清楚，更重要的是，能通过沟通与别人维持一种良好的关系，可以说服别人改变一些行为。

作为行为性面试的主持人，在主持行为性面试的过程中考察应试者的沟通能力时，必须熟悉沟通能力的定义、具体行为表现及能力等级等，以便在面试过程中对应试者的情况进行准确判断。通过面试过程中的提问，主持人需要不断地做出判断：是否获得了正确的行为信息？是否获得了足够数量的信息？这些信息是否能够对应试者的沟通能力给予足够的支持？

（2）沟通能力培训。对于行为性面试的主持人来说，沟通能力显得更加重要，因为主持人希望了解应试者的行为信息,而这些信息是应试者在事例中的具体行为表现,不是一些简单的事例。由于受各种因素的影响,设法让应试者完整地提供所需信息本身就是一个挑战。这一过程需要主持人具有较好的沟通技能。

这里主要介绍两种沟通技能:提问和倾听。

①提问。与主持各种类型的其他面试一样,主持行为性面试必须有良好的表达能力。除了掌握面试过程中的追问技巧,最基本的要求是要把问题表述得清楚、简洁且易于理解。在面试过程中,如果面试主持人的声音太小,或者对问题的表述不够清晰、明确,就可能会使应试者不断地确认问题。应试者参加面试本来就有些紧张,如果总是听不清主持人的提问,他的注意力多半就会转移到听清问题上,这就会导致他无暇去回忆和讲述过去的事例。

面试主持人可以通过有经验的面试主持人事后对主持效果的反馈,并通过不断的模拟练习,有意识地锻炼自己以清晰而洪亮的声音进行提问。

②倾听。除了提问,倾听对于行为性面试的主持人来说也非常重要。因为在面试过程中,必须保证70%以上的时间在听应试者讲述具体的行为事件。

在主持面试时,有这样一种现象:有的面试官具有行动思维特点,说话的过程就是思考的过程。在应试者的某一句回答引起了他的疑问之后,他可能立刻就想到了另一个问题,接着就脱口而出。这时应试者不得不回答新问题,而原来的问题还没有讲完整就被打断了。

要主持好行为性面试,必须进行倾听培训,要学会用自我意识来调控自己,把握提问的节奏,把大部分的时间留给应试者。这样既能保证面试官获得更多的信息,也为应试者营造了无拘无束的氛围,便于其讲出内容更加具体和丰富的事例。虽然由于个体差异,对一些人来说,倾听的沟通技能很难培养,不过,经过有意识的培训,还是可以逐渐掌握这种技能的。

(3)行为举止培训。鉴于面试主持人的一言一行都会对应试者产生很大影响,因此,作为行为性面试的主持人,其言行举止的自我控制非常重要。当前,许多人才测评的专业人员是刚刚毕业几年的硕士生或博士生,并不都是年龄较大或资历较深的工作者,但其测评对象的年龄可能比他们大得多。在这种情况下,如何树立面试官在应试者面前的威信是非常重要的。除了掌握科学系统的测评方法,面试官的言行举止也是非常重要的一方面。如果面试官举止不得当,势必会对测评效果产生影响。

"严肃、认真、专业"是对面试官提出的重要要求。在主持面试过程中,面试官不宜过于随意。在测评实施期间,面试官不宜做任何与工作无关的事情,应该始终保持严肃、认真的态度,同时,还必须体现出职业素养。例如,在测评结果还没有完全出来之前,不能随意评价应试者的表现,尤其不能当着应试者的面评价应试者的表现;着装要规范;坐姿必须端正;等等。现实中,在主持面试前、主持面试过程中以及主持面试结束之后,用人单位都应该有一套系统的行为规范体系,对所有准备担任行为性面试的主持人进行培训。

2. 行为性面试开始前的准备

行为性面试开始前的准备非常重要。通过对面试各个环节细致的组织,不仅能够提高企业的形象,激发应试者更强烈地加入企业的动机,还能够让优秀者有机会在企业营造的这个测评舞台上尽可能地展现自己的才能,在强手如林的环境下脱颖而出。这一方面使企业不会漏掉那些才能卓越的"大鱼";另一方面抬高了人才引进的门槛,避免使那些不太适合企业需要的人员进入企业。

(1)面试前的通知及说明。在面试前,如果应试者能够对行为性面试有一些了解,就会有助于其取得较好的面试效果,因为行为性面试侧重于从应试者过去经历的一些事例中挖掘应试者的行为表现。如果应试者没有做好心理准备,那么在突然被问到类似的问题时可能会无所适从。

下面通过一个行为性面试试题说明此类情形。

"请讲述你在说服代理商接受你的渠道政策过程中遇到的困难较大的一次经历。你是如何克服所面临的困难的?"

如果应试者没有事先准备,突然听到这个问题,就可能由于不适应或者有所避讳而不能讲述这样的事例,他们常常会说"好像没有什么困难的事,都挺顺利的"。在现实的生活和工作中,要做好一些事情,不可能没有挑战。因此,为减少上述情况的发生,在行为性面试前,还应告知应试者面试的方式。下面就是一个说明样例。

"大家好!欢迎大家来参加××公司的面试。我们这次采用行为性面试方式,面试时大部分问题都要求你讲述过去经历的一些事例。这些问题不会有太大的难度,不过需要你回忆一下你过去职业经历中做过的事情,以便更准确地回答我们的问题。我们会对你所讲的事例进行保密,请大家放心。"

这样的说明,让应试者对面试有了一些了解,从而可以提前对自己的经历做一些回顾,有利于在面试过程中把主持人所需要的信息有效、准确地讲述出来。

（2）行为性面试的时间。在完全不了解应试者的情况下，识别和选拔人才是一项非常具有挑战性的工作。前面已经提及，行为性面试的时间需要 40 分钟。而在实践中，每名应试者的面试时间常常只有 15 分钟，从中得到的信息往往是最表面的信息，各种关键胜任力很难在那么短的时间内被清晰地考察出来，在这种情况下所做的判断主要依靠面试主持人的主观感觉。

获取应试者大量的行为表现是行为性面试的特殊性所在，这些行为表现的信息就存在于应试者所叙述的过去经历的事件中。讲述行为事件比回答其他理论性问题要花费更多的时间，应试者需要把事件的起因、经过和结果讲清楚。

（3）行为性面试的现场布置。参加行为性面试对应试者来说是一项挑战，从某种意义上说，比平时工作中所遇到的挑战更大，更需要集中精力去应对。因此，行为性面试的环境应该本着让应试者感到舒适的原则来设计，要使整个面试环境舒适、适宜、整洁、干净。

①布置舒适的座位。不要让应试者坐活动椅，以使其能够坐稳。应试者面前最好放一张桌子，把应试者与面试主持人隔开，同时让应试者与面试主持人保持一定的距离，这样会让应试者感到舒服一些。

②选择安静的环境。行为性面试需要应试者回忆过去发生的事情，安静的环境很重要，通常不宜在邻近马路的嘈杂房间里进行。

③在应试者面前的桌上准备一些必要的用品，如纸、笔、纸巾等。有一个事例能够充分说明为应试者准备纸巾的必要性。有一位女士在行为性面试中讲述其为了实现目标，如何克服自己身体上的、家庭上的困难时，禁不住流下了眼泪。这时为其提供纸巾，让其舒缓一下情绪再进行后面的面试是比较合适的。

④合理安排应试者与面试官的位置。在行为性面试中，应试者和面试官的位置安排应该有利于创设和谐的环境，让应试者能充分回忆过去发生的行为事件，同时与面试官保持 3~4 米的距离，以维护面试官的权威性，并能防止应试者看到面试官的面试记录。房间大小以 15 平方米左右为宜，小型会议室也可以。

8.3.2 行为性面试实施过程

1. 行为性面试的开场白

开场白是非常重要的。这一环节主要有两个任务，一是暖场，二是找到提问点。前者让应试者放松下来，构建良好的沟通氛围；后者是寻求提问点，是整个面试的核心环节，切入得当，后面的面试就会非常顺利，否则会有较大的难度。

行为性面试的主持人可以事先在浏览应试者的简历时发现其中的一些亮点和疑问点，如从大学毕业到攻读研究生之间有两年的空档，既可将这个空档作为疑问点进行追问，也可以从应试者介绍个人经历时所提到的关键事件入手，作为问题进行追问。

2．提问

在行为性面试中，涉及的问题一般是结构化的。在行为性面试实施之前，面试官已经根据应聘岗位的胜任力模型编制了结构化的问题。一般来说，每个胜任力都有相应的问题来对应。但是，我们并不建议在面试过程中采用完全结构化的提问方式，即仅仅把问题一字一句地读出来，而不再进行灵活的追问。

提问应遵循先易后难、先具体后抽象、先微观后宏观的原则，这样有利于应试者逐渐适应面试的氛围，并能够展开思路、进入角色。特别是对一些紧张、拘谨的应试者，面试官要事先提出一些过渡性的问题（见表8-6）。

表8-6 面试官对不同应试者的提问办法

应试者类型	应对方法	问　　题
滔滔不绝的应试者	当获取的信息已经足够时，主面试官可进行适当的干预	例如，"好""是""对""我明白你说的意思了，由于时间关系，后面还有一个问题，这个问题就先到这儿，好吗？"
逻辑混乱的应试者	礼貌地打断应试者，暗示其分步骤回答问题	例如，"陈先生，所有这些重要的问题，我们都可以讨论。我想你如果能够按事情发生的原因、处理过程、处理结果三个步骤来讲可能会更清晰，也更节约时间。"
答非所问的应试者	巧妙地帮助他们重新回到主题	例如，"我是不是没说清楚？其实刚才我问的问题是……"而不应该说："你听懂了没有？你明白我在说什么吗？"前者能够给予对方最大程度的尊重
紧张拘谨的应试者	设身处地站在对方的角度考虑问题	例如，"你不用紧张，如果换成我在你这个位置，我也会这样。"并向他点头和微笑，或者对他过去的某项工作表示肯定,这样应试者就不会那么紧张了
沉默寡言的应试者	将问题细化，尽量把问题分解成若干个封闭式问题	例如，"你当时遇到的困难是什么？""这些困难给你带来了哪些方面的挑战？""你为什么采取这些行为？""你当时是怎么想的？"

3. 行为性面试中的 STAR 模型

行为性面试的主要目的是通过开放式问题和追踪式问题获取应试者过去经历中的行为信息。那么，到底收集多少信息，或者收集到什么程度，才算已经掌握了足够的信息量，并确信自己掌握的信息是准确的，而不是应试者为了迎合面试主持人而瞎编的？以下几个标准可以帮助我们判断获得的信息是否已经足够。

（1）是否已经了解应试者所说的环境？他采取了什么行动？后果是什么？

（2）是否已经获得了主要的细节，如大致的日期、数量、参与的人员等？

（3）是否已经能够想象出应试者是如何做事的？

（4）是否能够想象，如果应试者上岗以后，能否做出符合岗位要求的事情？

在实际的面试中，面试主持人常有一种"抓不住"应试者的感觉，因为有些应试者的回答总是不符合面试主持人的期望。他们常常偏离行为性面试的跑道，进行一些理论性的陈述；或者陈述"他应该做的事情"，而不是"他做过了的事情"；或者描述的事例很不明确，让人觉得好像是他自己做的，又似乎是别人做的。尽管面试主持人努力控制面试的进程，但往往还是难以引导应试者说出其中的关键信息。这种情况是初期主持行为性面试的人常常会遇到的。改变这种局面的一个经典的做法是使用面试主持中的 STAR 模型。

（1）STAR 模型。我们在第 5 章中已经简单地介绍了行为性面试中的 STAR 模型。STAR 模型代表了一个完整行为事件的四个要素，即 Situation（情境）、Target（目标）、Action（行动）、Result（结果）。这四个要素也代表了主持人在主持行为性面试时提问的四个方向，是对应试者所回答的行为事件的具体性进行考察的框架。当主持人以一个开放式问题进行提问时，如"请谈谈你努力说服他人接受你的观点的一次经历"，应试者的讲述可能不够具体，甚至根本没有谈论事件本身的内容。这时，可以使用 STAR 模型进行进一步的追问。

下面是面试银行客户经理的一个例子。

主持人："请描述你努力说服他人接受你的观点的一次经历。"

应试者："我经常说服我的客户购买我们银行的理财产品，客户都很信任我。"

主持人："既然这样的事例很多，你能不能谈其中一个让你感到最有成就感的事例？"

应试者："我想一想，我曾经说服一个刚刚投诉过我们银行的中年女性购买了我们银行的 30 万元理财产品……"

提问至此，主持人只是大概知道了应试者所要讲述的事例，但具体这位客户经理有哪些行为表现，所说是否属实，则很难去把握。这时主持人可以应用 STAR 模型来进一步追问，以达到对事件具体细节的了解。

第一步，主持人可以针对 STAR 模型中的 S（Situation）来追问，即了解该事件当时发生的背景。

主持人："这件事情发生的背景是什么？当时有哪些具体情况？"
应试者："那时我在营业厅做大堂经理，主要是为那些到银行营业厅办业务的客户提供一些咨询指导服务。当时 3 号柜台的一位客户对柜员大声嚷嚷起来，骂柜员办事效率低，服务态度不好。周围的人劝说她也不听，非要找领导投诉，并且说的话非常难听。我听到以后，马上走过去，准备处理此事。"

通过针对 S（Situation）的提问，主持人可了解到这件事情发生的背景，知道这件事情的难度——客户对银行的工作非常不满意，并且情绪失控，有不文明的言语，这位客户经理需要去面对和处理的问题有一定的难度。

第二步，主持人需要了解的是，应试者在这种情况下想要达到什么样的结果，即其行为的目标是什么，也即 STAR 模型中的 T（Target），于是继续提问。

主持人："你当时跟这位客户沟通时，想要达到什么样的目标？"
应试者："当时我是大堂经理，有责任处理客户的投诉。发生了这种情况，我第一个想法就是平息客户的怨气，使客户的需求得到满足，避免对我行产生不良影响。"

这一步的提问，使主持人了解到这位客户经理当时做这件事情的动机和目标，对他做事的愿望有了一定的了解，更有利于了解其接下来的行为与这一动机和目标的一致性。

第三步，要了解这位客户经理为了达到这样的目标，采取了什么样的行动，即 STAR 模型中的 A（Action）。主持人继续提问。

主持人："当时你是怎么想的？又做了些什么？能不能具体讲一讲？"
应试者："当时我为了使她的情绪稳定下来，做了这样几件事。首先我向她介绍我是大堂经理，专门负责解决大家的疑难问题。当她提出她的不满时，我认真地听她说，等她说完了，我首先表示我听明白了。我说：'你先跟我到贵宾室，咱们一起商量一下。'她跟我到贵宾室后，我给她倒了杯茶水，她就开始说她的问题。原来她办理取款业务时，有一张卡自己忘了密码，接连输入三次都不对，到第四次的时候就不让输入了，必须办理挂失。她抱怨前台柜员没有及时提醒她，使她不能及时取出钱来，影响了她用钱。"

主持人："然后你是怎么做的？"

应试者："她这个问题确实不好办，按照规定，密码输入三次就必须挂失。我首先表示道歉，我们没有及时提醒，影响她用钱了。我想了解她用钱做什么，她说要买基金。我了解到她对投资知道得不多，正好是我可以帮上她的地方，并且还可以向她介绍我行的基金和理财产品。于是我就开始了解她的需求，并介绍家庭投资的方式，买基金的时机及利弊分析。我用我行的各个产品来举例，并说在我行买了理财产品的人收益都不少。谈着谈着，她对我说的话越来越有兴趣了。"

这一步的提问使主持人了解到应试者为了达到预期的目标所采取的一些具体行动，例如，倾听、认可对方的说法，引导、提供帮助和指引，了解对方的需求及想法，为对方提供无私的帮助,转移对方的注意力等。这些行动在说服对方过程中都是不可缺少的，说服对方的基础是与对方建立良好的关系，而对方的行为习惯和做事方式对建立什么样的关系起着关键作用。所以，这些行为表现对于评价应试者是否具备相应的素质是非常重要的。

第四步，了解应试者行为的结果，即 STAR 中的 R（Result）。主持人继续提问。

主持人："最后的结果怎么样？"

应试者："经过沟通后，那位客户的抵触情绪渐渐淡化了，语气也缓和了许多，而且好像对我说的话越来越有兴趣。我已经了解到她的需求，就开始转守为攻，想看看她是否愿意购买我行的产品。结果，她不仅不再想着投诉我们，而且一下子买了我行 30 万元的银行理财产品，并点名要求我做她的理财顾问。"

经过连续四步的提问，主持人就全面地了解了这件事情的经过，对应试者在该事件中表现出的素质就有了清晰、全面的认识。

（2）STAR 模型帮助获得完整信息。即使主持人在面试时采用了行为性面试方式，但由于不同应试者各具特点，所回答的问题并不会完全如主持人所期望的那样。例如，一个问题提出来之后，获得的大多是不够完整的信息，常常是不全面的 STAR。下面的案例就是在面试中常常遇见的。

主持人："请讲述在过去经历中，你克服重重阻力，努力改变落后局面的一次经历。"

应试者："我刚到（房地产）公司的销售部上任的时候，业务代表之间的矛盾很严重，相互之间钩心斗角，抢单、诋毁他人的事情时有发生，并且还发生过业务代表之间的打架事件，销售工作的开展非常不顺利。我上任之后，把整个局面扭转了，将我们这个团队打造成了一个非常团结、高效的集体。"

从这个案例来看，应试者回答的事件虽然是行为事件，但该行为事件是不完整的。该事件有完整的 S（业务代表之间矛盾很严重，相互之间钩心斗角，抢单、诋毁他人的事情时有发生）和 T（到新部门上任，扭转不利局面）。但是这一事件中没有 A，即"我做了哪些事情获得了成功"，也就是应试者"为了改变这种局面采取了哪些具体行动"这部分内容。而且，事件中的 R 也不具体，即对"团结、高效的集体"的具体体现描述得不够清楚。

对于一个不完整的行为事件，就要针对其不完整的部分进行追问。在上述案例中就可以对 A 和 R 进行追问：

"请谈谈你做了哪些事情使原来的局面有了改观？"
"你是怎么具体实施新的制度和流程的？"
"在实施过程中是否遇到一些阻力或挑战，你是如何处理的？"
"哪些关键的做法起了作用？"
"关键的转折点在哪里？"
"团结、高效体现在什么地方？有什么具体的事件可以说明吗？"

经过这些进一步的提问，主持人就可以完整地了解应试者的行为信息。采用 STAR 模型进行提问需要经过一定的培训，才能使面试主持人逐渐养成结构化提问的习惯，从而提高面试效率。

（3）STAR 模型帮助辨别行为事件的真实性。由于应试者处于被评价的位置，希望通过面试获得目标职位，因此必然会想方设法表现甚至夸大自己好的方面，极力掩盖自己的不足。例如，将别人做过的设计方案说成自己做的，或者将别人的行为事件说成自己的，这就会影响整个面试的结果。当将 STAR 模型运用于行为性面试时，如果运用得好，就能够帮助主持人辨别应试者回答问题的真伪。

行为性面试主持人可以针对 STAR 模型的不同要素进行提问，来辨别应试者回答的真伪。

①针对 STAR 模型中的 S 进行提问。例如，"领导为什么要你来管理销售部？""销售部都有哪些职责？""你当时为了做好销售部的工作都做了哪些准备？"

②针对 STAR 模型中的 T 进行提问。例如，"你当时的具体目标是什么？""是谁给你定的目标？""为什么给你定这样的目标？你当时是怎么想的？"

③针对 STAR 模型中的 A 进行提问。例如，"你当时是怎么做的？为什么这么做？""你在其中担当了什么角色？其他人做了哪些事？""你当时最关键的举动是什么？改变了什么？"

④针对 STAR 模型中的 R 进行提问。例如，"团队的哪些行为表现比以前有了大的改观？请讲出一个事件。""公司对你工作结果的评价怎样？在什么情况下做的评价？如何评价的？""你又是如何知道的？"

⑤还可以针对过程中的挑战进行提问。例如，"你在这个部门的管理工作中遇到过什么样的挑战？你是如何处理的？""过程中最难处理的问题是什么？你是怎么处理的？"

⑥针对过程中最成功之处或最失败之处进行提问。例如，"你觉得在这个过程中最成功的地方在哪里？""你觉得哪些地方做得不够好？"

通过采用这种具体的追问方式，面试主持人可以判断出应试者所讲述的行为事件的真假。因为对于虚假事件，应试者很难详尽地说明其中的每个细节，而追问会使应试者出现这样或那样的漏洞，或者无法详细具体地描述事件。在这种详细追问的攻势下，讲述虚假事件的应试者往往难以招架。同时，如果应试者对这些问题的回答都似是而非，则可以推断，在这个过程中他亲自参与的程度不够，也就无法断定他是否具备相应的素质。

4．面试信息的收集与记录

在面试中，一些表面信息最容易进入面试主持人的视线，如应试者的仪态、表情、声调、表达等。这些信息能够给面试主持人最直接的刺激，很容易在面试主持人心中形成一个直观印象。

在实践中，我们发现，一些面试主持人没有把应试者在面试现场表现出来的一些能力素质和其实际工作中具备的能力素质进行区分，容易把应试者当时表现的好坏当作评价其是否胜任新工作的依据。我们经常看到面试主持人这样的一些面试记录与评价，如"声音洪亮，表达比较清晰""亲和力强，喜欢微笑""表情比较严肃"等。这些信息能够代表应试者素质能力的某些方面，但不能完全代表其胜任岗位的情况。一个沟通表达能力强的人，执行力却不一定强，良好的表达能力不一定能说明其可以完成既定的目标。

应试者表面的行为表现背后有着代表其某些个性和能力特征的信息，这是我们在收集其行为事件时需要特别关注的，这些过去的行为事件是我们对其进行评价的主要依据。其实，面试主持人心中会存在一个目标岗位的胜任力框架，在面试的过程中针对胜任力逐项收集对应的行为事件信息。例如，需要收集应试者沟通表达能力的信息，就要让应试者讲述一两件他本人运用沟通表达能力完成的事，通过判断他在做这些事的过程中的行为表现来评价其沟通表达能力，而不仅仅通过他在面试现场说话声音是否洪亮、语句是否连贯、条理是否清晰来判断。

总的来说，在行为性面试中，应试者所讲述的行为事件是对其进行评价的主要依据，因此对面试进行有效的记录是必要的。行为性面试要求讲述的事件具有真实性，所以应试者对于录音、录像等都会比较介意。因此，面试主持人需要用笔记下所需的信息。因为面试主持人不可能都掌握速记技巧，把应试者讲述的所有信息都记录下来，所以对于那些相对不太重要的信息可以略记或不记，如应试者的背景，这些是可以通过其他途径来获得的。对最关键的信息，如行为事件本身，应该做好详细的记录，包括应试者当时怎么做的，甚至怎么说的。在进行面试记录时应注意以下几个问题。

（1）在面试过程中，面试主持人不能一味地进行记录，如果与应试者没有目光接触，则会影响沟通的互动性。

（2）面试记录纸最好是特意设计的。例如，左侧主要记录应试者的行为事件、行为表现；右侧可以记录应试者所表现出来的胜任特征；右侧上方可记录应试者简单的外貌特征，以作为回忆的一个线索。

（3）面试记录纸应留有足够的空间和相应的位置，并准备足够数量的笔，以防中途突然没有办法记录。

（4）对于已经记录下的信息应注意保密，不宜让其他人看到，一方面要为应试者保密，另一方面要避免在面试结束之前过早地评价应试者。

8.4 基于胜任力的面试样例

1. 背景信息

某股份制银行陕西分行进行内部中层后备干部选拔,经过资格筛选、心理测验等环节,面试专家对候选人进行一对一面试,以判断其发展潜力,并向分行高层管理者提交候选人的名单。

面试专家为该候选人群体梳理了评价模型,其中的主要指标包括创新思维、团队管理、高效执行、问题解决、沟通影响、快速应变、组织意识、积极主动和持续学习。

其中一位候选人 A 先生的工作经历与荣誉奖励如表 8-7 所示。

表 8-7 候选人 A 先生的工作经历与荣誉奖励

	时间	主要经历
工作经历	2009 年 4 月—2009 年 11 月	某保险公司陕西分公司银行业务部
	2009 年 12 月—2011 年 3 月	某股份制银行陕西省分行某支行财富保障策划经理
	2011 年 4 月—2016 年 6 月	某股份制银行陕西分行理财经理、社区支行行长
	2016 年 10 月至今	某股份制银行陕西分行零售金融部私行投资顾问、产品经理
荣誉奖励	2015 年	陕西省银行业协会服务明星
	2016 年	某股份制银行第五届理财师大赛个人赛一等奖第一名、团队赛冠军
	2015—2017 年	某股份制银行总行私人银行培训班 5 次优秀学员、2 次优秀小组
	2017 年	某股份制银行私人银行"优秀投资顾问"、某股份制银行西安分行"优秀员工"
	2018 年	第一财经中国理财精英评选"年度最佳私人银行家"
		某股份制银行总行私人银行家族信托"创新方案奖"

2. 面试过程

面试专家与候选人 A 先生的交流过程如表 8-8 所示。

表 8-8　面试专家与候选人 A 先生的交流过程

	面试专家提问与候选人 A 先生回答	点　　评
起	**面试专家**：在你获得的这些荣誉奖励中，哪一个最有含金量、最有挑战性？ A：我觉得都挺有含金量的。如果一定要选一个的话，就是 2018 年获得的第一财经举办的中国理财精英评选的"年度最佳私人银行家"。当时，全国有 3000 名理财师参与评选，评选流程有线上知识问答、线下面试、TED 演讲、线上投票，最终由评审委员会从业绩指标、从业经历、人气指数、面试评估四个维度衡量。设有四种团队奖、六个个人奖，我获得的"年度最佳私人银行家"全国只有 10 个人当选。	荣誉奖励能反映一个人的能力水平，最高荣誉反映最高水平
	面试专家：其他奖项的获奖人数很多吗？ A：其他奖项，如"年度最佳理财培训师""年度最佳理财师""年度人气理财师"，获奖人数都在 50 人以上。	对比人数看含金量
承	**面试专家**：你为什么能获得这个奖项？ A：2015 年我主办的首笔家族信托业务正式签约，这也成为我行全国首单家族信托业务，标志着我行家族信托业务正式起步。2017 年，我作为投资顾问，在总分行的共同努力下，又成功签约一笔预计委托规模为 3 亿元人民币、初次委托金额为 8000 万元人民币的家族信托业务，这笔业务创新性地使用了架构不同的两个家族信托，帮助客户实现了风险隔离和财富传承的需求，其业务模式为行内首次，受托规模也创造了行内家族信托业务纪录。	寻找获奖与努力之间的关系
	面试专家：2015 年首笔家族信托业务是怎么签下来的？客户为什么选择你们？ A：当时我们的客户经理在与客户的沟通中，了解到客户希望通过家族信托实现财产隔离与传承、保障子女未来教育与生活等多重目的，便与我取得联系，我当时在分行零售事业部担任投资顾问。我为这个客户设计了一个个性化的家族信托专案。据说，客户与其他银行做了对比，觉得我们的方案考虑问题比较周全，在实现收益最大化的同时也有效地防范了风险，所以选择了我们。	行为化问题，STAR 模型要素基本完整，但写专案的行为过程还不太详细，所以还需要追问
	面试专家：是几月份签约的？ A：2015 年 3 月，具体是哪天我记不太清了。在网上都能查到相关的新闻。	通过追问细节来判断真实性

续表

	面试专家提问与候选人A先生回答	点评
承	**面试专家**：行内以前没有开展过这类业务，你是怎么做出这个家族信托专案的？ **A**：是这样的，这主要与我个人平时的爱好与学习有关。近几年，随着国内私人财富不断积累，高净值人士阶层人数迅速增加，并呈现老龄化趋势，财富传承的时代已经到来。家族信托是一种信托机构受个人或家族的委托，代为管理、处置家庭财产的财产管理方式，以实现财富规划及传承的目标。所以，近年来家族信托已经逐渐受到高净值客户和业界的重视和青睐。作为理财经理，我关注到其他银行如招行已经在2013年开展这类业务了，我判断它会迎来一个黄金时期。所以我在平时就自学了相关方面的知识，看了很多书，加上我有理财经理的从业基础，所以做出这个专案对我来说并不难。	通过追问来考察候选人解决问题的能力。如果能进一步追问是否有其他同事或领导给予帮助就更好了
	面试专家：你从体育专业背景转型到投资顾问，一定付出了很多努力吧？ **A**：大学毕业时，我肯定没想到会像现在这样每天穿着正装在银行上班。正因为我不是科班出身，所以我要付出比其他人多几倍的努力，我花了很多时间来学习，考过与投资理财相关的一些资格证书，如国际认证财富管理师、注册金融理财认证讲师、互联网金融管理师等，这为我开展工作打下了很好的基础。除此之外，我还在读南开大学金融硕士的同时，又报考了中国政法大学的法律硕士。	专业、职位等发生转变能体现一个人的能力
	面试专家：你已经读了金融硕士，为什么还要读法律硕士？ **A**：家族信托业务除了要有金融背景，还要有系统的法律知识作为支撑。让财富管理插上法律的翅膀，能更好地解决境内高净值家族财富传承中的现实难题。	了解其学习目的与职业规划
	面试专家：投资顾问这项工作很忙吧？你每天的工作节奏是怎样的？ **A**：我的每一天都很紧张且充实。每天一上班，我先要对前一天的市场进行回顾，针对重大事件独立完成事件分析和解读。同时，针对每天的客户邀约情况进行回顾和总结。在晨会时间，我要对支行进行业务辅导和跟进。在进行客户陪谈后，与支行确定客户服务方案，便于支行后期跟踪服务。下午，我还要进行事件处理和客户面谈，一般一周预约面谈的客户不低于5位，包括前期已经完成面谈的客户的回访工作。在参加完支行的夕会后，我还要回到分行，填写每天的工作进度表。最后，处理每天的日常邮件。 **面试专家**：你工作这么忙，还要读两个硕士，而且都在外地，你的时间安排得过来吗？ **A**：时间就像海绵里的水，挤一挤总会有的。我现在是减掉一切社交的时间，减少不必要的时间浪费，压缩休息时间，平均每天只睡5小时，晚上的时间都用来处理工作、看书或完成作业。周末飞到外地去上课。有时因为工作的原因没来得及订机票，只好坐高铁，就会更累一些。	了解其学习与工作的平衡，以及时间管理能力

续表

	面试专家提问与候选人 A 先生回答	点 评
	面试专家：你的家庭对此没有意见吗？ A：当然是有意见的，不过她们还比较理解和支持我。我有两个小孩，一个4岁多，一个不到1岁，家里当然希望我能多花些时间在家庭上。所以我特别感谢我的妻子，基本上都是她在照顾家庭，我感到特别惭愧。有时候我出去上课，也会把她们一起带上，顺便带她们出去玩一玩，也算是一种补偿吧。	了解其学习与工作的平衡，以及时间管理能力
	面试专家：你目前这个职位属于专业岗位，对吧？有没有团队成员？ A：是的，目前我没有直接下属，就是自己管自己，对支行有业务上的指导。 **面试专家**：你以前有没有带过团队？ A：有的，我曾经担任过两年的社区支行行长，连续五个季度业绩排名整个分行第一。 **面试专家**：当时你管的那个社区支行有多少人？ A：三个人，分别是一个理财经理、两个客户经理。 **面试专家**：你这个支行的位置在哪里？ A：比较偏，接近城乡接合部的地方，周围没什么大公司，也不是很繁华，所以我这个业绩是真正凭实力拿下来的。	继专业能力之后，考察管理能力，并且通过询问地理位置，排除地段带来的业绩影响
承	**面试专家**：你当时采取了哪些措施呢？ A：他们都觉得很难，其实我觉得挺简单的。作为管理者，要懂得抓重点。对于社区支行的业绩考核，就是考核存款，而要搞定存款，关键是要找到大款。所以我跟团队成员说，要去社区有钱的客户，特别是私营企业主。所以，我组织的活动都是高端的，不一定邀请到私营企业主本人，能把他的家人邀请过来就很不错了。组织针对有钱人的活动，如举办一些奢侈品展览、宠物饲养咨询、高端运动、健康养生活动等。能拉来几个大客户，存款的问题就不用愁了。 **面试专家**：能不能说得更具体一些，举一个例子？ A：有一次举办活动，参加人员里有一位女士，她的长相和穿着并不起眼，但我看她的手表很像某款名表，于是重点跟进了下。我知道她家里有一个6岁的儿子，就赠送了她一张骑马的券。原来她家是开公司的，在我这里开了户，后面通过她的介绍拉来了几个大老板。平时我会组织团队成员掌握各种奢侈品的品牌尤其是Logo，让大家背，我还要考试。 **面试专家**：你是怎么提高团队成员的能力的？ A：这个比较简单。我把目标定好之后，大家研究一套方案，然后大家按这个方案去执行，中间遇到什么问题可以随时反馈。每服务一个客户，我都会和团队成员进行总结反思，今天哪里做得不对，哪里做得比较好，下次需要改进什么。一段时间之后，他们就养成了总结的习惯，我只负责抽查和监督。另外，我要亲自带头示范，你做不好，我做一次给你看，你跟着学就可以。如见客户，我先让他们跟着我去见客户，看我是怎么跟客户沟通的，回来之后再给他们分析一遍，让他们知道刚才为什么要那样说。	考察经营管理能力和团队管理能力

续表

	面试专家提问与候选人A先生回答	点　评
承	面试专家：很多智商高的人，在与人沟通时情商不一定高。你平时与人沟通时，有没有一些摩擦、不愉快的事情发生？ A：还真被你说对了。我以前和别人沟通时，曾经发生过一些不愉快的事情。因为我这个人办事讲究效率，喜欢直来直往，对于看不惯的事情我会直接说出来，所以有时会得罪人。随着阅历的增加，我也逐渐意识到这个问题，现在和别人沟通时，我会适当注意自己的表达方式，多倾听别人的意见，之后再发表自己的观点。	考察人际关系处理能力
转	面试专家：你对自己未来的职业是怎么规划的？ A：关于职业规划，我考虑得比较清晰，我想在私人银行投资顾问这个业务方向继续发展，我行以对公客户为主，对私业务较少，因此对私的人才稀缺；同时，对公客户里有很多高净值人士，他们有很多投资理财的需求，所以我觉得往这个方向发展比较有空间。说实话，我现在外部的机会也很多，经常接到猎头电话，邀请我外出演讲的机构也不少。所以，未来我一方面希望在专业能力上继续提升，另一方面想在职位上能更上一个台阶，自己能带一个团队，为行里培养更多的专业人才。	考察职业规划
	面试专家：你已经读了两个硕士，将来打算怎么继续提升呢？ A：硕士上面还有博士呀，我已经联系了西安交大的一位教授，平时我们在工作上有不少的交流，他答应等我念完硕士去读他的博士。	继续考察学习动力
合	面试专家：你还有什么要补充说明的吗？ A：没有了。 面试专家：那我们今天的面谈到这里结束了，非常感谢！ A：不客气，你们也辛苦了！	收尾

面试总结：此次面试时间虽然较短（40分钟），但提问的顺序符合"起承转合"结构，考察指标较为完整，挖掘出了较多的行为事件，并且进行了相应的追问，总体上属于效果不错的一次面试。

3. 评价意见

定量评价：面试专家对A先生的各项能力指标评分如图8-1所示。

定性评价：整体判断较为优秀。自信沉稳，表达清晰简洁，结构化思维较强，工作中能把握住关键点；工作经历丰富，既有销售经历，又有短暂的带团队经历；业务能力较强，专业知识扎实；学习能力非常强，在学习上投入的时间非常多；有理想抱负，自我提升意愿度非常高；能认识到自身的优劣势，对未来的职业生涯思考得非常充分，并有明确具体的学习计划。

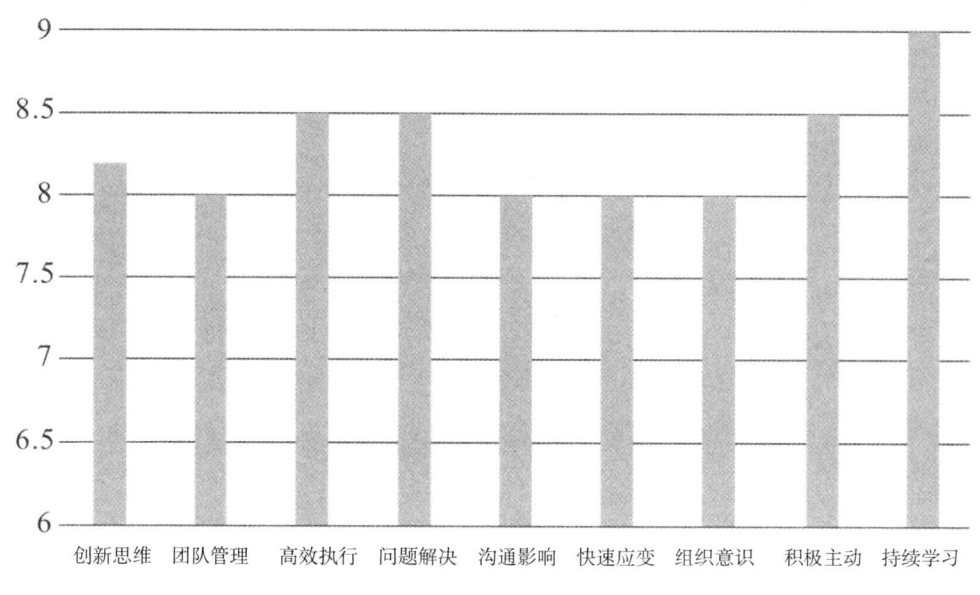

图 8-1 面试专家对 A 先生的各项能力指标评分

风险提示：性格直爽，沟通风格较为直接，对人际关系处理会有一定的影响；带团队经历较短，较多时间是独自开展工作，其带领更大的团队还需要一定的适应期。

第 9 章
情境模拟面试

情境模拟面试的魅力

某市在每年的政府工作人员招录中，通常都采用传统的结构化面试方式，这种公平公正的选人用人方式得到了社会各界的广泛认可。但是，由于该市参加结构化面试应试培训的人越来越多，每名应试者似乎都能较好地回答传统的面试问题，面试官对他们的区分也越来越难。在这种背景下，该市希望笔者能在面试设计上有一些突破和创新，但方式还是结构化面试。

笔者为其设计了情境模拟面试。每名应试者在面试前都要看一段材料，这些材料围绕某个主题展开，如大学生创业、社会诚信问题等。举个例子来说，笔者设计的主题是关于大学生兼职打工问题，材料中既有全国大学生兼职打工现象的调查结果分析，也有多位大学生兼职打工的具体案例。面试问题是以结构化面试的方式由面试官现场提出，包括"你对大学生兼职打工现象怎么看？你自己在这方面有什么经历？""假如面对一批准备兼职打工的大学新生，你将对他们提出哪些告诫？请现场模拟一下。""假如你是案例中的大学生……你将如何应对当时的局面……"这次面试取得了很不错的效果，有效地考察了应试者的综合分析能力、问题解决能力、沟通协调能力和应变能力。

9.1 情境模拟面试概况

近年来,由于传统的陈述性面试容易伪装而受到人们的批评,情境模拟面试应运而生。这种面试方式因其表面效度和应用效果比较好而受到人们的欢迎,越来越多的企事业单位在选人用人中开始尝试这种新颖的面试方式。罗森布鲁斯国际旅游公司的招聘就采用了这种面试方式。

> 赢得杜邦、柯达、通用电气等大客户的罗森布鲁斯国际旅游公司对应试者要经过仔细挑选,寻找的是善于团队合作和富有积极向上的生活态度的人。公司总裁罗森布鲁斯认为,与工作经验、过去的薪水和其他传统简历上所列的条目相比,应试者的善良、同情心、热情更重要。在该公司,应聘基层职位的应试者要经过3~4小时的面试。对于高级职位,罗森布鲁斯就采用情境模拟面试。有一次,他邀请一个应聘销售总监的候选人及其太太和自己一起出去度假。"在假期的第三天,开始有结果了。"他说。他们通过这样的情境设计,尽可能真实地发现应试者的个人特征,评价应试者是否具备工作所需要的关键胜任特征。所以,当这一行业的平均人员流动率高达45%~50%时,该公司的流动率只有6%,这也就不奇怪了。这就是运用情境模拟面试对企事业单位进行人员招聘和选拔时所起的作用。

所谓情境模拟面试,是指给应试者创设一个实际情境,面试官通过言语交流并观察应试者的行为表现,评价其是否具有相关的实际能力。情境模拟面试也是人才测评中应用较广的一种方式,可以测试应试者的各种实际工作胜任力。

9.1.1 情境模拟面试的产生

传统的陈述性面试虽然因其操作简便等多种原因在实践中被广泛应用,但由于许多用人单位在面试设计方面缺乏创新,模式化倾向越来越严重,因此应试者只要稍做应试培训,就能够对面试的几种题型及其答题要领了如指掌,导致面试官的问题还没阐述完毕,应试者就已经知道怎么回答才是相对正确的"答案"了。此处面试官考察的不再是应试者的岗位胜任力,而是其应试准备与应试能力。长此以往,传统的陈述性面试特别是结构化面试面临着失效的危险。因此,笔者多年来一直在呼吁加大陈述性面试方式的创新力度,以确保其在人才评价中的地位和作用。

情境模拟面试正是在陈述性面试的基础上发展起来的,是传统面试方式的创新和发展。与陈述性面试的最大不同在于，情境模拟面试强调在实际情境中去考察应试者，重点关注应试者在情境中考虑问题和处理问题的方式，从而使面试评价不再受到应试者口才和外表等无关因素的影响。应试者通常在情境中无法伪装自己。目前，情境模拟面试在人才招聘和选拔中越来越受到人们的欢迎。

9.1.2 情境模拟面试的特点

1. 针对性

由于情境模拟的环境往往是拟招聘岗位或近似拟招聘岗位的环境，测试内容又是拟招聘岗位的某项实际工作，因此具有较强的针对性。例如：

在财务部门人员招聘的情境模拟面试中，可以给应试者有关财务资料，要求应试者据此写出一份财务分析报告，内容包括数据计算、综合分析以及个人的观点、意见和建议。在此基础上，面试官就分析报告中的有关问题进行提问，应试者现场回答。

上述情境模拟面试就是针对财务工作的需要和现实问题设计的。

2. 直接性

直接性是指情境模拟面试可以直接考察应试者的工作能力。例如：

某市检察院在人员招聘中应用了情境模拟面试：对参加应聘的所有应试者，用中速播放一名犯罪分子的犯罪证词录音，时间为15分钟，其中既有相关证据又有无关信息，要求应试者做笔录，并据此撰写"起诉书"。然后，面试官针对应试者所写的起诉书进行现场提问。

在上述情境模拟面试中，不仅考察的内容与拟招聘岗位的业务有直接关系，而且面试官能够直接观察到应试者的工作情况，直接了解应试者的基本素质及工作能力。

3. 开放性

开放性是指情境模拟面试可以给应试者一个较为开放的、自由的发挥天地。例如：

某市广播电视局在招聘编辑、记者时，组织应试者参观了该市无线电一厂生产车间，请厂长介绍了该厂搞活企业经营、狠抓产品质量、改进营销工作等方面的情况,并以记者招待会的形式,由厂长解答应试者提出的各种问题。随后让应试者根据各自的"采访记录"分别撰写新闻综述和工作通信。面试官最后根据应试者的采访报道进行提问。

总的来讲,与陈述性面试相比,情境模拟面试的特点主要表现在针对性、直接性和开放性等方面。针对性表现在,测试的环境是仿真的,内容是仿真的,测试本身的全部着眼点都直指拟任岗位对应试者素质的实际需求。需要指出的是,有时表面上的模拟情境与实际上的工作情境并不相似,但二者所需要的能力、素质是相同的。这时,表面的"不像"并不妨碍实际的"像"。直接性表现在,应试者在测试中所"做"的、所"说"的、所"写"的,与拟任岗位的工作直接相关,正如一个短暂的试用期,其工作状态一目了然。开放性表现在,测试的方式多样、内容生动,应试者答题的自由度高、伸缩性强,给应试者的不是一个封闭式问题,而是一个可以灵活自主甚至即兴发挥的广阔天地。这些特点也派生了情境模拟面试的相对局限性,主要表现为面试的规范化程度不够高,同时,对面试官素质的要求较高。

9.1.3 情境模拟面试的作用

情境模拟面试的特点决定了它在人员招聘和选拔中有着重要作用,主要体现在以下三个方面。

(1)为考察应试者的实际业务能力提供依据。无论是情境模拟面试的内容,还是情境模拟面试的方式,都比传统的面试答辩更接近拟招聘岗位的工作实际。这一点使得情境模拟面试在考核应试者业务能力方面发挥着笔试和面试答辩难以替代的作用。

(2)有利于避免高分低能现象。情境模拟面试注重业务能力的考核,考核的标准是依据实际工作的要求拟定的,面试官一般由用人单位的部门经理和高层经理担任。这些因素决定了情境模拟面试不仅能够为实践经验丰富、具有实际工作能力、胜任拟招聘岗位工作的应试者提供"用武之地",而且可以避免笔试表现不错、实际业务能力不行的应试者被误录用。

(3)为用人单位安置录用人员的具体岗位提供依据。实践表明,应试者在情境模拟面试中表现出来的个体能力差异,与他们的实际工作能力往往紧密相关。因此,情境模拟面试的结果一般可以作为用人单位安置录用人员具体岗位的依据。本着扬长避短的原则,最大限度地发挥新录用人员的作用。

9.2 背景性面试

9.2.1 背景性面试的原理

1. 背景性面试的概念

背景性面试是情境模拟面试的一种方式。所谓背景性面试，是指通过给应试者创设一个面试背景，让应试者扮演特定的角色，并围绕特定的任务去接受面试官的提问，从而有效地考察应试者的综合分析能力、逻辑思维能力、组织协调能力、解决问题能力等。

2. 背景性面试的优缺点

背景性面试具有以下几个优点。

（1）针对性。在背景性面试中，由于面试背景是典型的实际工作情境，面试提问往往围绕实际工作中容易出现的问题，因此可以有针对性地考察应试者的胜任力。

（2）可以考察应试者解决实际问题的能力。对背景性面试问题的回答往往不是谈一些原则性的思想，而是需要针对特定问题提出具体的想法或措施，从而可以很好地考察应试者解决实际问题的能力。

（3）系统性。这里的系统性是指在背景性面试中，各个面试问题之间往往是有机地联系在一起的。而在传统的面试中，各个面试问题之间通常没有任何联系，每个问题都从某个方面孤立地去考察应试者。从这个角度来说，背景性面试更能够系统而深入地考察应试者。

当然，背景性面试也有一些缺点，突出表现在以下两个方面。

（1）对应试者的素质考察范围比较有限。由于问题背景的限制，背景性面试往往不能考察应试者各个方面的素质。

（2）面试设计费时费钱。背景性面试的设计需要面试专家花费大量的时间，进行工作调研和面试背景设计，需要的费用也比较高。

3. 背景性面试的设计

背景性面试的设计包括以下几个步骤。

（1）工作调研。进行有关工作分析，特别是职位胜任特征分析，了解拟任职位所需人员应该具备的特点、技能。运用行为事件访谈法对一些任职者进行访谈，了解他们在工作中常遇到的问题情境,积累实际案例。

(2)背景设计。对收集到的所有原始资料进行加工,根据具体测试目的,设计出比较典型和现实的面试背景。

(3)面试问题的编制。根据所设计的面试背景,编制出相应的面试问题。通常背景性面试的问题有4~6个,问题最好紧密相连、层层深入。

(4)评价标准的制定。最后要根据所要测试的目的和背景性面试的特点,对每个测试要素进行界定,并结合应试者的具体答题模式给出相应的评价标准。

4. 背景性面试的实施

背景性面试的实施可以分为以下几个步骤。

(1)应试者熟悉背景资料。在正式开始背景性面试前,应试者需要单独在一个房间里熟悉背景性面试的整个背景,包括应试者的角色、主要任务等。例如,应试者的角色可能是某部门的一位经理,背景性面试的任务是应试者需要根据一系列调研材料,向上级领导汇报某项制度在具体落实中遇到的问题,并提出自己的建议等。应试者熟悉这些背景资料的时间通常与正式面试时间一样长。

(2)正式面试。一切准备就绪后,背景性面试就可以开始了。面试官需要再次强调应试者所承担的角色,然后像结构化面试那样开始逐一提问。有时应试者进入面试现场时需要就某个背景问题发表演说,阐述自己的看法和理由,演讲结束后面试官再进行提问。

(3)面试官对应试者进行评价。在整个背景性面试过程中,面试官需要对照各种胜任力的定义及其具体行为指标,认真倾听应试者的回答,观察应试者的行为表现,并就每种胜任力进行评分。

9.2.2 以文字资料为背景的情境模拟面试案例

当背景性面试中的背景资料是文字资料时,就称为以文字资料为背景的情境模拟面试。这里给出一个实际面试案例,它是笔者为国务院某局机关副司局级领导人员选拔所设计的,实际应用效果很好。

问题背景

由于机构改革和人员的正常流动,某部委政策法规司综合处等十个处级岗位出现了空缺。经部党组研究,此次处级干部的选拔采用内部竞争上岗的方式。经过笔试(综合素质测试)和结构化面试,最后每个职位有两位候选人进入考核阶段。这几天人事司正与有关领导确定各岗位的最终人选。

你的角色和任务

假定你是政策法规司司长,现在贵司综合处处长的两位候选人的民主测评和考核结果已经出来。你在备考室的30分钟内,必须完成两项任务:

- 阅读本材料(包括政策法规司综合处的有关背景资料与两位候选人的材料)。
- 将你推举的人选和理由写出来。

然后你将去正式考场,在20分钟内必须完成以下两项任务:

- 10分钟内的演讲:向有关领导提出你推举的人选,并阐述你的理由。
- 10分钟左右的答辩:回答有关领导就有关人选问题对你的提问。

背景材料

1. 政策法规司的职能及综合处的大体情况

(1)政策法规司的职能和内设机构。

1)职能。负责起草重要文件和信息发布工作,组织、参与、协调经济法律法规的起草,负责有关法律法规的对外颁布,研究国际经济动向及其对我国的影响,研究国内经济及有关经济体制改革问题,负责行政复议工作。

2)内设机构。政策法规司下设五个处室,现有三位司长,除了你这位司长,还有两位副司长,其分管的内设机构如图9-1所示。

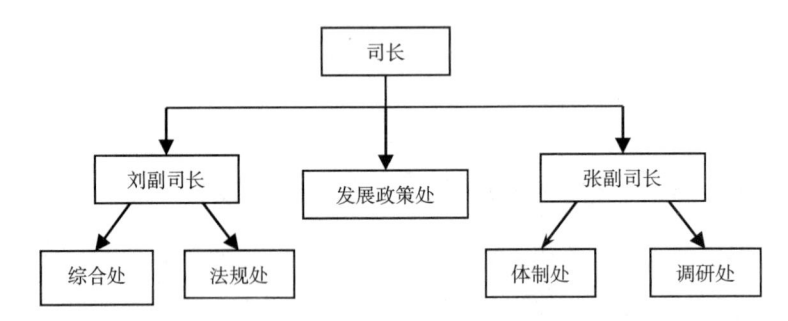

图9-1 政策法规司的内设机构

(2)综合处的现状。综合处是政策法规司的重要处室,综合处的工作直接关系到司里工作的成效。综合处现在的有关情况如下。

1)综合处的现有人员情况。该处现有四位工作人员,其中一位副处长,人员结构比较合理,但处内人员的凝聚力不强。各人的大体情况如下。

王××：副处长，男，40岁，已在副处岗位上工作七年，工作勤恳，经验丰富，合作性强，但工作能力和开拓创新能力都比较弱。

张××：主任科员，女，45岁，是政策法规司的老同志，不再期望高升，只想根据领导的安排做一些事务性工作。

周××：主任科员，男，32岁，名牌大学硕士生，积极进取，文字能力强，但对王副处长不够尊重，常提出一些与王副处长不同的主张，且往往被原来的正处长采纳。

单××：科员，男，25岁，去年公开招录进来的大学生，思维活跃，工作热情高，在组织管理方面有发展潜力。

2）主管副司长的工作风格。主管综合处的刘副司长今年43岁，已在此岗位上干了三年。刘副司长是军队转业干部，工作雷厉风行，很有魄力。事业心和责任感很强，善于接受新事物，推崇用新思路去解决改革过程中出现的新矛盾、新问题。刘副司长的脾气显得不太好，不过这常常是因为下属没能领会他的意图，从而使得他的工作思路没有得以实现，但政策法规司的各处处长都很佩服刘副司长的胆识和眼光，刘副司长在群众中的威信也很高。

2. 综合处处长的职位说明书及任职要求

（1）工作项目。

- 组织参与起草部委内有关综合性文件、报告。
- 组织研究重大综合性经济改革、发展、法规和政策。
- 组织编印政策研究室刊物，组织编写经济大事记。
- 负责主任基金课题研究的计划、管理和成果评奖。
- 负责组织文件收发、归档等行政工作。

（2）工作概述。

- 按领导要求，草拟有关综合性文件和政策报告。
- 关注社会经济发展趋势和动向，并根据上级有关精神，组织对重大经济问题的调查研究，提出对策建议。
- 组织政策研究室刊物的编辑、印刷和发行工作。
- 组织重大经济事件的记录、整理和编写工作。
- 根据经济发展情况和领导要求管理主任基金，组织主任基金课题的设计、实施、跟踪及评奖，推动重大课题的研究和成果应用。
- 负责组织文件资料的归档管理等行政工作。

本职位在工作中常与部委内外有关司、处人员接触，工作政策性、全局性、时效性强，工作难度较大。如有失误，将对政策法规司的工作进程产生重大影响。

（3）任职要求。

- 具有大学本科以上文化程度。
- 具有较强的逻辑思维能力、组织协调能力、分析判断能力以及较强的文字表达能力。
- 熟悉国家的基本方针政策及宏观经济管理知识，具备一定的经济理论和政策水平。
- 具有开拓进取意识，工作有思路。
- 在副处级职位工作两年以上。

3. 综合处两位候选人的材料

候选人一

个人履历

姓　名	刘强	性　别	男	年龄（岁）	38	学　历	大本	专　业	法律
竞争职位		综合处处长		现所在部门及职务			法规处副处长		

1999—2002 年　　中国人民大学法律系—学生
2002—2005 年　　中国政法大学法律系—教师
2005—2009 年　　中国政法大学—校长办公室文秘
2009—2011 年　　政策法规司法规处—科员
2011—2015 年　　政策法规司体制处—主任科员
2015—2021 年　　政策法规司法规处—副处长

（1）笔试成绩。基本能力测试（满分 100 分）是 60 分，说明逻辑推理能力一般，分析问题的能力中等。

申论（满分 100 分）是 85 分，显示了很强的文字概括水平、解决问题的能力和写作能力。

（2）面试评价。综合分析能力强，能够比较准确地把握复杂事物的内在关系，从纷乱的现象中发现问题的本质和造成问题的症结，能够在综合判断分析的基础上权衡各种问题解决方案的后果，做出选择。在管理决策中，显得比较谨慎。

计划能力一般，能按上级的要求开展工作，对事情的轻重缓急有所考虑，同时也注意设计实现目标的程序、方法和步骤。

组织能力水平较高，重视资源的高效利用和挖掘，具有积极主动地影响他人的意识，能有效地授权下属协助解决问题，并考虑到下属的经验与能力。

在控制方面偏弱，在事情的进展中不够主动，对所采取的方案、行动或措施的后果估计不足。

（3）个性特点。具有温和、踏实的特点，注意与他人建立并保持和谐友好的人际关系。合作意识强，工作中力求认真踏实地按上级指示办事。对于工作过程中遇到的困难和挫折能积极主动地去应对，情绪很稳定。

相对来说，思维的开放性不够，工作思路不够开阔。

（4）民主测评。全司共有23人，其中17人对刘强晋升表示赞同，6人未推荐他。在17人的赞同票中，4人认为他担任正职不太合适。

（5）考核评价。该同志政治立场坚定，工作中严于律己，宽以待人，从不计较个人得失。

该同志经验丰富，为人正直、坦诚，有责任感，工作兢兢业业、认真细致，行事稳重。对于领导安排的事和临时交办的任务能保质保量地完成。注意对外沟通和协调，在工作交往中，与部委内的有关司局以及中国人民银行、财政部等有关部门建立了良好的工作关系。

不足：① 工作中缺乏新思路，创新性略显不够。② 群众反映刘强同志有时因为怕得罪人而不敢坚持自己的工作决策。

（6）近期工作业绩。在担任法规处副处长期间，能积极地配合处长开展工作。近两年来，起草了100多万字的各项经济政策法规（初稿）、报告、文件等文字资料。2020年和2021年连续两年被评为优秀工作者。

候选人二

个人履历

姓 名	李飞虎	性 别	男	年龄（岁）	35	学 历	硕士	专 业	劳动经济
应聘职位	综合处处长	现所在部门及职务		政策法规司调研处副处长					

2003—2007 年	西安交通大学管理系—学生
2007—2011 年	西安飞机制造公司—管理人员
2011—2013 年	中国人民大学劳动人事学院—研究生
2013—2014 年	政策法规司发展政策处—科员

2014—2017 年　　　政策法规司调研处—主任科员

2017—2021 年　　　政策法规司调研处—副处长

（1）笔试成绩。基本能力测试（满分 100 分）是 90 分，说明逻辑推理能力很强，思维反应敏捷，分析问题的能力强。

申论（满分 100 分）是 70 分，具有较好的概括分析能力、解决问题的能力和写作能力。

（2）面试评价。综合分析能力强，在日常管理中，能从纷乱的现象中发现问题的本质和造成问题的症结，并在综合判断分析的基础上权衡各种问题解决方案的后果，做出选择。

计划能力很强，行事通常有明确的目标，并设计实现目标的程序、方法、步骤，为目标的实现准备必要的条件。善于区分事情的轻重缓急，以求高效率。

组织能力一般，能根据任务来分配资金、人员和物质条件，但在调动部属的积极性方面偏弱。

在控制方面，积极争取主动，预留余地，注意了解所采取的方案、行动或措施的后果，注意监控事情的进展。

在协调各种矛盾和冲突方面比较弱，合作意识不够，不积极主动地协调下属间的团结，不注重团队精神的建立与维护。

（3）个性特点。性格开朗，待人热情。注重现实，行事喜欢按计划来进行，原则性很强。通常对于自己所看好的工作会全力以赴地去完成。分析问题比较理智，并倾向于依据自己的经验来解决问题。

相对来说，情绪控制能力略显不足，有时会大发雷霆。

（4）民主测评。全司共有 23 人，其中 14 人对李飞虎晋升表示赞同，9 人未推荐他。

（5）考核评价。该同志注重理论学习，能认真贯彻执行党和国家的方针政策，在政治上与党中央保持一致。他对国家的宏观经济政策和部委内的具体规章制度，有较深刻的认识和理解。

该同志开拓进取，事业心强，工作中努力钻研业务，富有成效。思维开放，善于接受新事物，注意业务领域的发展动向。面对改革中出现的新问题，他多次提出了有创新性的工作思路，得到了有关领导的大力赞赏。

不足：① 协调能力略显不够。② 群众反映其口头沟通能力较差。③ 由于脾气不太好以至于与个别同事关系紧张。

（6）近期工作业绩。在担任调研处副处长期间，能针对计委工作面临的问题创造性地开展调研，他撰写的几项重要研究报告对部委的有关工作提出了建设性的意见，得到部委领导班子的一致肯定。2020年被评为优秀工作者。

面试答辩问题

假如应试者倾向选刘强，则面试问题为：

（1）你觉得作为该部委综合处的处级干部，关键的素质要求是什么？

（2）政策法规司综合处的很多工作是需要有工作思路的，而刘强在工作中缺乏创新，他如何能保证综合处工作的质量？

（3）据群众反映，刘强有时怕得罪人而不敢坚持自己的工作决策，这样如何能保证工作的客观公正？

（4）在民主测评中，尽管刘强的赞同票（17票）比李飞虎（14票）高，但在刘强的赞同票中，有4人认为他担任正职不大合适，对此你怎么看？李飞虎也很合适，为何不推荐他？

（5）假如你们在政策法规司的司务会上讨论综合处处长的人选时，另外两位副司长都推举李飞虎，你怎么办？

假如应试者倾向选李飞虎，则面试问题为：

（1）你觉得作为该部委综合处的处级干部，关键的素质要求是什么？

（2）综合处处长需要做很多协调工作和文字工作，而李飞虎的协调能力较弱、写作能力一般，他如何能保证综合处工作的正常开展？

（3）李飞虎的情绪控制能力比较差，而综合处的工作需要承受压力、遇事需冷静分析，他这样怎么能胜任工作？

（4）在民主测评中，刘强的赞同票（17票）比李飞虎（14票）高，而且刘强连续两年被评为优秀工作者，你没选他主要出于什么考虑？

（5）假如你们在政策法规司的司务会上讨论综合处处长的人选时，另外两位副司长都推举刘强，你怎么办？

测评要素

根据这个背景性面试的情况，可以考察以下六个方面的测评要素：综合分析能力、判断决策能力、协调技能、人职匹配技能、言语沟通能力、人格魅力。

9.2.3 以录像资料为背景的情境模拟面试案例

当背景性面试中的背景资料是录像资料时,就称为以录像资料为背景的情境模拟面试。这里给出一个实际面试案例。

案例背景

某企业集团聘请招聘专家为其下属百货公司选拔总经理。在最后阶段,招聘专家对一路过关的四位候选者使用了情境模拟面试的方式。四位候选者被安排同时观看一段录像,录像内容如下。

画面呈现出一座小城市,画外音告知这是一个中等发展程度的小县城。镜头聚焦于一家百货商场,时间显示当时是上午9点30分。这时,商场的正门入口处出现了一位身高1.8米左右、穿着夹克的年轻小伙子。他走进商场,径直走向日用品柜台,对一位30多岁的女售货员(你的员工)说:"买一块香皂。"女售货员说:"2元8角。"小伙子便掏出一张100元的人民币,女售货员找他97元2角。

上午10点,一位矮个子青年走进商场,对女售货员说:"买一支牙刷。""什么牌子?"女售货员问。矮个子青年用手指了指其中的一种,女售货员说:"3元2角。"于是矮个子青年取出一张10元的人民币并递给了女售货员,女售货员给矮个子青年一支牙刷并找回6元8角。此时,矮个子青年突然急了:"我给你100元,你怎么才找我几块钱呀!"女售货员吃惊地说道:"你给我的明明是10元呀!"矮个子青年显得很恼火地说:"我给你的就是100元,快给我找钱,我还有急事要办。"女售货员也急了:"你这人也太犯浑了,非得把10元说成100元,你想坑人啊?"

这时周围已经聚拢了十几位买东西的顾客。矮个子青年向周围的人说:"大家瞧瞧,这是什么服务态度,你们经理呢?我要找你们经理。"

这时你正好从楼上走下来,看到这边有人围观,便走了过来。看到经理过来,女售货员委屈地向你告状:"经理,这个人蛮不讲理,他明明给我的是一张10元的,硬说是100元的。"你首先安慰了女售货员,并了解了事情的原委。女售货员说今天就没收几张100元的,有个高个子青年给了她100元,他买的是香皂。然后,你转身很礼貌地对矮个子青年说:"很不好意思出现这种事情,你能告诉我事情的真实情况吗?"矮个子青年也把事情的经过描述了一遍。你便对矮个子青年说:"根据我的长期了解,女售货员并不是那种常说谎和不负责任的人，当然，我同样相信你也不是那种找碴儿的人，所以为了弄清真相，我能否问你，你有什么证据表明你拿的是一张100元的？"小伙子眼睛一亮，说道："证据？哦，对了，我昨天算账的时候，在这张100元的右上方用圆珠笔写了2888四个数字。"于是，你立即让女售货员把收银柜中的所有100元拿出来，结果果然有一张100元上写了2888。这下，矮个子青年更来精神了，冲着人群喊道："那就是我刚才给的100元，那个2888就是我写的，不信，可以验笔迹。"

这时人群开始骚动，人们开始表现出对商场的不满，有的人甚至开口骂女售货员……

面试问题

作为商场的总经理，你如何应对当时的局面？作为总经理，你将如何善后？

考察要素

理解能力——正确理解事件背景与问题。

洞察力——洞察整个事件的本质。

全局观——"顾客至上"的理念及其贯彻。

道义感——对社会上反诚信现象的态度。

应变能力——巧妙、灵活地采取一些应对措施。

应试者答题分析

情境模拟面试应用于人才选拔是基于心理学家勒温的著名公式 $B=f(P×E)$。这个公式的意思是说：一个人的行为（Behavior）是其人格或个性（Personality）与其当时所处情境或环境（Environment）的函数。换句话说，候选者面试时的表现是由他们自身的素质和当时面对的情境共同决定的。如果面试官能够恰当地选择情境并保证情境对不同候选者的一致性，那么，不仅可以诱发候选者的相应行为，而且能够说明候选者行为的不同是由其素质不同所致的。本案例中的情境模拟面试旨在选拔集团公司下属的百货公司总经理，选择录像情境非常恰当，同时由于四位候选者同时观看录像且问题一致，因此，整个选拔程序的设计是公平合理的。面试问题的设置在于考察候选者的快速决策能力，由于允许他们有10分钟的准备，因此，也能够检验他们对问题分析的深度。

第一位候选者答案的大意是：他首先向那位小伙子道歉，承认他的下属工作失误，然后当众批评女售货员，并如数找给小伙子96元8角。这样做的理由是，90多元钱是小事，影响正常营业、损害公司形象是大事。事件持续的时间越长，对百货公司越不利。至于女售货员所受到的委屈，可以在事后进行心理上的安抚。

这位候选者的优点在于能够从公司大局出发，分清轻重缓急，具备作为公司总经理的基本思维素质。但是，这种做法没有负起道义上的责任。

第二位候选者答案的大意是：她首先诚恳地向那位小伙子和在场的顾客道歉，因为她手下的员工出言不逊，冒犯了顾客。她也主张将96元8角当场如数找给小伙子，但并不是承认自己的员工搞错了，而是奉行"顾客永远是对的"这一理念。并向在场的顾客承诺将继续追查此事，如确系售货员失误则要从严处罚，同时向当事人承认错误并赔偿。另外，她还诚恳地要求小伙子为配合百货公司的工作，留下联系方式。

这位候选者的优点与第一位相似，但较为主动一些。在无法立即判断孰是孰非之际，突出"顾客永远是对的"这一理念，让顾客明白，百货公司做让步性决策的前提是对顾客的热爱。但是，这种做法仍然没有负起道义上的责任。

第三位候选者答案的大意是：他认为只要他在那位小伙子耳边说上两句话就行了。他的话是："哥儿们，请跟我到后面看一看，我们有内部录像系统。"他的理由是，整个事件明显是欺诈，对付欺诈的手段就可以以毒攻毒，让其知难而退。

这位候选者的优点在于有较强的道义感，对恶势力采取针锋相对的措施。但是，他犯了一个大忌，就是职业经理人应以诚信为本。"内部录像系统"在"中等发展程度的小县城"里的百货公司中是绝对不可能有的。候选者如果没有意识到"中等发展程度的小县城"，便是信息管理能力方面的欠缺；如果意识到了，便是"以诈还诈"了。

第四位候选者答案的大意是：他要当众揭穿骗子的伎俩，并与公安部门相配合对之进行打击。他首先私下吩咐保安人员报警，然后向小伙子发问："您确定您支付的是100元，而不是10元，是吗？"得到认可后进行推理："既然您支付的是100元，上面又写有2888，那么这张钱上应该有您的指纹。既然您没有支付10元，那么，收银柜内今天收到的所有10元纸币上就不会有您的指纹。如果经查证有一张10元纸币上有您的指纹，又如何解释呢？"

这位候选者的最大优点在于对问题分析的深刻性，他敏锐地抓住了诈骗者逻辑上的盲区，当场予以揭穿是有震撼力的。从道义的角度上讲，也是完全可以理解的。然而，作为职业经理人，"得理也饶人"是一大招财秘诀。何况女售货员在有理的情况下也不该出言不逊。因此，如果这位候选者在识破骗局的同时，又不忘向当时的顾客群体展示亲和力，那么效果会更好。

总而言之，案例中情境模拟面试的试题旨在考察候选者的三层素质：洞察力、全局观和道义感。

9.3 工作模拟面试

9.3.1 工作模拟面试的概念

工作模拟面试也是情境模拟面试的一种方式。所谓工作模拟面试，是指通过模拟目标职位的典型工作任务情境，让应试者在真实的情境中扮演特定的角色，围绕特定的任务去收集信息和处理信息，并形成文字报告，最后接受面试官的提问，从而可以有效地考察应试者的综合分析能力、逻辑思维能力、组织协调能力、解决问题能力等。例如，笔者曾经给一个单位招聘高级管理人员设计这样的工作模拟面试：在选拔的最后一个环节，给每名应试者一周时间，在这段时间里他们可以找这家单位的任何人（从高层决策者到普通员工）了解情况，至于了解什么、问什么问题、怎么沟通完全由应试者自行决定，但要求每名应试者提交一份关于这个单位存在的问题及个人对策建议的报告，面试官小组将就此报告中的有关问题对应试者进行提问。

9.3.2 工作模拟面试的特点

工作模拟面试与背景性面试的根本不同在于，背景性面试中的"背景"是应试者阅读文字资料描述的情境或者观看录像资料描绘的情境，而工作模拟面试中的"情境"是应试者直接面对模拟工作情境，其共同特点是应试者最后都必须就与情境相关的主题回答面试官的提问。

工作模拟面试具有以下几个优点。

（1）真实性。在工作模拟面试中，由于面试情境是实际工作情境的典型代表，应试者亲临实际工作情境去收集资料和处理信息，就像已经开始工作一样真实。

（2）直接考察实际问题解决能力。工作模拟面试将应试者直接放到工作情境中，应试者如何分析问题和解决问题会在情境中直接表现出来。例如,某市场管理部门在人员招聘时就可以采用这样的工作模拟面试:要求应试者利用一天时间去一家大型蔬菜批发市场调研,并写出调查报告,接受面试官面试。

早上7点30分,应试者统一乘车前往某蔬菜批发市场工商所会议室,集体听取有关人员对市场基本情况的介绍。应试者可以做笔录,但不得录音。

8点30分,应试者就地解散,分头到市场自由采访、考察。买主和卖主,批发商和小贩,职业倒爷和菜农,本地人、外地人和外国人,开大卡车的、蹬三轮车的、骑摩托车的,鱼贩子、肉贩子、牛羊贩子、海鲜贩子、菜贩子,因塞车吵架的、因争摊位发生口角、讨价还价的、没事闲逛的、收税的、打扫卫生的,包括维持秩序的交警、巡警都成为应试者的采访对象,商品的品种、质量、价钱、产地、运输、储存保管、成交量、损耗,还有度量衡、治安环境、税费等都在应试者的关注之列。

11点30分,应试者统一乘车到一所学校食堂吃盒饭,然后原地休息。其间任何人不得动笔。下午1点整开始撰写调查报告,5点完成。

第二天,面试官就调查报告中的有关问题对应试者进行逐一提问。

显然,应试者的市场调研能力、发现问题并解决问题的能力,可以在调查报告和面试答辩中得到很好的体现。

(3)能动性。应试者在工作模拟面试中,如何观察情境、收集资料和分析资料,完全由自己决定,个人发挥的空间很大,能动性可以得到充分发挥,不同应试者的表现也因此很不一样。

工作模拟面试也有一些缺点,突出表现在以下两个方面。

(1)面试实施成本很高。由于工作模拟面试是在真实的模拟情境中进行的,面试的实施成本非常高,同时,单位的管理层还得配合应试者的模拟活动,有时还会影响到正常工作的开展。

(2)标准化程度不高。由于每名应试者在工作模拟面试中的所想所感不同,对他们的面试提问也会千差万别,标准化程度不高。

9.3.3 工作模拟面试案例

下面是笔者曾经为某市提供测评服务的一个工作模拟面试案例。

项目背景

S市是我国东北某省的一个小城市,与俄罗斯滨海边疆区接壤,常住人口10万人。S市作为国际通商口岸,是我国经俄罗斯通往日本海的陆海联运大通道,也是我国参与东北亚国际区域经济分工与合作的重要"窗口"和"桥梁"。

改革开放以来,S市按照"以贸兴业,富民强市,建设现代化国境商都"的总体发展思路,充分发挥地域优势和政策优势,不断扩大对外贸易。2020年S市对外贸易额实现700亿美元,占全省对俄贸易总额的2/3以上,进出境旅游人数占全省人口的一半,连续三年进入国家统计局评出的百强县(市)。2021年前三个季度的贸易总额已经达到了去年全年的总额。当然,S市的进一步发展也面临着挑战,内地城市的对外贸易竞争、边贸优惠政策的弱化、银行授信额度的限制等多个方面的因素都制约了S市的快速发展。

为了应对上述挑战,该市决定面向全国公开招考八位正局和副局职位的人员,各招聘职位的基本能力要求如下所述。

市招商局局长:通晓国家、省和地方与招商有关的法律法规和方针政策,了解国内招商引资情况,能够依法行政,善于灵活变通地运用和执行有关优惠政策;分析概括各种经济活动和经济信息的能力强,善于抓住主要矛盾和工作重点,善于在激烈的竞争中找准比较优势,对招商引资优惠政策、重大招商项目、重大招商活动具有较强的超前研究、论证和组织策划能力;具有较强的协调沟通和语言表达能力,能够协调好各相关单位以及其他各方面的关系,保证招商工作的顺利开展。

市中俄贸易综合体管理委员会副主任:熟悉党的重要方针政策,掌握对外贸易和经济技术合作等相关知识,熟悉外贸法、合同法、海关法、土地法等相关法律法规,具有扎实的理论功底和宽广的知识面,有较强的政治和政策水平;具有较强的调查研究、综合分析和判断预测能力,善于将调查来的材料进行系统的综合分析研究,形成调查结论,写出书面报告,调查报告有针对性、客观性、政策性、可读性;善于抓住主要矛盾和工作重点,在调查中善于发现正反两方面的经验,有超前的研究能力,并及时提出相应对策,为领导决策提供依据;有较强的文字、语言表达能力。

市重大课题研究组副组长:熟悉市场经济理论,掌握市场经济运行规则,了解俄罗斯远东和东北亚经济概况,具有扎实的理论功底和宽广的知识面,有较强的政治和政策水平;具有较强的独立研究课题的能力和创新思维能力,善于调查研究和系统综合分析，能结合沿边开放城市的具体实际，在开放升级、产业布局和搭建对外经济技术合作平台等方面有独到见解，能针对经济运行中的问题，提出调控措施；善于和有关部门、单位联系沟通，赢得支持，为调研工作的顺利开展打好基础。

市外经贸局副局长：熟悉国家、省和地方与对外贸易、经济合作、外商投资有关等方针政策及有关法律法规，通晓WTO知识和规则；能够组织策划相关知识培训，并提供业务指导和咨询服务；了解对外贸易发展情况，能够依法行政，善于灵活变通地运用和执行有关优惠政策；具有较强的调查研究、综合分析、判断预测能力；能够及时概括分析国际经贸和我市对外贸易情况，善于抓住主要矛盾和重点工作，善于在激烈的竞争中找准比较优势，对全市外经贸的中长期规划和发展战略、外商投资发展战略和中长期规划、重大投资项目、重大经贸活动具有较强的超前研究、论证和组织策划能力；具有较强的协调沟通能力，能够积极争取项目、资金和优惠政策，协调好与工商、财政、税务、金融、海关等相关部门，我市驻外及域外驻我市官方和企业商务机构的关系，解决国内外投资企业的有关问题，处理重要经贸事务的能力强。

……

测评手段

所有应试者经过笔试（综合知识和申论），按每个职位1∶10的比例进入文件筐测试和结构化面试，最后每个职位有两位候选人进入工作模拟面试。

工作模拟面试过程

在工作模拟面试中，入围者结合报考职位要求进行为期半个月左右的调研，调研主题可以自由选择。在调研过程中，调研什么、怎么调研完全由候选人自行决定，全市各级领导对候选人的调研将予以积极配合，包括市长和各局局长在内的领导可以随时接受候选人的采访。半个月后，每位候选人需要拿出调研报告，要求结合自己竞聘的职位阐述现存的问题、打算怎么干和个人优势等。

竞聘工作领导小组会将各位候选人的调研报告提前送给答辩委员会所有专家进行审阅，并让专家针对每份调研报告提出问题。然后组织召开调研答辩会，每位候选人有15分钟的时间进行演讲。演讲结束后，主持人提出专家小组事先拟定的五个问题，要求候选人逐一回答，但回答顺序由候选人自由决定，时间为20分钟。最后，答辩委员会的专家还可以有针对性地进行现场提问，根据候选人的答辩情况进行评价，并当场民主推荐。

推荐结果按百分制核算分数，从高到低排序。

工作模拟面试可以很好地测试候选人的实际工作能力，包括提出问题、分析问题、研究问题和解决问题的能力，同时还可以给面试官提供非常丰富的问题解决思路和方案，给相关部门领导今后实际开展工作带来很多启发。当然，这种方式付出的代价也是比较大的。相关部门领导需要付出大量的时间和精力投入此事，同时，答辩前后还需要邀请多位专家对调研报告进行审阅，其程序很像硕士、博士论文的答辩。在越来越强调智力引进的今天，这种方式可以带来很多有益的工作思路。对于高层次人才的引进，这种方式不仅有利于选拔合适的人才，而且对没有录用的人才也能起到"不求所有，但求所用"的效果。

第10章
集体面试：无领导小组讨论

集体面试的威力

某市经济技术开发区在每年的管理人员招聘中，通常只采用传统的结构化面试方式。随着应试者对这种面试方式越来越熟悉，传统试题越来越难以有效地区分他们，而当地的命题力量和命题水平又很有限。因此，近年来当地用人单位引入了集体面试——无领导小组讨论，所有通过笔试的人员都必须参加结构化面试和无领导小组讨论两种测试。

在笔者担任主面试官的一组面试中，有名应试者在结构化面试中表现很好，不仅语言表达流畅，逻辑思维清晰，分析能力强，而且组织管理意识和人际沟通能力强，深得当时在座的用人单位面试官的赏识。在接下来的无领导小组讨论中，该应试者依然表现出很强的综合分析能力与主动沟通意识，但在遇到同组人员有对立意见时，他竭尽全力试图说服对方，结果未能奏效，但他还是坚决反对，导致小组无法完成任务。而且当观点有冲突时，他的行为表现有点儿失态，情绪激动，多次出现侮辱对方人格的言辞，让我们面试官也大吃一惊。最后，我们认为这样的应试者不宜担任开发区的管理人员。

本案例告诉我们，无领导小组讨论具有单一的结构化面试所没有的独特优势，是结构化面试的有效补充。由于无领导小组讨论在招聘实践中的独特功效，经常有人力资源管理者问笔者能否只用无领导小组讨论而不用传统面试，笔者的意见是尽量两种都用。如果只用一种方式，那么一定要用传统面试而不用无领导小组讨论，因为无领导小组讨论常常不能有效地考察小组内的某些应试者（如性格内向、话语不多的人），而传统面试能公平而全面地考察每名应试者。

10.1 什么是无领导小组讨论

在传统面试方式中，通常都是一位或多位面试官针对一名应试者进行面试。而在集体面试中，面试官要对多名应试者同时进行面试。在集体面试中，可以有集体案例讨论、角色扮演、有领导小组讨论、无领导小组讨论等多种方式，而其中最常用的便是无领导小组讨论。所以，本章通过介绍无领导小组讨论这种面试方式，让大家了解集体面试的试题设计、组织实施以及面试评价技术。

无领导小组讨论是评价中心技术中经常采用的一种测评技术。其操作方式就是让一定数量的一组应试者（一般是 5~7 人）在既定的背景之下或围绕给定的问题展开讨论，这个讨论一般要持续一小时左右。所谓无领导，是指参加讨论的这一组应试者在讨论的问题情境中的地位是平等的，其中并没有哪个人充当小组的领导者，而评价者或主面试官并不参与讨论的过程，他们只是在讨论之前向应试者介绍一下讨论的问题，给应试者规定所要达到的目标及时间限制等。无领导小组讨论的目的主要是考察应试者的组织协调能力、影响力、人际交往的意识与技巧、对资料的利用能力、辩论说服能力及非言语沟通能力（如面部表情、语调、语速、手势、身体姿势）等，同时也可以考察应试者的自信心、进取心、责任感、灵活性及团队精神等个性方面的特点及风格。

10.1.1 无领导小组讨论的特点

1. 无领导小组讨论的优点

首先，无领导小组讨论能够提供给应试者一个充分展现其才能与人格特征的舞台。应试者能够在一种动态的情境中充分地表现自己的真实行为，从而有利于面试官对应试者进行客观而全面的评价。

其次，无领导小组讨论明显优于其他面试方式的一个方面是，它提供给应试者一个平等的相互作用的机会。在相互作用的过程中，应试者的特点会得到淋漓尽致的体现，同时也给评价者提供了在与其他应试者进行对照的背景下对某名应试者进行评价的机会。

最后，无领导小组讨论可以同时考察若干名应试者，并且应用的领域比较广泛，操作起来比较灵活。

2. 无领导小组讨论的缺点

无领导小组讨论的一个突出缺点是，基于同一个背景资料的各个不同的小组讨论的气氛和基调可能完全不同。有的小组气氛比较活跃，比较有挑战性，有的小组气氛则比较平静，节奏比较缓慢，甚至显得死气沉沉。一名应试者的表现会过多地依赖于同一小组中的其他应试者的表现。一个健谈的人当遇到了一些比他更活跃的应试者时，反而会让人觉得他是比较寡言的；一个说服力不太强的人在一个其他人更不具说服力的群体中，反而会显得他的说服力很强。这就导致了无领导小组讨论的另一个缺点，即绝对评价标准与相对评价标准的混淆。

另外，无领导小组讨论对讨论试题的要求较高，试题的好坏直接影响了对应试者评价的全面性与准确性。这种方式对评价者的要求也较高，评价标准相对不易掌握。

最后，应试者由于知道评价者在观察自己的表现，所以在无领导小组讨论中应试者也有做戏、表演或伪装的可能性。

10.1.2 无领导小组讨论的类型

1. 无情境性的无领导小组讨论和有情境性的无领导小组讨论

根据讨论背景的情境性，可以将无领导小组讨论分为无情境性的无领导小组讨论和有情境性的无领导小组讨论。

无情境性的无领导小组讨论一般是让应试者就一个开放式问题展开讨论，阐述自己的观点并试图说服别人。一般会要求应试者在规定的时间内得出一个一致性的结论。

无情境性的无领导小组讨论样例

请你仔细阅读下面的材料。

德国巴特瓦尔德塞的国际综合经营管理学院的汉斯·戈延格教授说："21世纪企业家的兴衰取决于他们的领导力量。他们面临的任务是非常艰巨的。"强调企业领导者对这些要求做好准备，积极地适应新局势。戈延格教授认为，欧洲、日本和美国一些大型企业已起到了先锋作用。他认为，21世纪的领导者应具备以下十项条件。

- 视野开阔，具有全球性眼光。
- 要向前看，具有前瞻性视野。
- 将远见卓识与具体目标结合起来。
- 适应新的形势，具有不断变革的能力。
- 具有较强的协调、沟通能力和知识。
- 具有管理各种不同人物和各种不同资源的能力。
- 具有不断改进质量、成本、生产程序和新品种的能力。
- 具有创造性管理的才能。
- 善于掌握情况，通晓决策过程。
- 具有准确的判断力，富于创新精神并能带动社会变革。

本次讨论大家要解决的任务是：结合企业管理实际以及你们对领导者素质要求的理解，请从上述十项条件中选出两项你们认为最重要的条件和两项最不重要的条件，并给予详细的理由说明。

讨论要求：

- 每个人都必须参与讨论发言，但每次发言不要超过 3 分钟；
- 总的讨论时间为 50 分钟；
- 欢迎个人表述不同见解，但最后必须就主题达成一致意见，即得出一个小组成员共同认可的结论，并能给予充分的理由；
- 讨论结束之前必须选派一名代表来汇报你们的结论；
- 到了规定时间，如果还不能得出统一意见的话，则在你们每个人的成绩上都要减去一定的分数。

好！现在开始。

有情境性的无领导小组讨论是将应试者置于某种假设的情境中，让他们从情境所要求的角色的角度去思考某个问题，寻找解决问题的思路和办法。

有情境性的无领导小组讨论样例

新迪公司是一家生产电子仪器仪表的小公司，由于经营状况不佳，现在面临着一个严重问题：裁减员工。这是比较困难的问题，因为这家公司从未裁减过员工，公司向来以公平对待员工著称。但现在由于形势所迫，总经理不得不找来几条生产线的工长，讨论并排出七名员工的裁员顺序。

表 10-1 是拟裁减员工的情况介绍。

表 10-1　拟裁减员工的情况介绍

员工简况	个人排序	小组排序
A：男，34 岁，已婚，两个孩子。已在该公司任职七年，工作表现良好，在员工中威信较高，但在过去一年中常有缺勤和迟到现象		
B：男，35 岁，已婚，一个孩子。在该公司任职将满两年，头脑灵活，能吃苦，爱钻研，技术掌握得很快，有一定的专业水平		
C：男，30 岁，被认为该生产线的尖子技术工人。偏内向，喜欢独处，不善交际，同事关系不佳		
D：男，24 岁，未婚。已在该公司工作三年，表现良好，与同事关系不错，正被公司考虑送出去培训以提高技术，作为将来的技术骨干力量		
E：男，33 岁，已婚，两个孩子。妻子前不久失业。已在该公司工作 5 年，工作表现良好又稳定，曾经被公司选送出去接受培训。但最近常常公开表示对公司的不满		
F：男，49 岁，已婚，三个孩子。自该公司成立以来，一直在公司工作，曾为公司做出过不少贡献。近年来对公司有些抱怨，并有酗酒现象，因此影响了工作。清醒时，工作还不错		
G：女，30 岁，离婚，两个孩子。在该公司工作五年，工作完成得较好，因生活比较困难，情绪不太稳定，曾因待遇问题与主管发生过争执		

现在假定你们就是各条生产线的工长，请你们按照裁减的顺序，将第一个应被裁减的员工排在第一位，第二个应被裁减的员工排在第二位，依次全部排出顺序。

请大家先熟悉这些员工的情况，排出自己确定的裁员顺序，同时写出自己排序的简单理由，然后进行小组讨论。

要求：

（1）讨论时间为 45 分钟。请大家充分利用时间。

（2）每个人都要发言，表述观点并提供理由。

2. 定角色的无领导小组讨论和不定角色的无领导小组讨论

根据是否给应试者分配角色，可以将无领导小组讨论分为定角色的无领导小组讨论和不定角色的无领导小组讨论。

定角色的无领导小组讨论是指在讨论的过程中给每名应试者分配一个固定的角色，其要履行这个角色的责任，完成这个角色所规定的任务。

这个例子是关于几个城市申办全国大学生运动会的问题。参加讨论的六个人分别代表的是六个竞争城市负责这项工作的领导（每个人的角色是随机分配的）。当你成为某个候选城市的申办代表，你会拿到一些关于这个城市及其大学的情况介绍，然后根据自己的优势与其他人进行竞争，争取申办权。

不定角色的无领导小组讨论是指在讨论的过程中并没有给应试者分配一个固定的角色，其仅仅是阐述自己的观点或充当小组中的一个与其他人没有什么差别的成员。例如，前面介绍过的"无情境性的无领导小组讨论样例"和"有情境性的无领导小组讨论样例"就是不定角色的情况。

3. 竞争性的、合作性的和竞争与合作相结合的无领导小组讨论

根据小组成员在讨论过程中的相互关系，可以将无领导小组讨论分为竞争性的、合作性的和竞争与合作相结合的三种形式。

在有些无领导小组讨论的情境中，每个小组成员都代表他们各自的利益或他们各自从属的群体的利益，小组成员之间的目标是相互冲突的，并且往往存在对某些机会或资源的争夺的问题。这样的无领导小组讨论就是竞争性的。

在有些无领导小组讨论的情境中，要求小组成员之间相互配合来共同完成某项任务。每个小组成员的成绩都依赖于合作完成这项任务的结果，同时也取决于他们在合作完成这项任务的过程中所做的贡献。这样的无领导小组讨论就是合作性的。

告诉应试者，他们负责所在单位新员工的培训策划工作，在规定的时间内，要求他们提交一份关于培训的形式、内容和经费预算情况的报告。

有的无领导小组讨论中既包含竞争的成分，又包含合作的成分。这种无领导小组讨论的实施方式一般是将一个大组又分为两个或几个相对较小的组，在小组内部，成员的行为是合作性的，而小组之间是竞争性的。

例如，在很多时候，我们让应试者讨论一个两难问题，就像辩论中那样，由抽签决定每一方所持的观点。所不同的是我们并不是让他们去辩论，而是让他们两组自己展开讨论，时间一般为45分钟。然后让各组各派一名代表发言，阐述本组的观点。

10.2 无领导小组讨论题的设计

10.2.1 无领导小组讨论题的设计要求

1. 讨论题的具体要求

（1）讨论题的内容要求。讨论题在内容上有两个方面的要求，一是讨论内容能够反映出应试者的有关素质；二是讨论题应与拟任岗位相适应。例如，讨论题的选材直接源于实际工作，突出其现实性和典型性，这样不但能考察应试者在一些人际互动方面的素质，也能考察应试者从事拟任岗位的胜任力和适合度。当然，有时无领导小组讨论的目的仅在于测量应试者的一些基本素质（如应届大学生的招聘），则可以用一些和具体岗位无关的问题。

（2）讨论题的难度。无领导小组讨论的重点是讨论过程而非讨论结果，通过观察讨论过程中应试者的表现评价其各方面的能力素质。这就要求讨论题有一定的难度。

为了让应试者能够讨论和争辩起来，讨论题一定要具体明确，让应试者有可发挥的余地。讨论题的结论不能过于简单，更不能显而易见，使大家的意见"一边倒"，形成"天花板效应"。也就是说，在每个案例的分析中，均有几种可供选择的方案，每种方案均有利有弊，以便让应试者的主观能动性得以充分发挥，讨论之中仁者见仁、智者见智。另外，讨论题也不能过难，使应试者无法讨论下去，形成"地板效应"。

（3）指导语的基本要求。讨论题都应有指导语，面试官根据指导语可以实施无领导小组讨论，而应试者从指导语中可以完全明白自己在无领导小组讨论中的具体任务和目标要求。通常指导语包括以下几个部分。

1）提供讨论情境的背景信息，包括讨论的主题及其整个背景、应试者的角色等。

2）明确应试者在讨论中完成的任务，包括个人的任务（如在答卷纸上独立写出自己对问题的看法和理由）和小组的任务（如达成一致的意见并派人向面试官小组汇报）。

3）规定无领导小组讨论的具体步骤和要求，包括实施程序和有关要求，如要求应试者首先轮流阐述自己的观点，然后进行自由讨论，每人每次发言时间不能超过3分钟，等等。

4）规定讨论的时间限制，通常总时间不超过一小时，讨论时间不超过45分钟。

2．讨论题的数量

讨论题的数量与应试者的人数有关。一般来说，无领导小组讨论的人数每组为 5~9 人。人数太少则往往讨论不起来，人数太多则每个人的表现机会太少，同时面试官也不容易观察。因此，我们建议无领导小组讨论以 6 人左右为最佳。以此测算，如果要让 30 人进行无领导小组讨论，那么分为 5 组为宜，这样至少需要 5 道讨论题。试题数量多了以后，一定要注意试题之间的难度要基本一致，否则对不同的应试者会不公平。在实践中，处理这个问题的办法有两个，一个办法是面试实施时分两个或多个面试官小组同时进行，这样对讨论题的数量要求就会降低；另一个办法是尽量将应聘同一岗位的应试者放在同一组，这样对不同组试题难度的一致性要求就会降低，也便于面试官对同一岗位的竞争者进行同时比较。

10.2.2　无领导小组讨论题的设计步骤

无领导小组讨论题的设计通常有以下六个步骤。

1．工作调研

开展工作分析，特别是岗位胜任特征分析，了解拟任岗位所需人员应该具备的特点和技能。根据岗位的具体要求和无领导小组讨论的特点，开展有关讨论题素材的收集和整理工作。

2．素材收集

收集与拟任岗位有关的素材，这可以通过查看与岗位有关的工作记录获得，必要的时候也可以通过对任职者的访谈获得更多更具体的案例。所收集的相关案例应该充分反映拟任岗位的特点，并且对应试者来说有一定的难度。

3．案例设计

对收集到的所有原始素材进行甄别、筛选，并在此基础上对素材进行加工，根据具体测试目的，设计出难度适中、内容合适、典型性和现实性都比较好的案例。

4．讨论题的编制

对所设计出来的案例进行整合，使其符合无领导小组讨论的要求。主要包括：剔除那些不宜公开讨论的部分或者过于琐碎的细节；根据所要考察的目的，补充那些所需要的内容，尤其是要设定一些与岗位工作相关又符合讨论特点的情况或问题，从而使其真正成为具备科学性、实用性、可测性、易评价性等特点的既凝练又典型的讨论题。

5．讨论题的完善

讨论题编制完成以后，如果条件允许的话，可以对与应试者相似的一组人进行测试，一则看看讨论题是否具有可行性和可操作性；二则检验讨论题能否考察出应试者的相关素质。据此，对讨论题进行进一步的修正和完善，直至达到预期的效果。当然，一定要对讨论题进行保密，否则讨论题将失效。

6．评分表的制定

最后，还要根据测评目的和无领导小组讨论的特点，给出每个评价要素的权重，对每个测评要素进行界定，并结合讨论题给出相关要素的观察要点。

10.2.3　无领导小组讨论题的形式

无领导小组讨论题从形式上来说，一般有以下五种。

1．开放式问题

所谓开放式问题，是指没有固定答案、可以有多种多样的答案的问题。开放式问题主要考察应试者考虑问题是否全面、是否有针对性，思路是否清晰，观点是否鲜明和新颖等。例如：

> 你认为什么样的领导才是好领导？

关于此问题，应试者可以从很多方面，如领导的人格魅力、领导的才能、领导的亲和力、领导的管理取向等来回答，可以列出很多优良品质。开放式问题比较容易设计，但相对来说评价比较难，因为此类问题不太容易引起应试者之间的争辩，所考察的能力范围也比较有限。

2．两难问题

所谓两难问题，是要求应试者从两种互有利弊的答案中选择其中一种。此类问题主要考察应试者的分析能力、语言表达能力及说服力等。例如：

你认为在应届大学毕业生的招聘中，专业能力与合作精神哪个更重要？

此类问题对于应试者而言，不但通俗易懂，而且不同的人看法会有差异，易引起充分的争辩。对于评价者来说，不仅在编制试题方面比较方便，而且评价应试者也比较有效。但是，编制此类问题时需要注意的是，两种备选答案必须有同等程度的利弊，不能有"一边倒"的倾向，否则就无法充分地讨论起来，达不到测评的目的。

3. 多项选择的问题

所谓多项选择的问题，是让应试者从多种备选答案中选择有效的几种或对备选答案的重要性进行排序，主要考察应试者分析问题实质、抓住问题本质方面的能力。例如：

近年来，大学毕业生人数不断增多，就业创业工作任务十分艰巨。国家鼓励大学生开展自主创业，甚至允许在校生休学创业。与此同时，我们在现实中也看到，创业难，大学生创业更难。有关调研和分析表明，影响大学生创业的因素包括多个方面，如创业启动资金不足，创业审批手续烦琐，国家鼓励大学生创业的政策落实不到位，缺乏创业指导，大学生不易找到合适的创业项目等。请你们经过讨论，从影响大学生创业的各种因素中选出最重要的三个，并提出相应的对策。

此类问题对于考察应试者的各方面能力和个性特征还是比较有利的，但要使讨论题比较有效，评价者需要在试题设计上下功夫。

4. 操作性问题

所谓操作性问题，是给应试者一些材料、工具或者道具，让他们利用所给的这些东西，设计出一个或一些由面试官指定的物体，主要考察应试者的主动性、合作能力及在实际操作任务中所充当的角色。例如：

给应试者一些材料，要求他们互相配合，构建一座铁塔或者一座楼房的模型。

此类问题在考察应试者的操作行为方面要比其他方面多一些，同时情境模拟的成分也要多一些，但考察言语方面的能力较少，同时面试官必须很好地准备所用到的一切材料，这对面试官的要求和试题的要求都比较高。

5. 资源争夺的问题

此类问题适用于定角色的无领导小组讨论。通过让处于同等地位的应试者就有限的资源进行分配，从而考察应试者的语言表达能力、分析问题能力、概括或总结能力、发言的积极性和反应的灵敏性等。例如：

让应试者担任公司各部门的经理，并将有限数量的资金进行分配。

因为要想获得更多的资源，自己必须有理有据，必须说服他人，所以此类问题可以引起应试者的充分辩论，也有利于面试官对应试者进行评价，但是对于讨论题的要求较高，即讨论题本身必须具有角色地位的平等性和材料准备的充分性。

10.3 无领导小组讨论的实施

无领导小组讨论的实施可以分为准备阶段、开始阶段、讨论阶段、汇报阶段、评价阶段五个阶段。

10.3.1 准备阶段

1. 有关材料的准备

在无领导小组讨论前，需要准备每名应试者的材料和每位面试官的材料，前者包括讨论的背景信息和讨论的主题、必要的道具、笔、答题纸等；后者包括面试官指导语、讨论题、评分表和记录用纸等。

2. 面试官的准备

（1）将面试官分组，每组5~7人，指定一人为主面试官。

（2）对面试官进行集中培训，使每位面试官熟悉所采用的讨论题，包括试题的内容、实施程序、指导语、时间限制、评价维度和评分标准等。

3. 应试者的准备

（1）将应试者分成讨论小组，尽量将报考同一岗位或相近岗位的应试者安排在同一组，每组5~9人。

（2）排出应试者参加讨论的时间表。

4. 场地的准备

场地应整洁、安静，采光良好，要有足够大的面积。应试者的座位宜围成圆桌，且便于讨论，也有利于使所有的应试者处于同等的地位。面试官的座位应与应试者的座位保持一定的距离，且便于观察。通常，面试官与应试者的位置安排如图 10-1 所示。

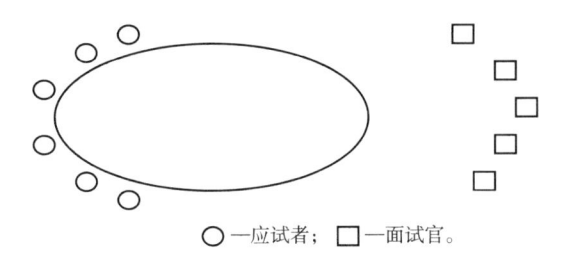

○—应试者；□—面试官。

图 10-1 面试官与应试者的位置安排（一）

这种位置安排方式既有利于应试者之间进行讨论，又便于面试官对每名应试者的行为表现进行观察。在评价中心中，若每位面试官只需观察一两名应试者的行为表现，这种情况下面试官和应试者的位置安排如图 10-2 所示。

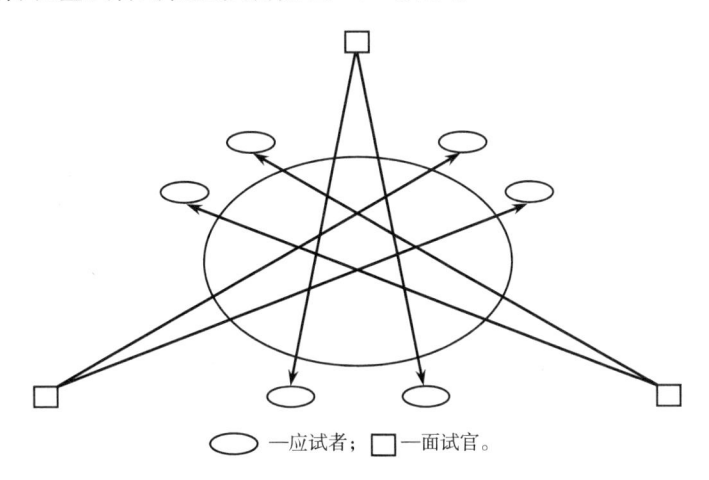

○—应试者；□—面试官。

图 10-2 面试官与应试者的位置安排（二）

10.3.2 开始阶段

1. 面试官提前入场

面试官和工作人员应提前 10 分钟进入考场，检查考场的有关准备情况，包括所需材料是否齐全等。

2. 应试者入场

应试者入场前应先由工作人员对其身份进行确认，经确认无误后，在工作人员的引导下入场。面试官根据事先排好的位置将应试者引到相应的座位上。为便于面试官观察和评价，每名应试者面前应有桌签，上面有其姓名和序号，序号按1、2、3、4、5等的顺序排列，这样面试官在评价时只需记住每名应试者的序号即可，比记住每名应试者的姓名要容易得多。

3. 宣读指导语

工作人员给每名应试者发放材料。然后，主面试官宣读指导语。指导语的样例如下。

大家好！欢迎大家参加这次讨论，讨论的主题是关于……希望你们在这次讨论中积极发言。面试官将根据你们在讨论中的表现，对你本人及小组进行评价。在你们整个讨论的过程中，面试官作为旁观者，不参与你们的讨论，由你们小组自主进行。讨论开始后，请不要再向面试官询问任何问题……

4. 应试者的讨论准备

应试者在讨论前需要用10~15分钟阅读材料，有时应试者还需要在答题纸上独自写出自己的观点，并阐述理由。在这段时间里，应试者是不能相互讨论的。表10-2给出了一个奖金分配类问题的无领导小组讨论答题纸（样例）。

表10-2 无领导小组讨论答题纸（样例）

考号：　　　　姓名：　　　　报考部门：　　　　编号：

奖金分配方案		
	排序	各部门人均奖金额由高至低依次为：
	人均奖金额	高于平均水平的部门：
		相当于平均水平的部门：
		低于平均水平的部门：
	简单理由	

10.3.3 讨论阶段

（1）主面试官宣布讨论要求，说明讨论的具体规则、时限和小组要达成的目标。在主面试官说"讨论开始"之后便可以进行自由讨论，讨论时间一般为40~60分钟。在讨论期间，小组的任务一方面是要形成一个解决问题的一致意见，另一方面是讨论结束后选派一名代表向面试官报告讨论情况和结果。

（2）应试者首先轮流发表自己的意见，然后按照要求展开讨论。通常在讨论开始时每人需要在2分钟内阐述自己的观点，在紧接着的讨论中，每人每次发言时间一般也不能超过3分钟，但对每人的发言次数不做限制。

（3）面试官观察和记录应试者的表现。观察可以从以下多个方面进行。

- 每名应试者提出了哪些观点？
- 当他人的观点与自己的观点不符时是怎样处理的？
- 应试者是否坚持自己认为正确的观点？
- 应试者提出的观点是否有新意？
- 应试者是怎样说服他人接受自己的观点的？
- 应试者是怎样处理与他人的关系的，是否善于赢得他人的支持？
- 是否善于倾听他人的意见，是否只顾自己讲或常常打断他人的讲话？
- 是否尊重他人，是否侵犯他人的发言权？
- 当个人的利益与小组的利益发生冲突时，应试者是如何处理的？
- 是谁在引导讨论的进程？
- 是谁经常进行阶段性的总结？
- 每个人在陈述自己的观点时语言组织得如何，语调、语速及手势是否得体？

10.3.4 汇报阶段

（1）面试官宣布讨论结束，请应试者停止讨论。

（2）应试者推荐一人进行总结汇报，其他人可以进行适当的补充。

（3）面试官宣布结束，请应试者退场。

10.3.5 评价阶段

（1）面试官对自己的记录进行整理,并根据每名应试者的综合表现对他们进行评分，必要时可写出文字评价意见，最后签上自己的名字。

（2）有关人员回收面试官的评分表，并对评分进行汇总。

10.4 无领导小组讨论的结果评定

10.4.1 无领导小组讨论结果评定的原则

1．客观公正原则

面试官对应试者的评价应基于应试者在无领导小组讨论中的实际行为表现，并严格按照评价要素和评分标准进行评分。

2．全面性原则

面试官对应试者的评价应基于应试者在无领导小组讨论中的全部行为表现，不应仅根据部分行为就对应试者的表现下结论。所以，结果评定通常要在无领导小组讨论结束时进行。

3．面试官资格原则

面试官必须具备一定的资格并接受过相关培训。不具备资格的人员不论其职位高低都不能充当面试官。同时，在对具体的无领导小组讨论进行评分时，还必须有针对该讨论题的培训，以便使所有面试官对该讨论题的一切材料和问题均非常熟悉，从而保证评分的一致性。

4．过程重于结果原则

在结果评定中，面试官必须注意评价应基于每名应试者在整个讨论过程中的表现和反应（如说服他人的倾向、控制讨论节奏的能力等），而无须过多地关注应试者最终讨论的结果。

10.4.2 无领导小组讨论结果评定的测评要素

1．语言表达能力

能否清晰地表达自己的观点和思想，声音是否洪亮，用词是否准确，语言是否流畅。

2. 倾听

是否专心聆听他人的发言,能否明白他人的意思,在讨论中是否随便打断他人的发言,非言语行为是否恰当(如表情、点头等)。

3. 组织协调能力

在讨论中是否善于寻求大家观点的共同点和分歧之处,为达成小组目标主动平息小组的纷争,推动小组形成统一意见。

4. 综合分析能力

分析问题的思路是否清晰,条理性如何,是否善于抓住问题的要害,提出的问题解决办法是否具有可行性。

5. 合作意识

是否善于察言观色,与他人沟通的态度和方式是否得体,能否主动与他人达成一致。

6. 感染力

语言表述是否自信、有力,是否根据他人的反应来调整自己的行为,个人观点是否能得到小组其他成员的认可。

10.4.3 总体结果评定

为了便于面试官把握评分尺度,通常对每个测评要素的结果评定采用 10 分制的形式,在给出具体分数前可以先根据应试者的表现进行等级评定(如优、中、差)。

优(8~10 分):发言和行为表现很突出,基本没有失误,在大部分观察点上表现优异,或与大部分观察点一致性程度很高。

中(4~7 分):发言和行为表现一般,没有太多的失误,在部分观察点上表现较好,部分观察点上无突出表现,或与部分观察点符合程度不高。

差(1~3 分):发言和行为表现差,在大部分观察点上表现很不理想,或与大部分观察点描述的行为很不一致。

必须注意的是,除按要素评分法对每名应试者进行评价,在实践中还常常根据每名应试者在无领导小组讨论中的总体表现(如问题 1～问题 3),以及整个小组的总体表现

（如问题4~问题5）进行评价，后者的评价对每个小组成员都会有影响。

个人总体表现评价

问题1：此人的参与程度有多高？

应试者1　　很低　1　2　3　4　5　6　7　8　9　很高
应试者2　　很低　1　2　3　4　5　6　7　8　9　很高
应试者3　　很低　1　2　3　4　5　6　7　8　9　很高
应试者4　　很低　1　2　3　4　5　6　7　8　9　很高
应试者5　　很低　1　2　3　4　5　6　7　8　9　很高

问题2：此人对小组讨论的贡献有多大？

应试者1　　很小　1　2　3　4　5　6　7　8　9　很大
应试者2　　很小　1　2　3　4　5　6　7　8　9　很大
应试者3　　很小　1　2　3　4　5　6　7　8　9　很大
应试者4　　很小　1　2　3　4　5　6　7　8　9　很大
应试者5　　很小　1　2　3　4　5　6　7　8　9　很大

问题3：在小组讨论中此人在多大程度上显示了管理潜力？

应试者1　　很低　1　2　3　4　5　6　7　8　9　很高
应试者2　　很低　1　2　3　4　5　6　7　8　9　很高
应试者3　　很低　1　2　3　4　5　6　7　8　9　很高
应试者4　　很低　1　2　3　4　5　6　7　8　9　很高
应试者5　　很低　1　2　3　4　5　6　7　8　9　很高

小组总体表现评价

问题4：小组在多大程度上显示了竞争性/合作性？

小组1　　竞争性　1　2　3　4　5　6　7　8　9　合作性
小组2　　竞争性　1　2　3　4　5　6　7　8　9　合作性
小组3　　竞争性　1　2　3　4　5　6　7　8　9　合作性
小组4　　竞争性　1　2　3　4　5　6　7　8　9　合作性
小组5　　竞争性　1　2　3　4　5　6　7　8　9　合作性

问题5：小组的好战性/凝聚性如何？

小组1　　好战性　1　2　3　4　5　6　7　8　9　凝聚性
小组2　　好战性　1　2　3　4　5　6　7　8　9　凝聚性
小组3　　好战性　1　2　3　4　5　6　7　8　9　凝聚性

| 小组4 | 好战性 1 2 3 4 5 6 7 8 9 凝聚性 |
| 小组5 | 好战性 1 2 3 4 5 6 7 8 9 凝聚性 |

10.4.4 无领导小组讨论的计分方式

（1）每位面试官对每名应试者的每个测评要素评分。这种方式的优点是有利于对不同面试官的评价分数进行比较和汇总；缺点是对面试官的要求比较高，特别是当应试者人数较多时，面试官要同时观察多名应试者会有难度。

（2）不同的面试官对不同应试者的每个测评要素评分。这种方式的优点是面试官可以集中注意力去评价少数应试者，提高评价的准确性；缺点是由于各面试官的评定对象不同，无法比较不同面试官的评价结果。

（3）每位面试官分别对每名应试者的某几个测评要素评分。这种方式的优点是有利于面试官更好地把握测评要素的操作定义，使评分更为准确；缺点是由于人的各方面素质本来就是互相联系的，分要素评价有"只见树木、不见森林"之缺憾。

10.5 无领导小组讨论样例

这是一个比较经典的资源争夺的问题，是关于一笔奖金的分配问题。六个参加讨论的人各自代表某公司中的六个部门，同时他们也是公司报酬委员会的部门代表。在这次讨论中，他们要为自己部门的候选人争取到尽可能多的奖金。

背景信息

你是你们公司报酬委员会的部门代表，现在公司决定将一笔特殊的奖金授予工作表现出色的员工。公司的六个部门各自推荐了一名候选人，你代表的是其中的一个部门。这笔奖金的数额为 100 000 元。虽然你希望所有的候选人都能得到尽可能多的奖金，因为他们的表现都非常优秀，但公司的利益并不允许你这样做，这笔奖金只能授予一等奖一人，奖金为 50 000 元，二等奖两人，奖金各为 25 000 元。

你会得到一份关于你所代表的部门的候选人的事迹与年薪状况及其他一些情况的材料，并且你已经和候选人的主管谈过，得知他是有资格获得这笔奖金的。在报酬委员会的讨论中，你的任务是代表你的候选人去争取更多的奖金，同时帮助报酬委员会做出合理的奖金分配的决定。

报酬委员会中的其他人同样代表他们所在的部门,会努力为他们所代表的部门的候选人争取尽可能多的奖金。在讨论开始之前,有 10 分钟熟悉材料和准备的时间,然后有 50 分钟的时间用于讨论。在讨论结束的时候,必须拿出一个一致性的建议,否则,任何人都将无法得到这笔奖金。

你的目标是:

(1)为你的候选人争取尽可能多的奖金。

(2)帮助报酬委员会做出最合理的奖金分配的决定。

材料一

送审:报酬委员会

来源:李明主(市场部主管)

议题:特别奖金的授予

候选人:韩江雪(广告及展览展示设计师)

时间:2023 年 10 月 20 日

韩江雪本来就是学习美工与平面设计的,她勤奋好学,为了提高自己的工作能力,她去中央美术学院攻读在职硕士。2022 年,她为了完成硕士论文,停职留薪三个月。本来按照规定,她可以有六个月的时间用于完成她的论文,而她只用了三个月的时间,这就说明她节省了三个月的时间并把这些时间用于工作。在她停职留薪期间的那一次晋升工资,她就没有赶上。当她返回工作的时候,我就建议为她提高薪金,但上级一直没有批准。

我们公司一向主张员工不断进修,提高自己的工作能力,即便不赞成她停职去攻读学位,也没有必要用经济手段去惩罚她。而且,在韩江雪攻读学位期间,她的工作非但没有出现什么漏洞,而且取得了很多成就。例如,由她主持设计的广告取得了较好的效果;在上一次的大型博览会上,由她主持设计的展览展示得到了公司内外的一致好评。

我认为应该用这笔奖金来奖励她的勤奋与突出的成就,以及她在学术方面的发展对她工作能力的提高。

候选人的薪金情况:

目前的月薪……………………………………20 000 元

与和她同类工作的员工的工资相比……………多出 15%

其他公司同类工作的员工的月薪范围……………………10 500～40 000元
最后一次提薪的时间和数目……………………一年半以前 3 000元
最后一次奖金和数目……………………一年以前 10 000元
在本公司服务的时间……………………4年7个月
起始薪金……………………8 000元
学历……………………硕士
有关的工作经验……………………8年
下一次正常发奖金的时间……………………8个月以后

材料二

送审：报酬委员会

来源：杜晨（销售部主管）

议题：特别奖金的授予

候选人：陈鸿飞（高级销售代表）

时间：2023年10月20日

陈鸿飞在上一次提薪时是很不幸运的，与他原有的薪金相比，他的薪金只提高了很小的比例。我认为在此次特别奖金的授予中应对其给予相应的弥补。

陈鸿飞与某些重要的领导关系不太好，这也是众所周知的事实，但是，我们并不能根据这一点抹杀他工作中的成绩。他比较年轻，进入我们公司工作的时间不长，但他在工作中成长得非常快。他与公司的两个重要客户的密切关系是任何人所不能比的。去年，他所完成的销售额是最多的。他给我们公司带来了很大的利益，但最近我听说，另一家与我们竞争的公司会提供给他30 000元的月薪，为了经济利益，他很可能会离开我们公司，这样，不但会造成我们公司利益上的损失，而且我们的竞争对手还会如虎添翼。

当我与他谈话的时候，他说假如我们给他实质性地增加薪水，他会留下来。确切地讲，他的工作业绩的确很不错。在我们没有找到可以替代他的人之前，我还是主张让他留下来。

候选人的薪金情况：

目前的月薪……………………22 000元

与和他同类工作的员工的工资相比……………………中等水平

其他公司同类工作的员工的月薪范围·················20 000～50 000 元

最后一次提薪的时间和数目·························没有资料

最后一次奖金和数目·································半年以前 10 000 元

在本公司服务的时间·································1 年 5 个月

起始薪金···15 000 元

学历···大专

有关的工作经验·····································3 年

下一次正常发奖金的时间·····························一年以后

材料三

送审：报酬委员会

来源：张华文（信息中心主管）

议题：特别奖金的授予

候选人：葛文星（计算机工程师）

时间：2023 年 10 月 20 日

我们信息中心成立的时间不算很长。葛文星是这个中心成立时的缔造者之一，多年以来，他默默无闻，兢兢业业地工作。

自去年以来，由于新增了一些设备，而且信息工作的重要性也在工作中日益显露出来，葛文星作为中心技术水平最高的计算机工程师，他的任务就更加繁重起来。尤其是今年上半年，全公司的计算机联网工作，基本上都是他一个人在操办。现在我们有这样方便的计算机网络，很大程度上都要归功于他。

对于葛文星的工作繁重性和他的技术水平而言，我们给他的薪水是低的。他在工作中显示出很强的能力和责任心，这是应该受到奖励的。凭着他的技术，完全可以找到一份比这里拿到更多薪水的工作。

候选人的薪金情况：

目前的月薪···18 000 元

与和他同类工作的员工的工资相比······················非常低

其他公司同类工作的员工的月薪范围····················25 000～60 000 元

最后一次提薪的时间和数目···························一年半以前 3 000 元

最后一次奖金和数目·································一年以前 10 000 元

在本公司服务的时间……………………………3 年 2 个月

起始薪金………………………………………11 000 元

学历……………………………………………学士

有关的工作经验………………………………10 年

下一次正常发奖金的时间……………………8 个月以后

材料四

送审：报酬委员会

来源：苏越（产品部主管）

议题：特别奖金的授予

候选人：司文（高级技师）

时间：2023 年 10 月 20 日

司文是一名非常踏实肯干的员工，他在我们公司已经工作了 20 年，为公司的发展立下了汗马功劳，在员工中有很好的口碑。

作为一个有经验的技师，他不应只拿他现在这么少的薪水。我们的产品在市场上之所以能够站得住脚，很大程度上就是靠我们过硬的产品质量。司文一向致力于产品的设计和开发的工作，并且他的一项技术成果在今年年初获得了全国一等奖。

不久以前，在他的家庭中发生了一件不幸的事情，他的妻子患了不治之症，给他在经济上和情感上都造成了严重的打击。但他并没有因此影响工作。尽管授予他这笔奖金也是杯水车薪，无济于事，但我们认为还是应该授予他这笔奖金。

候选人的薪金情况：

目前的月薪………………………………………22 000 元

与和他同类工作的员工的工资相比……………没有资料

其他公司同类工作的员工的月薪范围…………20 000～40 000 元

最后一次提薪的时间和数目……………………一年半以前 3 000 元

最后一次奖金和数目……………………………半年以前 30 000 元

在本公司服务的时间……………………………20 年 4 个月

起始薪金…………………………………………400 元

学历………………………………………………大专

有关的工作经验……………………………………22 年

下一次正常发奖金的时间………………………6 个月以后

材料五

送审：报酬委员会

来源：胡平（总经理办公室主管）

议题：特别奖金的授予

候选人：杨雪洁（行政主管）

时间：2023 年 10 月 20 日

杨雪洁的工作超乎寻常的琐碎，然而她在工作中表现得非常耐心、细致。公司能够正常运转，有她很大的功劳。

与其他候选人相比，她可能显得比较平凡，因为她并没有什么突出的事迹。但恰恰就是在这平凡的工作中才表现出了她的不平凡。她的这份工作并不是任何一个人都可以做得这么好的。

在工作中，她克服了许多个人困难。例如，她的家离工作地点很远，她每天早出晚归，而且上小学的孩子需要她的照顾，在这种情况下，她上班从不迟到。因此，我们认为她这样的兢兢业业的工作者最应该得到奖励。

候选人的薪金情况：

目前的月薪……………………………………20 000 元

与和她同类工作的员工的工资相比……………略低一些

其他公司同类工作的员工的月薪范围…………20 000～40 000 元

最后一次提薪的时间和数目……………………一年以前 2 000 元

最后一次奖金和数目……………………………一年半以前 10 000 元

在本公司服务的时间……………………………6 年 3 个月

起始薪金…………………………………………5 000 元

学历………………………………………………学士

有关的工作经验…………………………………11 年

下一次正常发奖金的时间………………………一年以后

材料六

送审：报酬委员会

来源：王洪波（安全保卫部主管）

议题：特别奖金的授予

候选人：秦明（安保人员）

时间：2023年10月20日

秦明以前在公司中的表现是出了名的。他经常上班迟到，上班时间开小差，还与别人打架斗殴。

但近一年以来，他的转变让人吃惊。他上班不再迟到，工作也非常认真。尤其是积极采取行动避免了两次重大的意外事故的发生。他还热心地帮助有困难的同事。有一次，他在社会上见义勇为，直到人家将奖状送到公司，我们才得知这件事情。最近，他还参加了业余的学习班，提高自己的知识和能力。

由于对他的过去的偏见，任何奖励似乎都与他无缘。我们建议授予他特别奖金，因为这样做我们可以让其他员工知道，只要你付出了努力，有优异的表现，不管你过去的表现如何，你都可以获得奖励。

候选人的薪金情况：

目前的月薪……………………………………12 000元

与和他同类工作的员工的工资相比……………中等水平

其他公司同类工作的员工的月薪范围…………10 000~20 000元

最后一次提薪的时间和数目……………………一年半以前 1 500元

最后一次奖金和数目……………………………无

在本公司服务的时间……………………………5年8个月

起始薪金…………………………………………3 000元

学历………………………………………………高中

有关的工作经验…………………………………6年

下一次正常发奖金的时间………………………适当的时候

这个无领导小组讨论的评价要素可以从综合分析能力、组织协调能力、语言表达和合作意识四个方面进行，各评价要素的参考标准如表10-3所示。因此，面试官就可以根据应试者在无领导小组讨论中的表现给他们评分。

表 10-3　无领导小组讨论评分表样例

	评 价 要 素			
	综合分析能力	组织协调能力	语言表达	合作意识
评分参考标准	好（8~10分）：分析问题思路清晰，条理性强，善于抓住问题的要害，并提出符合实际的解决办法 中（4~7分）：基本抓住问题的实质，并提出有一定可行性的措施，但缺乏思维深度和广度 差（1~3分）：思路狭窄，没有把握问题的实质，考虑问题片面，缺乏逻辑性和条理性	好（8~10分）：在讨论中善于寻求大家观点的共同点和分歧之处，为达成小组目标主动平息小组的纷争，推动小组形成统一意见 中（4~7分）：对他人的不同意见能据理力争，但在推动小组形成统一意见方面的意识不强 差（1~3分）：在讨论中固执己见，听到不同意见时情绪激动，无理指责他人，不能从完成小组目标的角度去平息纷争	好（8~10分）：能清晰地表达自己的观点和思想，语言流畅，并善于用他人的观点来完善自己 中（4~7分）：基本能表达自己的观点，能理解他人的观点，但缺乏感染力和说服力 差（1~3分）：表达凌乱，语无伦次，不能理解他人的观点，找不出他人观点的漏洞	好（8~10分）：善于察言观色，与他人沟通的态度和方式很得体，能主动与他人达成一致的观点 中（4~7分）：能理解他人的意图，与他人意见不一致时能做一定的让步，但原则性与灵活性不够 差（1~3分）：不能很好地理解他人的意图，与他人沟通的态度和方式欠妥，与他人意见不一致时不懂得让步
韩江雪				
陈鸿飞				
葛文星				
司文				
杨雪洁				
秦明				

表现最好的应试者：
表现最差的应试者：
其他意见：

　　　　　　　　　　　　　　　　　　　　　　　　　　　面试官签字：

第 3 部分

破解面试套路

第11章
面试套路化的表现

面试套路化的表现

笔者在主持结构化面试或担任面试官的过程中，遇到了太多应试者的套路化面试。最极端的一次是，在竞聘同一个职位的五名应试者中居然有四名应试者的套路化面试痕迹很重。主要表现在，一是进入面试场地后，先给各位面试官鞠了一个30度左右的躬，并说"谢谢各位面试官"后落座，坐姿很端正，面试结束后又给面试官鞠躬，并说"各位面试官辛苦了"；二是答题时基本像是培训机构生产出来的复制品，第一题是社会现象类问题，大家都是先说明现象，再分析原因，最后提出对策；第二题是计划组织类问题，问的是活动组织的重点在哪里。结果大家都是事先制订计划，事中周密部署，事后总结报告……其中有名应试者在每个问题回答前都要说一句："考生思考完毕，现在开始答题。"

这个现象让笔者的心情非常沉重，社会现象类的问题本是考察应试者综合分析能力的，可大家都按套路化方式回答后，笔者对应试者最基本的逻辑能力都不好考量了，因为程序化的回答弱化了自主逻辑。应试者花了很多时间和费用在面试套路上，最后却无法赢得面试官的好评。当然，也有少数不了解应试培训的面试官觉得应试者答得头头是道，就给予了较高的评分。同样悲哀的是，如果面试官对面试的了解还没有应试者多，那么录用的人是应试能力强的人，而不是综合素质高的人，这就偏离了人才选拔的初衷和目的。

11.1 面试套路化现象产生的原因

在本书第 5 章中，我们列举了传统面试问题的回答套路。随着人才选拔性考试的应用越来越普遍，考试培训行业也发展起来。早期培训主要集中在一些地方党校、行政学院以及面向全国的教育培训机构，他们所举办的都是各种临时性的、短期的培训班。近些年来，随着公务员分级分类考录制度的完善和事业单位公开招聘考试的大力推行，许多机构和个人投资者纷纷以各种方式进入相关培训行业。培训行业进入门槛很低，导致行业竞争非常激烈。为了在培训市场中赢得一席之地，一些培训机构开始深入研究各级各类面试试题，在此基础上形成了面试答题套路或者说模板。

面试套路化现象的产生有以下几个原因：

（1）应试者之间的博弈和培训机构的逐利行为所致。很多应试者在通过笔试的"独木桥"后，为了给面试制胜增添"砝码"，往往会选择报班"走捷径"，试图在短时间内练成"金口才"。而培训机构在利益的驱使下，针对应试者的这种心理，大肆宣传所谓的"速成""包过"，总结所谓的答题"万能模板"，让应试者掌握"套路化"答题技巧，增加面试通过的概率。

（2）竞争的白热化和应试者的从众心理所致。从近年来各地职位选拔性考试报名情况来看，一个职位通常报考人数为几十人，多的可以有数千人，真正的"千里挑一"。尤其是进入面试后，相当比例的应试者都会参加面试培训，放手一搏，即使笔试成绩遥遥领先，在"别人都报了我也得报"的从众心理作用下，也会选择报班。

（3）考试的模式化和题型的单一化所致。职位选拔性面试由于受规模、时间等因素的影响，目前主要还是采用结构化面试方式，题型也大多是综合分析、人际交往、计划组织等。虽然命题专家也在不断创新，但面试的方式限制了命题的形式，业内人士总是称面试命题是"戴着镣铐跳舞"，总体来看，题型还是相对单一，容易被培训机构研究出通用的套路。

11.2 面试套路化的危害

培训机构可以让应试者在敢说话、有话说方面有所提高，但应试者的社会认知分析、解决实际问题能力一时难以真正提升，只是靠死记硬背"套路"来赢得面试官的好评，给选拔性面试工作带来较大的负面影响。

（1）套路化答题让面试官"雾里看花"，增加"识准人、辨真才"的难度。培训机构导致选拔性考试的"内卷化"，使本不具备岗位胜任力的应试者掌握答题的技巧，在面试中表现出所谓的"高素质"，创造了应试者水平"整体提升"的虚假泡沫。例如，人际关系题，如果掌握了答题的"套路"，有些不善于沟通，甚至存在性格缺陷的应试者，也能让面试官感觉到应试者的沟通协调能力较强。面试看到的素质素养与真实情况不符，"虚假广告""刻意伪装"让面试官"雾里看花"，增加了考察识别的难度。

（2）套路化答题让应试者"作茧自缚"，陷入"机械式、程序式"答题模式。培训机构是"帮上岸"，而非"教游泳"。应试者在"满满套路"的影响下，就会抑制自我个性化的展示、真性情的表达，按照固定的程式答题。在其走上考场后，就会不由自主地找套路、套模板。

（3）套路化答题让面试"离弦走板"，降低"选对人、选好人"的功能。面试是一种能力考试，考察的能力是靠长期积累形成的，而非短期可以速成的。培训机构套路让应试者"昙花一现"，迷惑面试官的眼睛，甚至混淆是非，严重削弱了面试功能，扰乱了正常的选人秩序，伤害选拔性考试的公平性、科学性，影响考试的社会公信度。

11.3 面试套路化的具体表现

套路是使用某种特定不变的处理事件的方式，对一些情况的处理会形成"路数"，"不变"和"路数"是套路最为直观的表现。套路本来有刻板的、缺少变通的意思，大多带有贬义，但许多培训机构对此却十分青睐，这些机构丝毫不回避他们对培训"套路"的迷恋。只要上网搜索一下就会发现，有关面试套路甚至成为卖点或者推销的噱头。例如，"公务员录用面试答题套路总结""事业单位公开招聘面试万能模板""面试十大经典答题套路""绝密——你用得上的十九个万能面试模板""招聘面试常见题型与答题套路""面试常用语言套路""面试套路及万能开头结尾总结"，等等，不一而足。在面试中，套路化分为两个层面，一个是形式上的套路化，另一个是答题内容上的套路化。

形式上的套路化主要表现在以下几个方面：一是入场时的问候语，通常是"各位面试官上午（下午）好！我是×号应试者"。但套路化的应试者通常会加一句："各位面试官辛苦了！"二是答题时，答每道题之前都说："报告面试官，考生思考完毕，现在开始答题。"三是最后离场时，主面试官说"请退场"后，应试者面向面试官鞠躬，并说"各位面试官辛苦了！""谢谢各位面试官！"之类的话。

答题内容上的套路化主要表现在以下几个方面：一是答题思路的套路化。例如，综合分析类的答题模式为"表明观点，分析原因，提出对策，总结归纳"。二是答题语言的套路化。例如，计划组织类问题，针对工作安排，答题模式为"领导把这么重要的工作交给我，是对我的信任。我一定会认真细致地完成这项工作（任务），不辜负领导（组织、党和人民）对我的信任。凡事预则立，不预则废，我首先要做好一个计划"。三是表态的套路化。例如，"我会认真进行总结，以避免类似的事情发生。""我会及时形成调研报告，提交给领导"。

具体来说，结构化面试试题回答套路主要集中在以下几个方面。

1. 总体性套路

这是针对所有结构化面试试题的套路，即所谓的戴好帽子、穿好衣服或者裤子，最后穿鞋子。这是对总体性套路的形象描述。其中，"帽子"是指开头的概括部分，"鞋子"是总结部分，"衣服"或者"裤子"是内容分析或者工作步骤、方法等。这个本身没有太多的错误，但是一旦将这样的模式和空话、大话、套话联系在一起，就将答题引向浅表化、程式化了，甚至会禁锢人们的思想，影响人们的思考。例如下面的例子：

对于新出现的可能存在争议的现象的看法。他们给出的套路是：

帽子：这个现象是一个新兴的现象，是市场经济的产物，应当辩证地看。

（从积极的方面来看，这个现象存在哪些好的方面，这个是值得提倡的。从消极的方面来看，这个现象也存在什么影响，这个需要否定。）

鞋子：对待这个现象，我们既不能光看到积极的一面，也不能只看到消极的一面。

2. 不同题型的答题套路

随着结构化面试在各种考试中被广泛运用，人们对各类题型越来越熟悉。一些培训机构就根据考试中常用的题型，总结出一些答题套路。例如，计划组织题的套路是：制订工作计划、执行过程中的协调、计划后的总结，也就是所谓的事前、事中、事后；而把人际沟通简单归纳为：尊重、理解、沟通、结果。例如下面的例子：

当与同事发生了矛盾，有了冲突，产生了危机时，如何处理？

……

（1）尊重（在态度上我会尊重对方，不在背后议论。这样对方才有可能愿意和我沟通，从而有可能解决分歧。）

（2）理解（"横看成岭侧成峰，远近高低各不同。"不同的人由于生活环境、教育背景等的不同常常对事物有不同的看法，许多时候，双方的分歧只是看问题的角度不同而已，因此，即使对方观点确实存在问题也要理解对方。）

（3）沟通（选择合适的时间、地点、方式与对方进行真诚的沟通，找出对方这样做的原因。）

……

3．开头和结尾的套话

这是总体化套路的局部细化。人们通常把好的文章形容为"凤头、豹尾、猪肚子"，也就是强调文章的开头、结尾和内容表达的重要性。一些培训机构不是从基本功训练入手，而是强调在开头、结尾背诵一些套话，以此来博得面试官的注意，从而赢得高分。例如开头套语：

> 如果发生试题中假设的情况，我会保持冷静，寻找妥善的解决方法，时刻从大局出发，维护单位的整体利益。

他们甚至创造了一个万能开头套话：

> 关注民生、重视民生、保障民生、改善民生，是我们党全心全意为人民服务宗旨的一贯要求和传统作风，是人民政府的基本职责。

对于结尾他们同样采用一些套话。随着人们对套话辨识能力的增强，一些培训机构就对一些套话进行了升级，开始背诵一些名言名句或经典的领袖语录等内容。

4．语言表达的套路化

一些培训机构根据结构化面试的类型和可能出现的主题，编排了如何将一些经典话语穿插其中。例如，计划组织的使用套话是：

（1）没有调查就没有发言权，调查研究是我们党开展工作的一种重要方法，它有利于科学地认识和正确地解释纷繁复杂的社会现象。

（2）健全有效的计划，常常是优秀管理的特征之一。计划可以预测将出现的问题，而不会让人在问题突然出现时感到诧异。

如果上述一些套路还只是套路的表面化形式，那么隐含在这种套路背后的功利主义思想和僵化了的思维方式就是其实质。概括起来，套路一方面表现为答题过程，另一方面表现在语言表达方面，但最重要的是，思考问题的方式。

11.4 面试题型套路化回答样例

11.4.1 综合分析题

在新的经济形势下，催生出"网红"等新的就业形态，但随之而来的是，一些新就业形态存在社会认可度低、监管难、劳动权益保障难等问题。对于这一现象，你怎么看？

1. 答题思路

本题是一道社会现象类综合分析题。新就业形态存在的问题会产生危害，需要根据原因及时解决。具体结合试题分析如下。

审题点1："在新的经济形势下，催生出'网红'等新的就业形态"

这是本题的大背景，新的就业形态是好的事物，可以在开头简要肯定。

审题点2："一些新就业形态存在社会认可度低、监管难、劳动权益保障难等问题。对于这一现象，你怎么看"

此处交代了新就业形态存在的问题，可以对问题进行切片分析，查找原因。社会认可度低，可能是有些群众对这些职业存在刻板印象，也可能是新就业形态中的确存在一些问题，影响了大家对它的印象；监管难，可能是监管体系未能完全建立，也可能是新就业形态的确不好监管，存在监管死角；劳动权益保障难，可能是灵活就业人员流动性大，也可能是法律法规尚不健全。

针对上述原因，可以提出相应的对策，例如，从加强宣传和建立行业规范角度解决社会不认可的问题，从完善监督体系角度解决监督难的问题，从健全法律法规角度解决劳动权益保障的问题。

故本题的答题思路可为：简单肯定新就业形态；根据问题切片分析原因；从加强宣传和建立行业规范、完善监督、健全法律角度谈解决的办法。

2. 答题样例

在新的经济形势之下,"网红"等一批新兴职业为很多人提供了就业新选择,而且"网红"直播也为群众提供了购物便利,但是新的就业形态面临着一些新问题,这需要我们找准原因,及时解决。

第一,群众认可度低。一方面是由于群众对新的就业形态存在刻板印象,很多人觉得新兴职业如"网红"就是拍个视频、做个直播,靠网络打赏获取收入,不是什么正当职业;另一方面是由于一些新的就业形态也确实存在问题,如直播带货往往缺乏售后服务,还有些"网红"索要打赏、引诱未成年人打赏等。

第二,监管难。一方面是由于新的就业形态刚刚起步,对新事物的监管办法未能及时跟上其发展脚步,监管体系尚未建立,监管力度不足;另一方面是由于新的就业形态往往与互联网相关,隐蔽性强、覆盖面广、入职门槛低,给监督管理带来巨大难度。

第三,劳动权益保障难。一方面是由于新的就业形态的从业人员流动性大,人员队伍不稳定,难以有效将劳动保障落实到每一个人;另一方面是由于关于新就业形态的社会保障体系未能完全建立,劳动权益无法完全得到法律保护。

所以,为了更好地促进新就业形态的发展,给予新就业形态更好的成长环境,我认为可以从以下几方面着手努力。

第一,增强社会认可度。一方面,加大宣传力度,打消群众对新的就业形态的偏见,要通过向社会宣传劳动光荣、勤劳致富的理念,引导群众充分认识新就业形态,宣传新就业形态之中的优秀人物,加深群众对新就业形态的认识;另一方面,新就业形态从业者要加强行业自律,明确从业规则,强化自身职业道德建设,赢得群众认可。

第二,完善监管体系。一方面,网信办、市场监管局等部门组成联合执法队伍,提升监管技术,对一些网络平台加强监督管理;另一方面,要拓宽民意反馈渠道,通过收集群众对新的就业形态所处行业问题的举报线索,及时发现查处问题,规范新就业形态所处行业的发展。

第三,保障新就业形态从业者相关权益。对于新的就业形态涉及的劳动权利、人身保障等事项,有关部门应当及时加强调研,充分进行论证,通过法律制度细则的完善,明确规定新的就业形态从业者的劳动权益,加强对新就业形态劳动者的权益保障。

11.4.2 组织管理题

我部门对所在辖区展开了两次消防安全知识宣传,但都反响平平,参与的群众不多,领导让你去调研情况。请问你该如何做?

1. 答题思路

本题是一道调研类组织管理题。按照答题的要素和步骤,调研的核心要素是调研对象、调研方式和调研内容,同时还要做好前期的调研准备和后期的调研报告。下面结合具体试题分析。

审题点 1:"我部门对所在辖区展开了两次消防安全知识宣传,但都反响平平,参与的群众不多"

这句话交代了任务实施的背景。宣传消防安全知识,本意是为了让群众了解熟悉消防安全知识,在实际生活中得以运用,而试题中的情况,不仅没有达到预期的效果,还可能损害我部门的形象。在这种情况下开展调研,应该去了解为什么会出现这种情况,以便在接下来的宣传活动中吸取经验,避免再次出现此类问题。在调研的内容上,可以去了解两次宣传的内容、形式、时间是否合适,能否吸引群众等,也可以了解一下大家的意见和建议等。依据这些调研内容,调研对象可能包括群众、负责前两次宣传活动的同事、所在社区的负责人等。在调研方式上,对于群众,由于涉及人数多,可以采用发放电子问卷的方式;对于同事,可以采用面谈或者召开座谈会的方式;对于社区的负责人,可以采用上门走访或者电话询问的方式。在组织语言的时候,可以采用"调研对象+调研方式+调研内容"的形式进行串联。

审题点 2:"领导让你去调研情况。请问你该如何做"

要想组织好一次调研活动,不仅需要做好中间的调研环节,调研前的准备工作和调研结束后的总结工作同样重要。在调研活动开始前,要做好相关的调研准备,例如,可以挑选合适的人员组成小组,做好对前两次宣传活动的相关了解等。在调研结束之后,也要按要求形成调研报告,将调研的结果通过合适的形式进行呈现,同时还可以提出合理化的意见和建议。

综合以上分析,本题的答题思路为:调研准备—开展调研(分别对参与同事、群众和社区负责人进行调研)—形成报告。

2. 答题样例

了解消防安全知识的宣传情况,有利于全面了解本部门工作中存在的问题,为下次更有效的宣传打好基础。如果让我去做这项调研,我会从以下几个方面做起。

首先，我会做好调研前期的准备。我会从部门工作人员里选取一些有调研经验、耐心、热情的同事组成一个调研小组。确定后，我会和小组成员共同对前两次的宣传活动进行了解。例如，查阅活动的方案、总结等资料，初步了解活动开展的形式、内容、时间和组织者，为下一步开展调研打好基础。

其次，我会做好调研。

第一，我会通过面谈或者座谈会的方式，向参加过前两次宣传活动的同事进行详细了解。我会询问他们在开展活动之前是否了解过群众的需求和建议，在活动结束后是否进行过反思和总结，他们认为活动开展不成功的原因有哪些，如果下次继续开展宣传活动，他们有何意见和建议等。

第二，我会通过发放电子问卷的方式，向群众了解消防安全知识的宣传情况。我会询问他们是否参与了我部门组织的两次消防安全知识宣传活动，没有参加的原因是什么，以及参与之后的体验如何，不满意的地方究竟包括哪些方面。此外，我也会询问他们想要参与何种形式的宣传活动，如是否愿意参加消防安全演习、网络答题 PK 等；询问他们想要学习什么内容，是突发火灾的应对措施，还是社区内的用电安全等，全面了解群众的需要和意见。

第三，我会通过上门走访或者电话询问的方式，向社区的负责人了解情况。我会询问他们是否知道我部门组织的这两次宣传活动，他们本人是否参加过，觉得在活动开展过程中存在哪些问题。例如，是活动的前期宣传不到位导致无人知晓，还是活动组织过程没有新意，无法吸引群众参与等。同时，我也会向他们请教本社区之前组织活动的一些优秀案例，借鉴他们的成功经验。

最后，整理好调研报告。将调研小组收集到的信息进行及时梳理，在调研报告中写清前两次开展消防安全知识宣传活动在形式、内容、吸引力、参与度等方面存在的问题，并根据调研结果提出相对应的解决措施，如加大宣传力度、创新宣传形式等，为下一步有针对性地提升活动实效做好准备。

11.4.3　人际关系题

单位接到电话，有群众声称要向领导投诉你，要向媒体举报你。经了解是由于该群众多次拨打你办公室电话，想咨询和自身利益相关的重要政策信息，但当天你外出办公，没有接到。请问你怎么办？

1. 答题思路

本题是一道人际关系题。试题中有两个矛盾点，一是有群众要投诉你，二是你未及时接听电话帮助群众了解政策。在解决矛盾时，按照轻重缓急有序化解即可。下面结合试题具体分析。

审题点 1："单位接到电话，有群众声称要向领导投诉你，要向媒体举报你"

这句话交代了本题的第一个矛盾点，即有群众声称要投诉举报你。从"声称"二字可以看出，群众尚未付诸行动，是在情绪激动、比较生气的状态下说出来的话，因此，需要第一时间联系群众，安抚群众情绪。

审题点 2："经了解是由于该群众多次拨打你办公室电话，想咨询和自身利益相关的重要政策信息，但当天你外出办公，没有接到。请问你怎么办"

此处交代了第二个矛盾点，即群众投诉的原因是你外出办公未接听到群众业务咨询电话。群众多次拨打电话未接通，因此你要和群众解释清楚原因。但是你外出办公，没做好工作衔接安排，导致群众政策咨询没有得到处理，显然你的工作没有做到位，要及时反思。最重要的是，需要完成群众政策信息咨询。因此，你应该第一时间找领导承认错误，承诺会妥善解决矛盾；接着跟群众道歉，安抚群众情绪；之后给群众详细解读政策；最后总结反思不足之处。

因此，本题的答题思路是：首先，向领导承认错误；其次，安抚群众情绪，解释情况；再次，完成群众政策咨询事项；最后，总结反思。

2. 答题样例

此类题型的答题样例可以参考本书第 5 章，这里不再赘述。

11.4.4 应变题

你是窗口工作人员，有人来办业务，但是他要办理的业务不符合规定，他要求见领导，要不就以服务态度不好投诉你。请问你怎么办？

1. 答题思路

本题是一道应急应变类题，核心话题是"群众要求不符合规定"。对此，你应该热情接待群众并详细告知流程规定。下面结合试题具体分析。

审题点 1："你是窗口工作人员，有人来办业务，但是他要办理的业务不符合规定"

这句话交代了身份和第一个矛盾点，你的身份是窗口工作人员，该身份需要耐心细致地向群众讲解办事流程规定，帮助群众办理业务。矛盾点是群众办理的业务不符合规定，为什么不符合规定呢？应试者可以通过合理假设的方法，丰富矛盾化解过程，如可能是材料不全，也可能是材料中有虚假材料，还可能是确实不符合规定。

审题点2："他要求见领导，要不就以服务态度不好投诉你。请问你怎么办"

这句话交代了第二个矛盾点。群众要求见领导，如果不让他见，他就要投诉你。可以看出，此时群众情绪激动，所以你应该先安抚群众情绪，了解群众诉求，帮助群众办理业务，让群众放心，并且需要告诉群众经过你的解释后如仍不满意，可以向领导投诉举报。最后做好总结反思。

因此，本题的答题思路是：首先，安抚群众情绪，做好工作对接；其次，了解群众诉求，帮助群众办理业务；最后，总结反思。

2. 答题样例

作为窗口工作人员，遇到这种情况，我会从以下几个方面来处理。

第一，安抚群众情绪。我会立即让同事暂时接替我窗口的业务工作，保证不影响窗口其他业务的正常进行。之后，把该群众请到接待室，告诉他，我非常理解他想要快速办结业务的心情，但也请他先平复情绪，静下心来听我解释，之后如果还有不满意的地方，我再联系领导，并可以把单位的投诉电话告知他。

第二，耐心解释规定。我会再次查看该群众前来办理业务携带的材料，对照相关业务办理规定向他解释。

如果是因为该群众携带的材料不全而不符合规定，导致我无法为其办理，那么我会耐心地说明相关业务所需要的材料，并且告知缺失的材料是哪些，同时列明材料清单交给他，表示补好材料后一定会为他及时办理。

如果是因为该群众携带的材料中有部分虚假材料而不符合规定，那么我会向他说明其携带的材料在信息共享系统中无法查询，希望他再次核实携带材料的真实性，并且解释如果一经确认材料虚假，会被列入征信记录，提醒他做好材料确认。

如果该群众要办理的业务确实不符合规定，如现行政策中并无相关规定、未设置相关事项，那么我会向他说明相关限制条件和标准，解释清楚政策规定，希望他能够理解。我也会预留他的电话，并关注政策变化，一旦有相关政策就会第一时间联系他。

相信通过以上的解决方式，能够让该群众对我的工作满意，但如果该群众仍然坚持见领导的话，我也会在汇报领导之后，根据领导的指示妥善处理。

第三，做好总结反思。一方面，我会提升服务质量，尤其是当业务量多的时候要解释清楚问题，让群众满意。另一方面，我也会向有关领导请示，在窗口张贴相关办理规定以及流程，让前来办事的人事先就知道办理业务所需要的条件、证件等，保证业务办理顺利开展。

11.4.5 现场模拟题

小张是机关单位市直挂职锻炼的工作人员，陪同领导一起下乡。当领导不在时，有村民围住了小张，向小张热情地提问。以下是他们的对话：

村民甲：你是城里来的领导，什么时候给我们村修路啊？

小张：我不是领导，我没有权力的。

村民乙：去年的捐赠款怎么还没到？

小张：我……我不知道。

村民丙：老李家的厕所离我家厨房三米远，臭死了，你能不能帮忙解决？

小张：我不了解。

村民丁：我去年腰受了重伤，想申请低保。

小张：这你要跟民政局说，不归我们管。

问题1：对于小张的表现你怎么评价？

问题2：如果你是小张，你会怎么对村民说？请现场模拟。

1. 答题思路

本题分为两问，第一问是人际关系题，要求根据小张和村民的对话评价小张的表现；第二问是现场模拟小张与村民的对话。下面结合试题具体分析。

审题点 1："小张是机关单位市直挂职锻炼的工作人员，陪同领导一起下乡。当领导不在时，有村民围住了小张，向小张热情提问"

这句话交代了试题的背景。首先，小张的身份是机关单位市直挂职锻炼的工作人员，说明小张到市直单位进行挂职学习，可以锻炼磨砺自己的能力。小张的工作任务是陪同领导一起下乡，党员干部下乡的目的是调查了解基层实际情况，以便为上级做好决策部署打下基础。其次，此时小张所处的场景是领导不在身边，所以小张需要独当一面解决问题，而且既然村民的提问是比较热情的，所以更要认真回应村民的疑问，不让村民寒心。

审题点 2："'村民甲：你是城里来的领导，什么时候给我们村修路啊？''村民乙：去年的捐赠款怎么还没到？''村民丙：老李家的厕所离我家厨房三米远，臭死了，你能不能帮忙解决？''村民丁：我去年腰受了重伤，想申请低保。'"

该审题点反映的是四位村民的问题，可以将这四个问题分为两类，村民甲反映的是修路问题，村民乙反映的是捐赠款到账问题，这些都是与政府决策相关联的，可以总结为第一类；村民丙反映的是邻居的厕所问题，村民丁反映的是自己申请低保问题，这些都是和村民保障相关联的，可以总结为第二类。

审题点 3："小张：'我不是领导，我没有权力的。''我……我不知道。''我不了解。''这你要跟民政局说，不归我们管。'" "问题1：对于小张的表现你怎么评价？"

该审题点是小张的四个回答内容，这四个回答内容同样可以分为两类，第一类是"不知道""不了解"，也就是一问三不知，应试者可以从主客观方面分析小张的表现，主观层面可能是小张自己履职不力，懒作为，搪塞群众；客观层面可能是小张确实不知道办事的负责部门，体现了他自身能力不足。第二类是"我没有权力""不归我们管"，小张所处单位可能不负责修路和低保等事项，但是对于群众的热情提问，小张只是简单粗暴回复与自己无关，其沟通方式不妥。因此，对于问题1小张的表现，我们就可以从履职不力、能力欠缺和沟通不当这三个方面进行评价。

审题点 4："问题2：如果你是小张，你会怎么对村民说？请现场模拟"

这是第二个问题。如果"我"是小张，要注意规避之前对话中小张暴露出来的问题，要热情回应群众，详细解答所有问题。具体来说，首先，通过村民甲的问题可以看出，他们不太了解小张的工作职责，所以需要表明自己的身份，表示对村民支持我们工作的感谢。其次，逐一回应村民反馈的问题，可以按照审题点2对问题的分类，分成两类进行解决，即虽然对于第一类政策问题"我"不太了解，但是可以表明自己在学习了解中，也在积极了解他们的问题，尽力给出确切答复；第二类通过良好的语气沟通并告知村民负责解决他们问题所对应的职能部门。最后，表明我们工作的目标，继续了解村民对我们工作的意见，为上级决策部署提供建议。

因此，本题的答题思路是：首先，表明身份；其次，逐一解决村民反馈的问题；最后，表明我们的做法，加强村民对我们的信任。

2. 答题样例

问题1：对于小张的表现，我会从以下几个方面进行评价。

第一，履职不力。面对村民的提问，小张的回答含糊其词，都是以"我不知道""我不了解"搪塞过去，体现了小张下乡之前并没有熟悉本村基本情况，可以说这样的工作人员是不作为、懒作为的"反面教材"。

第二，能力欠缺。小张作为机关单位市直挂职锻炼的工作人员，挂职锻炼期间没有充分学习提升自己的业务能力，发挥桥梁作用，了解基层实际情况，所以在陪同领导下乡期间才会对村民反馈的问题感到十分茫然。

第三，沟通不当。虽然修路和低保事项可能并非本单位负责，但是小张对村民丁的回复过于简单粗暴，仅仅回复"不归我们管"，没有具体说清楚和民政部门联系的方式和流程，容易引起村民的不满。

问题 2：应试者开始模拟。

各位村民大家好，你们先别着急，我先简单介绍我自己，我是机关单位市直挂职锻炼的工作人员，这次陪同领导下乡的主要任务是调查了解咱们基层的实际情况，感谢大家对我们工作的支持。我看咱们村民都很热情，想要反馈的问题很多，现在我一一来回应你们刚才反映的问题。

刚才我听见大家提到咱们村什么时候修路的问题，因为我是刚来挂职不久，对村里情况还在学习了解中，所以如果大家对于村里交通等方面的发展有什么意见，可以向我反映情况，我会向上级汇报大家的需求，尽力解决大家反馈的问题。另外，对于去年的捐赠款为什么还没到位，请问大家具体反馈的是关于哪个项目的捐赠款，以及该款项具体拖延了多久。大家放心，我会找到对应的负责人对接清楚款项流向情况，一定给大家一个确切的回复。

咱们村民朋友还反馈了一些私人问题，虽然我没法给大家一一解决，但是我这里有一张关于各部门工作职责的表格和业务办理流程，大家遇到难题都可以找到对应的部门进行解决。例如，老李家的厕所问题影响到邻居，那么可以直接反馈给村委会协调解决；村民申请低保问题，可以到民政部门进行办理。你们找到对应工作职责部门解决问题，效率会更高一些。

最后，欢迎大家主动提出关于促进本村发展的意见和建议。我们在本次下乡之后，也会根据大家反馈的问题进一步完善工作，并且推进政务公开，确保大家都能第一时间了解政府工作进度。再次感谢各位村民朋友。

第 12 章
如何应对面试套路化

面试套路化的应对

笔者在主持一次结构化面试时发现,有的面试官对多名应试者的评价很头疼:"应试者对面试问题的回答听起来很流畅,但总感觉没有那么优秀。"另外,对这些应试者的评分似乎难分高低,因为他们都经过套路化的包装,答题时关注流程,虽然答得头头是道,但内容显得有些空泛。

如何解决这个问题呢?首先,在命题上要具体化和细化,防止应试者按套路回答。例如计划组织类问题,原来可能让应试者"谈谈如何组织一次老干部的座谈会",关注的是流程,现在则可以改为"你认为组织这个座谈会的难点在哪儿?你将重点做好哪个环节的工作?",这样应试者就不得不就具体问题的某个重点环节来谈,而不只是面面俱到地谈思路。其次,在评分时,要按照行为评价的要点,而非整体印象进行。即便同样按套路来回答社会现象类问题的应试者,他们分析问题的深度也往往不同,而且每个人都会有自己的看法和独立思维,这些都是评价其综合分析能力的重要依据。

12.1 从面试命题上防范面试套路化

防范面试套路化问题，需要在命题内容和测评方式上不断进行创新。由于结构化面试在选拔性考试中已经应用30多年，试题的类型、命题的规律等早已被广大应试者和培训机构所掌握，这就要求我们不断创新试题设计，从源头上防范答题的套路化。

1. 测评题型要从"老套"走向"新颖"

命题的变化，对去套路效果非常明显。新题型如同患者使用刚上市的新药一样，对防范社会培训疗效较好，但第二年套路化培训就会让其产生"耐药性"。要想破解答题的套路化，需要从题型上实现几个转变：

（1）从"流程题"向"环节题"转变，实现以变求新。这几年在面试命题过程中，命题专家有意识地"破套路化"命题，力求达到真实测评应试者能力的目的。例如，计划组织方面的试题，现在基本上不会出现要求应试者从头到尾组织一场"全流程"的活动，而是要求应试者回答计划组织工作的重点是什么。很多应试者不明就里，仍然不顾试题的要求，简单机械地照搬照抄。

（2）从"正常追问"向"突然追问"转变，实现以奇出新。正常追问一般都放在最后进行，只要参加过培训的应试者，都能从容应对。如果将追问放在面试过程中，给"套路"增添几个"十字路口"，应试者就会觉得很突然，甚至茫然。例如，某省在公务员面试中的追问（市政府要做"10件民生实事"，通过信函和电子邮件收集了上万条建议，需要剔除无效建议，请提出三条具体标准。追问：剔除无效建议后如何进行初步筛选），让应试者感觉很突然，答题套路化的应试者一问就发蒙。所以，适当给主面试官一定的追问空间，发挥好主面试官这一最重要因素的作用，是应对培训套路的利器。

（3）从"常规题型"向"新颖题型"转变，实现破旧立新。从这几年的题型来看，一般每一两年都会出现新题型。例如，某个系统的公务员面试中有一道题："试题中有三组人，假如你所在单位要举行迎接建党100周年庆祝活动，由你作为活动负责人，并可选择试题中的人物配合你工作，请你在每组人物中各选一人，并说说你将如何组织庆祝活动。第一组：宋江、武松、吴用；第二组：唐僧、孙悟空、猪八戒；第三组：王熙凤、贾宝玉、林黛玉。"看似是计划组织类，却是让应试者意想不到的。这类新颖题型，也是破解套路的一个办法。

当然，面试命题不能脱离面试定位，要有利于对应试者的胜任力做评价，不能因追求"道高一尺，魔高一丈"，而使面试命题"内卷化"，出偏题、怪题，背离面试初衷。

2. 测评内容要从"单一"走向"多样"

"考什么"是命题的核心关键,目前测评要素相对固定,让很多培训机构有了"大展身手"的机会。

(1)测评要素要更加多样化。在目前的结构化面试中,面试主要测评应试者的综合分析能力、语言表达能力、应变能力、计划与组织协调能力、人际交往的意识与技巧、自我情绪控制、求职动机与拟任职位的匹配性、举止仪表等八大要素。笔者认为,面试的评价内容可以很广,测评要素可根据新入职人员岗位胜任力要求框架为参照进行设计。具体可从以下四个方面、15个测评要素入手:

①核心价值观:诚信敬业、服务导向、专业精神;

②核心胜任力:综合分析、团队协作、沟通能力、用户导向、主动性、持续学习、技术意识(特别是信息技术意识)、创新能力;

③管理能力:时间管理、协调技能、执行力;

④专业能力:应用职位所需的专业知识分析问题解决问题的能力。

面试可分层分类进行,每次面试可从中选用3~5个测评要素进行,这样应试者就很难对所有的题型形成套路化回答。

(2)命题方向要更加精准化。不同类别、不同层级的岗位,对工作人员的要求不同,目前结构化面试是一张试卷"包打天下",很难突出不同类别、不同层级岗位的专业性。如果在命题中,按照不同类别、不同层级的岗位分类命题,相信既能精准识别应试者的真实水平,也能让社会培训机构短期内难以跟上形势,从而让"固定套路"不再奏效。例如,基层工作人员可重点测评群众工作能力、应急处理突发事件能力等,金融系统工作人员可结合金融行业特点考察其宏观经济分析能力、运用金融知识解决实际问题的能力等。

3. 测评方式要从"固化"走向"变化"

反套路化行之有效的方式就是测评方式上的多元化,让培训套路无施展空间。目前,除结构化面试外,比较常用的还有无领导小组讨论、角色扮演和结构化小组技术,这些面试方式中的一些角色或场景是无法事先准备、预设的,"方式一变"让应试者和培训机构难以捉摸,应试者的性格特点、知识储备、举止言谈等都会真实客观地呈现。无领导小组讨论,在不事先指定领导的情况下就给定问题展开讨论,易诱发应试者进行真实人际互动、展现相关知识储备,测评的维度更加全面真实。例如,结构化小组面试就是比较新颖、科学、合理的面试方式，综合了结构化面试和无领导小组讨论两种面试方式，以结构化试题为主线，加入了应试者之间的点评互动及回应环节。由于考场情况的不可预测性，互动性和直接竞争性更直观，也就要求应试者控场能力更强、内容更有深度。这种方式我们将在第13章专门介绍。总之，随着公务员录用和事业单位公开招聘分级分类等方面改革的推行，面试创新的空间会更大，应对应试培训的措施会更加丰富。

12.2 面试官要研究各种面试新题型和新方式

面试测评要素与试题创新，最终离不开面试官的素养。在现实中，许多面试官不仅对测评要素不熟悉，而且对新题型也不了解。相反，应试者对各种面试新题型和新方式非常了解，如前些年新推出的结构化小组面试，不少面试官还不太清楚这种面试方式，可应试者已有很多应对办法，这样的面试就很容易让懂"套路"的应试者获益。所以，面试官要研究各种面试新题型和新方式，要了解应试者的套路化语言和行为。

12.2.1 面试新题型

近些年，为了改进招录面试的效果，面试中推出了一些新题型。非常遗憾的是，面试官对这些题型还有些陌生，而应试者已有很多套路。下面以近年推出的"观点反驳题"为例，看看套路化的回答是什么样的。

> 有人支持地铁24小时运行，依据是以下三个观点：其一，方便群众夜间出行，满足群众需求；其二，夜间出租车和巴士没有地铁安全；其三，24小时的运行模式可以增加就业岗位。请你提出三个反驳观点进行叙述。

1. 试题分析

审题点1："反驳观点"

对于这类试题，要注意答题逻辑。对于具有一定合理性的观点，可以先有限承认再委婉或者直接反驳。为了增强反驳力度，可以道理论证结合举例论证。

审题点2："满足群众需求""安全""增加就业岗位"

对于群众需求方面，可以从夜间需求量大不大、有没有其他方式满足的角度考虑。对于安全性方面，可以从安全问题本质、提升出租车和巴士的安全性等方面进行反驳。

对于就业岗位，可以从地铁能增加的就业岗位有多少、有没有其他更高效的方式增加就业岗位等方面进行反驳。

2. 答题样例

对于地铁是否需要24小时运行这个问题，我们应全方面考虑。从资源配置效率的角度考虑，我认为地铁不需要24小时运行。

论据一认为地铁24小时运行能方便群众夜间出行，满足群众需求。我认为这种说法有一定道理，夜间部分群众确实有出行需求，地铁出行低廉，成为夜间乘客的重要选择。但是能满足一部分人需求并不代表地铁非要24小时运行。

从现行的各行各业基本工作制度、人类一般作息规律角度考虑，有夜间出行的群众占社会群体总量是相对较小的。而地铁是公共交通，是公共基础设施，其运行的根本目的是满足最广大群体的出行需求，而非极少数群体的需求。公共交通应提升资源配置效率，24小时运行显然不符合地铁公共产品这一属性。同时，在当前交通出行工具上，有夜间出租车、夜间巴士等其他多样化的出行选择。这些方式比24小时地铁运行更高效、更便捷，避免了大量公共资源的闲置。

论据二认为夜间出租车和巴士没有地铁安全。我认为这种说法有一定的道理，从技术运行的角度来说，地铁是通过电脑等更多技术手段来保障其正常运行的，其安全性确实有一定保障。但是，地铁有安全性，不代表出租车和巴士等的安全性就比地铁差。

虽然现在社会上出现了一些关于出租车以及巴士安全事故的报道，但造成安全问题的并非出租车或者巴士这类交通工具本身，而是对这些交通工具的使用和管理不当。况且，现在出租车和巴士等安全管理措施越来越完善，如进行全程语音视频监控、提供一键报警功能等，其安全性大大提高。另外，一旦地铁24小时运行，就会导致地铁设施设备维护检修时间不足，维护检修不足则会导致巨大的运行安全隐患。

论据三认为地铁24小时运行可以提供更多的就业岗位。我认为地铁24小时运行确实需要一些保障地铁夜间运行方面的工作人员，能带来一些就业岗位。但是地铁24小时运行，主要增加的是地铁夜间运行需要的工作人员，从整体来看，每个城市的地铁线路有限，每条地铁线的站点也有限，而且夜间出行群众少，这些都意味着由此需要配置的工作人员数量非常有限，对于就业岗位的增加作用不明显。

除此之外，为了增加极少数就业岗位使地铁24小时运行，社会需要投入大量的人力物力，在实现就业方面的投入产出比非常低，这不符合社会发展的要求，是对有限社会资源的一种浪费。相对24小时运行地铁来增加就业而言，社会有更多高效增加就业岗位的其他选择，如加强就业技能培训等。

面试官提示：观点反驳题主要考试应试者的综合分析能力，本来就是为防止应试者按套路答题而创设的一种新题型。不论应试者如何回答，面试官一要看其反驳的论点是否鲜明、合理、有力，二要看其反驳的论据是否有理有据，有的应试者说是反驳，而实际列举反驳论据时却支持了题中给出的论点，这样的应试者显然综合分析能力是不合格的，这些都需要面试官来判断。

12.2.2　面试新方式

为了更好地应对面试套路化，近些年出现了不少人才测评技术，如无领导小组讨论、结构化小组面试以及情境模拟面试等。由于应用范围大，这些新的方式也有了各种应试套路。下面以结构化小组面试的培训套路为例进行说明，供面试官参考。

1. 在答题环节

在答题环节，应试者除了要将自己的想法准确流畅地表达出来，还要做到遵守规则、认真记录、灵活应变。

（1）遵守规则。这里要遵守的规则有两个：一是要严格遵守各环节的时间规则，不遵守规则的人很难让他人信任。二是要遵守答题的顺序。答题顺序记不住，很容易影响应试者在考场上的发挥，也影响面试官对应试者的印象。所以，在结构化小组面试中，应试者一定要牢记自己的序号和答题顺序。一般来说，对于3人一组的面试来说，第一题的答题顺序是 A—B—C，第二题的答题顺序是 B—C—A，第三题的答题顺序是 C—A—B。

（2）认真记录。在其他人答题时，应试者要认真倾听他们的答题内容，同时也要观察他们答题时的外在表现（语气、神情、流畅度等），并将这些信息记录在草稿纸上。应试者要注意，记录的时候，重点是记录内容，只有根据内容才能做出有效的点评，而外在的表现不宜多说。这样做一是为点评环节积累素材，二是以此为依据确定自己的答题细节（本人非首答应试者时），以避免答题内容的同质化。

应试者在对其他组员的答题内容进行记录的时候，可以采取以下技巧：

一是记录要点。在考场上，每人的答题时间只有2分钟，甚至有时还不到2分钟。当某一应试者答题时，其余应试者的记录时间也很短，不可能在短时间内把对方答题的所有内容都记录下来。这时应试者就可以只记录要点。例如，对方说了三点内容，但这三点内容又展开了很多，那么在记录时，应试者就可以着重记录这三点内容的开头或结尾。这是因为，一般开头和结尾都是总结性的话，是对这一点内容的浓缩。在点评的时候，应试者可以将要点和大脑的记忆结合起来，针对对方的答题内容做出有针对性的点评。

二是借助特殊的记录符号。简化记录要点，除了使用文字，应试者还可以适当借助符号进行记录。例如，对方答得比较好的地方用"√"来表示，在点评的时候可以作为优点夸赞对方；答得不好的地方用"×"来表示，在点评时可以作为不足之处；存疑的地方可以用"？"来表示，点评时可以向对方提问或请对方再解释一下。这样，整体下来，点评的内容就比较全面且客观。

三是按照逻辑听，分块记录。除了以上两种技巧，应试者还可以对其他组员的答题内容进行分块记录。具体操作方法：将草稿纸分成要点提取部分和优缺点记录部分。其中，要点提取部分按照试题一部分一部分地记录，优缺点记录部分又分成优点和缺点。

（3）灵活应变。灵活应变具体包括两方面：及时调整心态和及时调整答题内容或顺序。当别人选择的话题和自己选择的话题相同，别人的答题素材（名言警句、人物事迹、时政热点、给漫画拟定的标题等）和自己所设想的十分类似时，应试者可能会因此乱了方寸。面对这种情况，应试者要做到以下两点：

第一，及时调整心态。为了保证答题效果，发挥正常水平，建议应试者在遇到上述情况时，要保持平稳的心态。心态好，才能发挥稳定。所以，应试者在备考时就要做好思想准备，把"答题撞车"当作一件正常的事（因为大家的答题思路基本一致，常用素材也差不多），在平常的练习中也要针对这种情况多做脱敏训练，以求达到"习惯成自然"的效果。

第二，及时调整答题内容或顺序。在答题时，因为大家的试题相同，所以难免会有和其他应试者的答题内容重复的地方。遇到这种情况，如果应变能力较强，应试者就可以在短时间内厘清思路，在听完他人的答题后，及时将他人答题内容中好的地方补充到自己的答题内容中。如果应试者的应变能力不是特别强，那么为防止出现因调整内容而时间来不及、思路不清晰的情况，建议这类应试者要慎重调整自己的答题内容，不要轻易改换答题内容,否则,最后的效果还不如用自己原来的答案。不过,应试者也不要因此烦恼。在此,给应试者提供一些与其他应试者答题内容相区分的小技巧,虽然在内容上不可以有大的调整,但是可以在顺序上做变换。例如,在自己的答题内容中,针对某个问题一共有四条措施,其中三条是和对方重复的,一条是不重复的,那么可以先阐述这不重复的一条措施,这样可以加深面试官对这一条措施的印象,从而使自己的答案和其他人的答案区分开来。对于重复的三条措施,应试者在阐述时,可以使用与其他人不同但意思更贴近的词语去表达,以展示自己的语言表达能力更强一些。

2. 在点评环节

点评环节也是结构化小组面试中非常重要的一环,这一环节所占的分值不少于答题环节的分值。

(1)点评的基本原则(见图 12-1)。

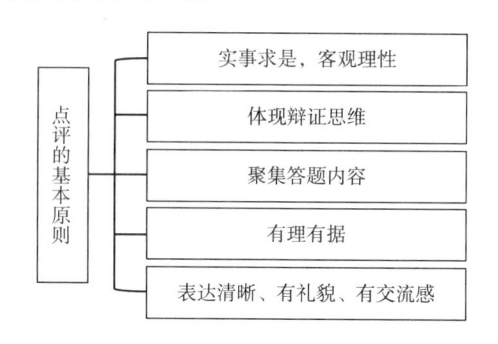

图 12-1 点评的基本原则

①实事求是,客观理性,是指应试者要根据被点评应试者的真实表现进行点评,点评内容客观真实,不掺杂个人好恶。

②体现辩证思维,是指应试者在点评时,内容要辩证全面,"好的与不好的"都要讲,当对方在答题过程中确实表现很好时,要不吝啬地肯定对方的优点;当对方在某些环节表现不佳时,也要注意自己的表达方式和表达内容,指出对方在答题中存在的问题。不能只说优点,不说问题;也不能只说问题,不说优点。

③聚焦答题内容,是指应试者在点评时要以对方的答题内容为核心,针对内容进行点评,不能脱离内容去点评一些无关紧要的外在形式,更不能无中生有,点评对方并没有说过的内容。

④有理有据,是指应试者点评时,必须给出点评的理由,如赞同对方观点的理由是什么,反对或质疑对方观点的理由是什么,不能只简单地说赞成或反对。

⑤表达清晰、有礼貌、有交流感，是指应试者在阐述自己要表达的内容时要思路清晰，语言自然流畅，而且要礼貌用语，必要的时候要和面试官或者被点评的应试者有眼神的交流，或配以点头等身体语言，以增强互动性。

（2）常见场景处理。在点评这一环节，应试者因为不熟悉面试方式，经常会出现各种各样的小状况。在此，通过场景再现的方式给出一些常见状况、可能陷入的误区及其解决办法，供应试者参考借鉴，及时改进，避免在考场上出现类似问题。

场景一

小刘参加了公务员面试，面试方式是结构化小组面试，他是B号应试者。在轮流答完三道试题之后，小刘需要分别对其他两人的作答内容进行点评。其中有一道试题是："组织激励的因素有很多，如工作环境、薪酬福利、人际关系、职业发展、领导认可、组织文化、成就感等。请选择两个你认为最重要的因素并说明理由。"轮到C号应试者答题时，他说道："我选择组织文化和成就感，组织文化是一种精神上的认同，和自己价值观高度一致的组织文化可以让自己更好地融入集体，将组织当成自己的家；而成就感是我们在工作上获得的成就和动力，只有做有成就感的事情，才能激发自己做事的动力……"在答题环节结束时，应试者需要对其他人进行点评，小刘由于走神了，没有听清C号应试者说的是什么，所以在点评C号应试者对这道试题的答题内容时，就说道："我认为C号应试者整体答得很流利，选择的人际关系和薪酬福利这两项因素也很有道理……"但是我们知道，C号应试者选择的并不是这两项因素。

专家点评：在上述场景中，小刘的点评没有聚焦答题内容，C号应试者选择的是"组织文化和成就感"，而小刘则说对方说的是"人际关系和薪酬福利"，这就和对方的答题内容明显不一致，会让其他应试者和面试官认为小刘不认真，没有在整个面试环节做到认真专注。答题内容是点评环节的核心，因此，在整个面试中，未进行发言的应试者一定不要走神，要注意倾听其他应试者的发言，以保证自己能"说到点上"。

场景二

在结构化小组面试中，A、B、C三名应试者依次答完试题，进入点评环节。其中，有一道试题是："银行要推广闪付卡，这种卡可以免签名、免密码。但是群众接受度不高，推广情况不佳。领导让你提出改进措施并进行推广，你会怎么做？"A号应试者在点评其他两名应试者时，说："我认为B号应试者刚刚提出的在线上通过视频广告进行推广的措施是十分有效的，我很赞同；但是 C 号应试者说的在线下通过条幅、大喇叭的方式进行推广，我不太同意。我的点评结束，谢谢各位面试官。"

专家点评：在上述场景中，A 号应试者对其他两位应试者的答题内容都表明了自己的观点，或同意或否定，但是，A 号应试者没有针对自己的观点做出进一步说明，未做到有理有据。例如，针对 B 号应试者的线上视频广告的推广方式，可以说因为当今是互联网时代，这样的推广方式速度快、范围广，可以让更多的人在短时间内就了解和接受闪付卡；对于 C 号应试者的线下条幅、大喇叭的推广方式，我之所以不同意，是因为这种方式太老套，没有新意，吸引不了广大群众的注意力，推广效果不好。这样对两名应试者的内容做出进一步分析，才能说明 A 号应试者既认真听取了他人的答题内容，又有自己独特的想法，才能给面试官留下深刻的印象。

（3）点评维度。结构化小组面试涉及的题型较多，每类题型的特点也不同，为了帮助应试者在点评环节有更好的表现，在此为应试者提供结构化小组面试常见题型的点评维度，从优点和不足两个方面为应试者提供点评思路（见表 12-1）。

表 12-1　常见题型点评维度

题　型	点评维度	
	优　点	不　足
多项选择式、开放式问题	①选项、内容选取： ● 选项、内容选取符合试题要求； ● 选项、内容选取思路清晰，理由充分； ②分析论证： ● 思维发散，角度新颖； ● 论证精准，紧密结合试题； ● 论证方式多样，维度多元，内容丰富； ● 论证层层递进，逻辑性强，分析深刻； ● 能够结合社会实际、政策方针，体现政治素养	①选项、内容选取： ● 选项跟话题没有关系； ● 选取随意，缺乏充分的理由； ● 不符合试题要求，选项数量错误，或与试题要求相悖。 ②分析论证： ● 分析脱离题干，不符合实际； ● 分析内容浅显，理论素养差； ● 论证不充分，缺少与其他选项的比较分析； ● 论证没有结合社会实际，缺乏情感、缺乏交流感； ● 理由存在漏洞，对选项的分析存在常识性错误、逻辑错误、前后重复、自相矛盾、以偏概全、脱离实际

续表

题型	点评维度	
	优点	不足
沟通类问题	①情境代入感强，能运用眼神、语气、手势等增强表达的感染力。 ②角色定位准确，答题内容、语言风格符合身份特征。 ③具有同理心，能感同身受，充分理解沟通对象，并营造和谐的沟通氛围。 ④说服力强，指出或回应问题一针见血，能把握问题的核心本质。 ⑤给出的建议贴近生活，易于被人接受，指导性强。 ⑥自然收尾，能强化沟通效果	①沟通形式： • 语气生硬，表达机械，缺乏交流感； • 情境感不强，不符合情境和身份特点。 ②沟通内容： • 沟通目标不清晰，没有针对核心问题展开劝说； • 问题分析不全面、不深入，缺乏说服力； • 没有解决问题，缺少建议或建议缺乏针对性和可行性
统筹安排类问题	①排序有原则，能针对题干信息给出明确的排序原则。 ②做事有标准，既能统筹安排，又能关注细节。 ③合理协调资源，有效解决各项问题	①事项处理不全面。 ②没原则，公私不分，没有按照事情的轻重缓急合理安排。 ③处理事情的方式不符合实际，可行性不强。 ④没有有效协调资源处置问题。 ⑤一味地委托他人。 ⑥私事取舍不当，表现得过度虚伪
调研类问题	①审题，能够提取题干中的有效信息，精准理解题干所陈述的内容。 ②开篇，紧贴调研主题，深刻认识活动的目的和意义。 ③工作重点： • 调研对象广泛； • 调研内容全面、具体，重点突出； • 调研方式具有科学性、灵活性，可行性强； • 能够整理分析调研结果，提出有效意见和建议	①审题： • 题干信息获取不全面； • 对题干内容理解有偏差。 ②开篇： • 活动目的偏离调研主题； • 对目的认识不深刻。 ③工作重点： • 调研活动过于强调流程，重点不突出； • 调研内容不具体、不全面； • 调研对象群体单一，不具有代表性； • 调研方式单一，科学性、可行性不强； • 缺少对获取信息的进一步加工整合

续表

题　型	点评维度	
	优　点	不　足
其他活动类问题	①目的和意义分析： • 目的和意义分析正确且符合社会实际； • 目的和意义分析有逻辑，能够以小见大，看到活动背后的深层次社会意义。 ②具体活动组织： • 选取主题活动符合要求，且主题鲜明，富有创意，不套路； • 活动组织整体思路清晰，重点组织活动方法突出，关注活动细节，整体安排详略得当； • 活动具体组织上充分结合当前社会实际、符合试题要求，很好地契合主题； • 能够有较强的场景代入感，可操作性强； • 能预判活动中可能出现的特殊情况，提前制订方案，防范措施周密可行； • 能够采取具体有效措施对活动进行总结或者效果提升	①目的和意义分析： • 目的和意义的阐述只是机械式地复述题干，甚至忽略目的和意义，直接展开活动组织； • 整体分析上缺乏逻辑性和深刻性，或者直接过分拔高，缺少过渡。 ②具体活动组织： • 主题活动数量不够，不符合题干要求，活动不具体，缺少新意； • 活动组织整体思路不清晰，重点组织活动不突出，细节展开不到位，没有从整体上对活动进行统筹安排； • 活动具体组织上不符合试题要求、社会实际，与身份、范围、目的、主题等条件冲突； • 活动方案整体缺乏操作性，只在机械套路化地阐述活动组织方法； • 缺乏对组织活动中可能出现的特殊情况的思考，整个活动组织不够严谨、缜密； • 活动组织完成后缺乏对活动后续的总结以及效果提升的思考，结尾较为突兀
场景处理型微材料问题	①对材料中反映的问题分析全面、准确。 ②提出的解决办法有针对性，可行性强。 ③能够结合工作实际，对给定措施的利弊进行准确分析	①对材料反映的问题认识不准确、遗漏关键信息。 ②审题不全，没有完成给定的任务。 ③解决措施缺乏针对性和可行性。 ④对给定措施的利弊分析脱离实际，分析不全面、不深入

（4）点评方式。这三种点评方式（见图12-2），我们从其字面意思就可以理解：肯定式点评即对其他应试者的答题内容表示肯定，质疑式点评是对其他应试者的答题内容进行质疑，补充式点评是针对其他应试者的答题内容进行补充。

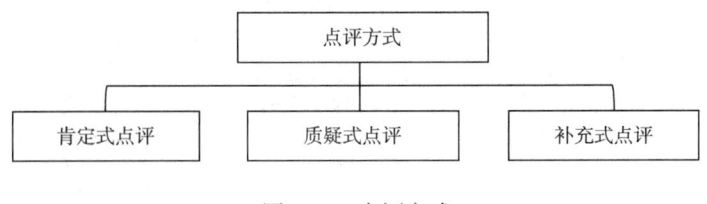

```
                    点评方式
        ┌──────────────┼──────────────┐
     肯定式点评      质疑式点评      补充式点评
```

图 12-2　点评方式

在具体阐述点评内容时，应试者可以采用"三步走"的话术进行点评：

第一步：阐述自己的观点。例如，对于刚刚 A/B/C 号应试者所说的内容，我持赞同/反对的观点或我认为还有需要补充的地方。

第二步：阐述自己的理由。例如，我之所以赞同/反对，或认为需要补充，理由如下或原因有以下几点……

第三步：除了 A/B/C 号应试者所说的内容，我觉得还可以补充一些内容或我还有如下建议……

上述这三步，第一步和第二步是必需的，应试者可以根据自己的实际情况决定是否要补充第三步、提出其他建议或说一说自己的心得体会。

3．在回应环节

在回应环节，面对其他应试者对自己的点评，应试者要善于吸取对方点评中有益的部分，补充到自己回应的内容中，这样不仅可以进一步完善自己的答题内容，也能体现自己善于听取他人建议的品质。同时，应试者不要忘了对其他应试者的点评表示感谢，以体现自己的良好修养。

12.3　面试过程中面试官如何防范面试套路化

在人员选拔中，面试环节是面对面的识别评价，是鲜活的、具体的、丰富的，面试官根据应试者回答的内容做出主观判断、定性赋分。其中，面试官是选拔中最活跃的因素，是识别应对社会培训套路的关键。评分中面试官要综合多种方式、角度、手段来识别培训套路。

1．"眼观三路"

面试官要在行为举止中甄别培训套路的印记。行为举止是内心活动、情绪特征的直观表现，真实而明了。培训机构为了让应试者显得自信、阳光，抑制"不良习惯"，都会制定礼仪的标准流程和举止的规范准则（例如，中公总结了考场礼仪"六步走"——形象礼仪、进门礼仪、问好礼仪、坐姿礼仪、答题礼仪、告别礼仪）。在识别应试者社会培训套路方面，行为举止往往最直观、最直接，一眼就能识破。笔者认为要重点观"三路"：

一观着装，看是否过于职业。很多应试者严格遵循培训教材，着装一律白衬衣、蓝裤子、黑皮鞋，千人一面，没有因人而异，有的与体型、发型明显不搭，不能展现真实自我，甚至破坏了原有的好形象。

二观礼仪，看是否过于刻板。应试者在向面试官鞠躬问候时，男生像军人，双手都是紧贴在两侧裤线处；女生像空姐，双手下垂放在腹前并左手搭在右手上45度行礼，呆板中透出幼稚。

三观姿势，看是否过于机械。培训机构在"站姿、行姿、坐姿、手姿"上都有明确要求，站要双腿并拢、脚呈八字，走要固定步伐的大小、眼睛盯着面试官并匀速转头，坐要双脚持平、大腿与身体成90度，面带微笑、嘴角上扬，但有时不经意间应试者一低头看题本或草稿纸，瞬间变脸、笑意全无，显然不是应试者自然的情感流露，给人以皮笑肉不笑的感觉。掉入培训套路陷阱的应试者就像"流水线"的产品，动作"整齐划一"。

2."耳听五处"

面试官要在语言表达中发现培训套路的痕迹。语言表达既是面试测评要素，又是回答内容载体。从应试者答题的语言表达中，笔者认为要抓住几个方面：

一是根据答题内容看是否存在预设解答思路，判断其有无套用模板。主要看应试者是不是生搬硬套模板，按照预先熟悉的路数导入，答题是否有针对性。社会培训机构的一个"大招"就是"广撒网、踩要点"。应试者面试时，往往不是抓重点、找关键，而是全面讲、讲全面，东拉西扯、用足时间。例如，在事业单位公开招聘中的一道面试试题："日前，某区教育局发布的'小升初'政策遭到众多家长质疑，为避免引发群体性事件，领导要求向社会做好宣传解释工作。假如由你负责这项工作，你会采取哪些办法来引导舆情？"这道试题的初衷就是从计划组织中的"舆情引导"角度出发，考察应试者应对舆情时的宣传、解释、沟通和设置议题的能力，只需围绕"网上舆情"和"网下舆情"两类情况解答即可，但很多应试者仍然按照固定思路，按"事前—事中—事后"的顺序解答（从成立小组、收集信息、制订方案、启动预案、加强宣传、总结反思等几个方面解题),完全不顾试题的情境要求和解题方向,显然是受了社会培训套路的影响。

二是根据应试者回答信息看是否空洞无物,判断其有无机械模仿。例如,人际沟通类试题中的情境模拟不是简单的说教,既要注重说话的语言、技巧,又要有实实在在的沟通内容,不能仅仅是"情似形似",更要"以理服人"。但应试套路往往在"情似形似"上下功夫,忽略了沟通内容的针对性和有效性。例如,在地方公务员面试中的一道试题:"一天,市民老张到某部门反映情况,对接待他的工作人员小刘说:'我在范家桥观景时,经常看到有人把果皮和纸巾等杂物扔到河里。今天我在劝说一位市民时,他不但不认错,还损了我一顿。你们为什么不在桥上装个透明防护网?'假如你是小刘,该如何回答老张?请现场模拟一下。"很多应试者没有把重点放在沟通的内容上,而是放在动作和语言的表演上,一会儿模仿端茶送水的动作,一会儿模仿拿笔做记录的样子,一会儿模仿打电话的动作,一会儿模仿热情送客的样子,忙得不亦乐乎。尽管表演得很像,但缺乏实实在在的沟通内容。这种情境模拟,没有经过培训的应试者肯定是做不出来的。还有的应试者为了显示政治理论水平,不顾试题内容和要求,张口闭口就是"全心全意为人民服务""人民至上"等,乍一听高大上,实则这类应试者对群众缺乏真情实感,工作中往往会浮夸。

三是根据应试者语言组织看是否存在模板式承接表述,判断其有无语言套路。例如,应试者在回答每道题时都会说:"考生思考完毕,开始答题。""考生答题完毕,开始思考下一道试题。"

四是根据应试者使用词汇看是否存在高频词句,判断其有无背诵痕迹。例如,"领导把这项工作交给我,是对我的信任,我一定会全力以赴"。例如,一个考场30名应试者,有三分之一的应试者提到"凡事预则立、不预则废"这句话,这属于考场上的"自爆"行为。此外,应试者常常会使用一些培训机构总结提炼但招聘机构很少用的"专用词汇",如"二次宣传""两微一端一抖"等。

五是根据应试者列举事例看是否情节雷同,判断其有无同门经历。应试者为了答题具有感染力,经常会引用一些事例,但张口就是黄文秀、闭口就是黄大发,所举例子从内容到语言都极其相似。例如,地方公务员面试中有一道题:"在学习王泽山院士坚韧不拔精神与先进事迹学习交流会上,你作为新任公务员代表,将如何发言?"当时很多应试者,前面讲学习王泽山院士,而后面则变成了学习黄大年的事迹,前后不一,东拉西扯,明显是面试套路让应试者把典型的一些闪光点背下来应付面试。

3."确认眼神"

面试官要在非语言信息中挖掘培训套路的信息。面试中，面试官要十分留意应试者的非语言信息，通过其面部表情、肢体动作等判断应试者的真实情况。语言信息可能会"言不由衷"，而非语言信息常常是"真情流露"，能够给面试官增加识别应试者的佐证材料。社会培训机构能培训出肢体语言，却很难培训出形象语言。在识别应试者社会培训套路时，通过观察应试者的表情、情感流露等，可以对应试者回答内容、行为举止进行印证。例如，应试者拿到试题后就两眼冒光，回答问题时面部表情丰富、声情并茂、手势较多，就说明其备考时见过这种题型或者训练过。曾有一名应试者进入考场看到面试试题后，表情异常兴奋，眼神飘忽不定，显现出一副清高自傲、心不在焉的样子，给人十拿九稳的感觉，整个面试过程点头哈腰、探头探脑。这样的应试者可能就是面试套路化的"高手"，需要面试官特别注意。

目前，社会培训机构也在反套路、去痕迹，在这种"大气候"影响下，只有面试官共同应对，才能见到"大成效"。"反套路"是共同任务，需要面试官思想一致。笔者在做主考时，会注意其他面试官的评分情况。一次笔者看到一位面试官给一名应试者打了很高的分，而笔者感到这名应试者是典型的"套路产品"，给出的分数不高。当应试者等候成绩的时候，笔者就问这位面试官原因，面试官说应试者答题的框架很好。这种只顾埋头评分、不抬头观察应试者的面试官相信大家也碰到过。所以，面试官首先要形成思想上的共识，针对套路痕迹比较明显的，要通过拉开分数差距的形式将其淘汰掉。"反套路"是辩证思维，需要面试官统一尺度。"反套路"主要是把不具备岗位胜任力素质的应试者剔除出去，把能力突出的应试者选出来，不能为了反套路而反套路。面试官要做一片森林，而不是做一棵树木，要有容人之量，应试者也是套路的受害者。不能以偏概全、一棒打死，要看"套路"下的能力、潜力与岗位是否匹配，不能因"反套路"而将"脏水"和"孩子"一起倒掉。对于存在答题套路的应试者，面试官小组要相对统一评分尺度，用干部考察的思维和眼光对应试者进行定性评价，看现有能力、未来潜力，而不是简单技术层面的评分。

"反套路"是临场应变，需要面试官及时应对。针对一些不清晰、拿不准是否为套路时，面试官不能放任自流、听之任之，要及时应对、迅速反应，从"试题本身"考察回归到"能力本位"的测查，通过同职位应试者之间的对比，结合以往的经验，真正把有能力、适岗的人选出来。在提高主面试官水平的前提下，适当给主面试官一定的提问、追问自由空间，便于其他面试官更好地甄别评价。

第 4 部分

面试实践探索与创新

第 13 章
公务员录用面试

公务员录用面试中公共题与岗位专业题的关系

近年来，公务员用人主管部门在面试设计中的自主权明显扩大，同时他们的面试设计压力也很大，一些主管部门的领导常问笔者："您觉得在公务员录用面试中，公共题与岗位专业题的数量、权重如何分配合适？"用人主管部门对此非常困惑，对于由 5 道题组成的面试题本，究竟是采用 3+2（公共题 3 道，岗位专业题 2 道），还是 2+3（公共题 2 道，岗位专业题 3 道），抑或是 4+1（公共题 4 道，岗位专业题 1 道）的模式呢？

这是一个值得探讨的现实问题，应该说，岗位专业题比公共题更有岗位针对性，这似乎表明应该在面试中加大岗位专业题的比重，但笔者认为恰恰相反，公务员录用面试中应以公共题为主，原因有三个：一是多数公务员岗位都有管理性质，各岗位人员之间的流动性比较频繁，这本身就说明面试寻求的候选人不宜过分强调目前放在某个岗位上的合适性，而是选择好的毛坯；二是专业技能更容易通过学习或实践来提高，而个人潜力是不易改变的，所以公务员录用面试中更应强调基本素质；三是面试对象多为应届毕业生，前面有资格审查与笔试筛选，专业方面的基本条件已有了基本判别，面试要解决其他方式不可替代的对重要因素的评价。

所以，笔者认为，在 5 道题的面试中，有 1 道题体现专业能力就够了。有的部门太注重专业素质，甚至在笔试阶段就加大专业能力的分数占比，这样做最终会导致录用人员的综合素质下降，反而得不偿失。

13.1 公务员录用面试的政策规定和要求

13.1.1 公务员录用面试的政策规定

2019年11月，中央组织部修订发布的《公务员录用规定》第五章对公务员录用面试有明确规定：

第二十二条　公务员录用考试采取笔试和面试等方式进行，考试内容根据公务员应当具备的基本能力和不同职位类别、不同层级机关分别设置，重点测查用习近平新时代中国特色社会主义思想指导分析和解决问题的能力。

第二十四条　招录机关按照省级以上公务员主管部门的规定，根据报考者笔试成绩由高到低的顺序确定面试人选。

面试的内容和方法，由省级以上公务员主管部门规定。

面试应当组成面试考官小组。面试考官小组由具有面试考官资格的人员组成。面试考官资格的认定与管理，由省级以上公务员主管部门负责。

具体到各省区市，又有不同的面试管理规定。例如，根据《A省考试录用公务员办法（试行）》，面试实施有如下规定：

1．省公务员主管部门应当在面试起始之日5日前，向社会公告取得面试资格的人员和面试工作安排。

2．省公务员主管部门统一命制面试试题。

3．面试应当组成面试考官小组。面试考官小组一般由不同层级、部门、地域的7名以上单数面试考官组成，设主面试官1名。

4．面试考官应当客观公正地独立评分，不以讨论的方式确定面试成绩。

5．面试成绩与笔试成绩权重比例为4∶6。

6．面试过程向社会公开，允许媒体和一定数量的社会人士旁听。旁听人员应当遵守面试场地纪律。

7．面试成绩应当在面试结束时当场告知面试者，并由其签字确认。面试全程摄像录音。

再如，根据《B省公务员录用实施办法》，对公务员面试工作提出如下要求：

第二十五条　笔试结束后，由省级公务员主管部门统一划定合格分数线。

招录机关按照省级公务员主管部门的规定，在笔试合格人员中，根据报考者笔试成绩由高到低的顺序确定面试人选。

第二十六条　面试前，招录机关按照公务员主管部门的规定对入围面试人选进行报考资格复审，核实报考者是否符合规定的报考资格条件，确认其报名时提交的信息和材料是否真实、准确、完整。资格复审不合格的，由招录机关取消其面试资格。面试官不按规定时间、地点参加资格复审的，视为放弃面试资格。

第二十七条　省级公务员主管部门负责面试组织实施，也可以委托省级机关或授权市级公务员主管部门组织实施，或者委托考试机构组织实施。

面试的内容和方法，由省级公务员主管部门规定。

第二十八条　经省级公务员主管部门同意，自行组织实施面试的省级机关和市级公务员主管部门可组织命制本单位和本辖区的面试试题。

第二十九条　面试应当组成面试考官小组，面试考官小组由具有面试考官资格的人员组成。面试考官资格的认定与管理，由省级公务员主管部门负责。经省级公务员主管部门授权，市级公务员主管部门可负责本辖区面试考官的认定和管理工作。

第三十条　报考同一职位的考生原则上安排在同一面试考官小组、使用同一套题本进行面试。

总体来讲，各地的公务员录用面试实施办法不尽相同，但确保面试公平公正性的目的是相同的，无论是面试的程序、试题的命制管理，还是面试官小组的构成、面试官须回避的场景等，都有明确的规定，从制度上规范了公务员面试的组织实施。

13.1.2　公务员录用面试的特点

公务员录用面试主要采用结构化面试的方式，近些年来，结构化小组面试和无领导小组讨论也在公务员录用面试中得到了较多的应用。无领导小组讨论我们在前面第 10 章已进行详尽的介绍，结构化小组面试将在本章 13.5 节专门介绍，这里重点针对传统的结构化面试进行讨论。

结构化面试是指用人单位按统一制定的标准和要求进行的面试。尽管结构化面试也是通过面试官与应试者之间的交流进行的，但从形式到内容，它都突出了标准化和结构化的特点。例如，结构化面试要求面试试题对报考相同职位的所有应试者应该相同；面试官的数量至少两人；典型的结构化面试还要求在对拟任职位进行工作分析的基础上编制面试试题。因此，结构化面试的实施过程更为规范，面试结果也更为客观、公平、有效。

人们对传统面试的批评是：面试官的提问太随意，想问什么就问什么；同时评价也缺少客观依据，想怎么评就怎么评。因此，传统面试的应用效果不理想，面试结果通常也很难令人信服。而结构化面试正是在克服传统非结构化面试缺陷的基础上产生的，所以在人事选拔实践中很受人们的欢迎。特别是在公务员录用面试中，为了确保选拔工作的客观公正，国家专门规定必须采用严格的结构化面试方式。

结构化面试具有如下几个主要特点。

1. 面试测评要素的确定要以工作分析为基础

在结构化面试中，测评要素并不是随意确定的，而是在系统的工作分析基础上由专家研究确定的。面试的目的是要将对职位更合适的应试者选拔出来，如果没有对职位要求的工作分析，就无法确定与拟任职位的要求密切相关的录用标准，也就无法达到面试的最佳效果。与此同时，面试官必须对职位要求有清晰的认识，如果面试官自己都不知道需要什么素质的人，那么就不可能找到理想的任职者。从应试者的角度来说，如果不了解职位的素质要求，那么应聘也是比较盲目的。所以，以工作分析为基础确定测评要素是结构化面试的重要特点。

2. 面试实施过程对所有应试者相同

在结构化面试中，不仅面试试题对报考同一职位的所有应试者相同，而且面试的指导语、面试时间、面试问题的呈现顺序、面试的实施条件都应是相同的。这就使得所有的应试者在几乎完全相同的条件下接受面试，保证面试过程的公正、公平。结构化面试的一般步骤如下。

（1）对进入面试的应试者讲解本次面试的整体计划安排、注意事项和考场规则。

（2）以抽签的方式确定应试的面试顺序，依次进行。

（3）面试开始，由工作人员依次带领应试者入场，并通知下一名应试者做准备。

（4）每次面试一人，由主面试官根据面试题本向应试者提问，其他面试官可根据情况进行适当提问，并在评分表上评分。

（5）每名应试者的面试时间一般控制在30分钟左右，通常需要回答5~7道题。

（6）面试结束，主面试官宣布应试者退席，由考务人员收集每位面试官的评分表，记分员在监督员的监督下统计面试得分，进行面试成绩汇总。

（7）记分员、监督员、主面试官依次在面试成绩汇总表上签字，结构化面试结束。

3．面试试题事先有设计

在结构化面试中，所有的面试试题都是事先设计好的，严格来讲，包括所有的提问在内都是事先拟定的，而且原则上应聘同一职位的所有应试者都应该接受完全相同的一套面试试题，特定情况下（如某职位的应试者特别多）可能需要设计几套面试题本，但必须保证不同题本间的试题难度基本相同。面试中主面试官必须按拟定的面试题本实施面试，必要时，各位面试官可以根据面试测评要素进行适当的追问，但不能随意根据应试者的情况进行灵活的提问，从而保证面试试题对所有应试者的公平公正性。

4．面试评价有规范的、可操作的评价标准

针对每一个测评要素，结构化面试都有规范的、可操作的评价标准。突出表现在，每个测评要素都有严格的操作定义和面试中的观察要点，并且规定了每个评分等级（如优秀、良好、一般、较差）所对应的行为评价标准，从而使每位面试官对应试者的评价有统一的标准尺度。评价标准中还规定了各测评要素的权重，使面试官知道哪些测评要素是主要的、关键的，哪些测评要素是次要的、附属的。应试者的面试成绩最终是经过科学方法（对每个测评要素去掉众多面试官评分中的最高分和最低分，然后得出算术平均分，再根据权重合成总分）统计出来的。

5．面试官的组成结构是有规定的

在结构化面试中，面试官的人数必须在两人以上，通常有5~9位面试官。面试官的组成一般也不是随意决定的，而是常常根据拟任职位的需要按专业、职务甚至年龄、性别进行一定比例的科学配置，使他们在面试中互补互助、相得益彰。其中有一位是主面试官，一般由其负责向应试者提问并把握整个面试的过程。

6．面试官必须是训练有素的

结构化面试的操作实施效果在很大程度上取决于面试官的专业素质，所以在公务员录用面试中，面试官通常都是精心挑选的，他们不仅具有良好的职业道德和工作责任心，还必须具有人才评价技术方面的专业素养。与此同时，每次公务员录用面试实施前，所有的面试官还需要经过一定的专门培训，以便不同的面试官能统一评分尺度，严格把握

评分标准。

总而言之，结构化面试具有试题固定、程序严谨、评分统一等特点。从实践来看，结构化面试的测量效度、信度都比较高，比较适合规模较大，组织、规范性较强的录用面试，因此，结构化面试目前已经成为录用面试的基本方法。当然，作为一种测评方法，结构化面试也有其不足，主要表现在面试官实施时灵活性不够，通常不允许在必要时对某些应试者进行有针对性的追问，面试官对一些已经有把握的方面却仍然要问事先拟定的问题。结构化面试的另一个不足是实施时显得比较呆板，这样当应试者较多时面试官容易疲劳。

13.1.3 公务员录用面试的基本要求

现行公务员录用面试对应试者、面试官、考场等诸方面均有一定的要求。国家公务员录用面试作为一种典型的结构化面试，其基本要求如下。

1. 对面试应试者的要求

在公务员录用考试中，进入面试的应试者是这样选拔出来的：一是应试者由政府人力资源和社会保障部门向用人部门推荐；二是要按规定比例选拔应试者，一般要求应试者是拟任职位录用人数的三倍；三是要按应试者的笔试成绩，由高分到低分进行排序来确定进入面试的应试者，应试者笔试成绩合格方具备进入面试的基本条件。

2. 确定面试测评要素的要求

面试测评要素的确定是确定面试方式、编制面试试题、实施面试的前提。面试要测试哪些要素，要根据招考公务员的拟任职位、应试者的状况、测评的可行性等来确定。例如，某省规定县级机关国家公务员招考面试的测评要素为政策、理论水平，敬业与求实精神，组织协调能力，应变能力，语言表达能力，仪表举止。

3. 对面试官的要求

如前所述，面试官应具备较高的政治素质和业务素质，应有高度的责任感和使命感。具体来说，这些素质包括：具有较强的责任意识；精通公务员的通用知识和录用职位的专业知识；熟悉测评要素及其内涵；掌握面试方式的技能和技巧；具有较强的逻辑思维能力和应变能力；等等。主考机关要负责面试官的业务培训，使其掌握面试的内容、方式、操作要求、评分标准、面试技巧等。面试官资格管理制度建立后，原则上只有经规定的程序取得面试官资格的人员才能担任面试官。

4．对面试场地的要求

面试场地的选择和布置，对测评结果有一定的影响。一般来说，对面试场地有几个基本的要求：首先，考场必须比较安静、明亮，有电话的办公室和邻近马路的场所一般不能用来作为面试场地；其次，考场的面积必须适中，一般以30~50平方米为宜；最后，考场的布置不能太随意，过于紧张或者过于随便的布置都是不利于面试的进行的，因此，应该按照面试实施的要求来布置考场。

5．对面试实施方案的要求

面试主管机关在组织面试前，要制订面试实施方案，确保面试工作有组织、有计划、按程序进行。"面试实施方案"的内容一般应包括：面试的组织领导；面试官评委（小组）的组成和培训；面试的方式、程序；面试试题的编制方法和印制；面试的时间、场所；有关面试的其他工作。

6．对面试官小组组成的要求

面试官小组一般由5~9人组成，在年龄上，最好老中青结合；在专业上，应吸收有业务实践、业务理论研究经验丰富且面试技法方面有经验的权威人士。省级以上面试官小组的组成一般由负责考录工作的代表、用人单位的主管领导、业务代表和专家学者等组成；市、县级面试官小组一般由组织、人事、用人部门，纪检、监察部门，业务骨干等组成。

7．其他要求

公务员录用面试还需要遵守以下几项原则。

（1）面试应试者机会均等原则。在面试中，公平性和公正性显得尤为重要。公平性体现在面试官对应试者用"一把尺子"衡量，机会均等；公正性体现在面试官评分要客观、公正，克服主观随意性。

（2）回避原则。根据有关规定，凡与应试者有直接利害关系的人员，面试时应予回避。例如，面试官或组织者与应试者有夫妻关系、直系血亲关系、夫妻双方的近亲属关系、儿女姻亲关系等，都应回避。

（3）监督原则。监督的目的是保证面试在平等竞争的条件下进行。对面试全过程实施监督是顺利完成面试工作的保证。一是组织监督，在面试中，请纪检、监督、公证等部门参加；二是新闻舆论监督，新闻舆论部门的工作人员有权以适当方式了解和报道面试工作情况；三是应试者监督，应试者是最好的监督者，因其亲身经历了面试的全过程，对面试的组织程序、面试官水平及试题等情况有申诉控告权，主考部门应设立相应的机制（如举报、意见箱等），认真听取他们的意见并根据有关规定和程序做出适当处理。

13.2 公务员录用面试的命题规范

13.2.1 公务员录用面试的命题原则

公务员录用面试命题必须遵守以下几项原则。

1. 政治思想性原则

这一原则要求在设计和编制面试试题时，应着眼于党和国家的方针政策的导向性，现实生活中富有教育意义的热点问题以及与公务员职业相关的思想性、政策性强的话题，要防止那些格调低下、内容庸俗，甚至与党的政策路线相背离的问题。

2. 典型性原则

在面试试题的设计编制中，不能随心所欲，拿来一个试题、一个案例就作为面试试题，应该着眼于现实和岗位工作需要，按照典型性和代表性相结合的要求，对原始素材进行提炼、加工、改造，形成试题。

3. 针对性原则

针对性是面试试题设计上的重要原则，主要包括两个方面。

（1）要针对公务员招考职位需要的特殊性，落实"为用而考"的方针。因此在面试试题编制过程中，要注意选取那些带有岗位工作代表性、经常性、稳定性的内容去设计试题。

（2）要针对报考群体的特殊性进行面试试题设计。面试试题设计前要对报考群体的基本情况进行分析、判断，难易程度对他们来说要适中，设计出既适合岗位要求又切实测评、区分报考群体能力素质的试题。

4．开放性原则

开放性原则要求在设计面试试题时，既要为面试官提问留有余地，也要为应试者留有充分的施展空间，让他们能够灵活运用自身知识和工作经验，给面试官较为全面的考察机会。如果试题内容涉及范围狭窄、答案唯一，应试者死记硬背就能回答，使面试变成了笔试的延续，就失去了面试的意义。同时，试题设计要尽可能地降低"社会称许性"，做到不让应试者讲空话、讲套话、讲假话。如果做不到这一点，试题再精彩也达不到测评目标。简单地说，除了那些特别紧张的应试者，其他应试者都能有话可说，但要说得好，也不是那么容易。如果应试者都无话可说，或者应试者都能说得很多、很全面、很到位，也不是好试题。

5．公平性原则

公平性原则是指在面试试题的设计上要尽量做到对各类应试者的公平，尤其是要避免在民族、性别、婚姻、地区等方面出现不公平的问题。例如，关于孩子教育问题，对于有孩子的应试者与未婚的应试者显然是不一样的。

6．原创性原则

由于公务员考试关系到政府机关对人才的选拔，面试试题必须是原创的，不论是素材还是问题都应该是首次出现，所以对试题的要求是很高的。

13.2.2 公务员录用面试命题的具体要求

在面试命题中涉及多个核心环节，包括确定面试测评要素、题型、题量及要素得分权重，征题、审题、组配题本、审定及使用等。

1．确定面试测评要素的具体要求

面试测评要素一般由考录主管部门或招录机关确定，具体要求如下：

（1）根据拟任职位的工作性质、职责任务、难易程度、责任大小、对人员的要求，确定测评要素。

（2）选择的测评要素应当能够发挥面试功能，避免与资格审查、笔试、考察、试用期管理等环节的测评内容重复。

（3）根据不同测评要素的可测程度以及与拟任职位要求的关联程度，确定其分数权重。

（4）测评要素之间要相互独立，定义要准确、明了，尽可能避免出现要素内涵交叉、重叠的现象，便于命题人员和面试官了解掌握。

2. 试题审核的具体要求与内容

（1）在所提供的备选试题中选出规定数量的试题，如备选试题因质量不佳达不到规定数量，则需在审题现场补充命制。

（2）对确定的试题进行修改或加工，通过修改和加工试题，保证每道试题符合以下基本质量要求：

- 语句通顺。
- 试题所描述的情境新颖，且有现实原型，不能凭空杜撰。
- 保证试题有充分的答题空间。
- 有一定的正向区分度。

（3）明确试题与测评要素的对应关系。通常，收集面试命题素材不是一件容易的事，往往要根据素材的内容来确定适合加工成哪种类型的试题，有些素材适合测查单一要素，有些素材适合测查复合型要素（涉及多项测评要素），需要视具体情况而定。但审核后的试题，要明确与测评要素的对应关系。

（4）确定观察要点。观察要点是指评价应试者表现（答题内容）好坏的可能性角度或内容要点，供面试官参考，便于面试官结合自身的能力、经验和阅历，快速形成自身的面试评分标准。一般情况下，观察要点应有一定的理解空间，要点数量应适当，以保证试题的开放性。

（5）情境模拟面试试题的初审工作，除了要完成上述任务，还应兼顾面试实施的流程和可行性。

3. 面试试题的编写要求

（1）内容表述清晰，设问方向准确、无歧义，便于应试者快速理解题意。例如，让应试者分析社会现象或工作中的事件，命题人员希望应试者从哪个角度去分析，应该明示。有些时候一个问题很难问清楚，可通过进一步追问来实现。一般在试题中最好附上可能的追问。

（2）文字表述风格要倾向于口语化，便于主面试官叙述。

（3）试题长度要适度。正常情况下，试题以简短、明了为好，一般不超过120字，但为了克服面试方式化的弊端，需要详细设置、描述具体情境。有时会出现试题字数过多的现象，这也是特殊情况下的权宜之计。

（4）结构要完整。在统一组织的面试中，完整的试题应包括题面、主要测评要素、评分标准或要点提示等内容，有时候还要给出命题思路和设问目的。

针对具体的面试题型，在编制时还要有针对性的命题要求。这里列举几个常见要素的命题要求样例。

①综合分析。

定义：通过归纳、演绎等推理过程，准确理解、把握事物的本质和内在联系，以解决问题。

命题要求：在命题具体操作中，可以选取现实中我国当前社会发生的事件、存在的问题，也可以是对一些具有现实意义的格言、寓言、历史事实等加以引申分析。材料的形式可以是文字叙述，也可以是图画、图表等。综合分析试题必须体现一题多义性，必须具备较大的答题空间，要利于应试者既能从不同角度拓展，又能从各个角度深入分析。

【样例】调查表明，大学毕业生的平均就业满意度为56%，毕业生就业满意度最高的是供职于政府机构、科研或其他事业单位，为69%，满意度最低的是供职于民营企业与个体企业，为52%。你怎么看待这个调查结果？

②主动性。

定义：能够在工作中发现或创造新的机会，做要求之外的事，这些行为将提高工作绩效或减少潜在问题的出现。

命题要求：在机关工作中，过多地插手别人的工作是不被认可的。命题中可以结合机关工作实践，重点考虑如何考察应试者能否敏锐地发现一项工作所带来的影响和后果，以及为避免负面影响所要采取的行为。

【样例】领导让你和另一名同事共同负责一项工作，在工作过程中，你发现如果采用另一种方式，效果会更好，但你和同事可能会增加很多工作量。此时，你打算怎么办？

③计划组织。

定义：根据目标对自己、他人、部门的活动做出计划，调配资源，并对冲突各方进行有效协调。

命题要求：前面我们已经提到，这个测评要素是近年来应试者面试套路中最成形的，因此命题必须加以突破。所设问题应打破事前、事中、事后的三段论模式，加强对组织计划内容和具体办法的设问，也可以考虑采取其他测评角度，避免谈谈方案、计划、怎么做之类的问法。

【样例】兄弟省的同行要到你处室交流学习，具体要求如下：

时间：2023年6月1—5日

人员：处长带队，共四人。

主要目的：

- 增进同行之间的了解，加深彼此之间的感情。
- 与你处室有关业务人员进行工作和资料交流。
- 就某问题到你省基层开展调研。
- 请你省几位专家，就有关问题召开一个研讨会。

假如领导责成你负责具体接待工作。现在请你拿出具体接待方案。

④应变能力。

定义：在有压力的情境下，思考、解决问题时能够迅速而灵活地转移角度、随机应变、触类旁通，做出正确的判断和处理。

命题要求：针对应变能力的测评，必须努力创设真正具有压力性的情境，经验表明现实情境压力要大于假想情境压力。在假想情境压力中，应该突出解决问题的紧迫性、非常规性和答题思路的可拓展性。

【样例】假如你作为上级部门的工作人员，到基层调研回来后不久发现，你向当地领导就某问题表达的个人意见，被地方媒体作为上级领导部门的意见披露出来，在社会上造成了不良影响。这时你怎么办？

⑤人际沟通。

定义：准确地理解他人，清晰地表达自我，有效地影响他人。

命题要求：沟通能力是人际交往的重要能力之一，其重点在于沟通的意识、能力和技巧。沟通并不仅限于个体之间的沟通，也可以包括与组织以及组织之间的沟通。沟通具有很强的互动性，因此命题时要充分考虑沟通对方的特点。

【样例】假如你单位的一位老同志，经常利用工作时间占用办公电话办私人的事。领导发现后,责成你找这位老同志谈谈。假如我就是这位老同志,请你现场模拟一下这场谈话。

4. 面试题本编制的一般惯例

组配多套平行的面试题本时,要尽可能做到:面试官读题时间相当,应试者回答难度相当,测评要素结构一致等。

单独组配一套面试题本时,要尽可能做到:面试与笔试互补,思想性与科学性有机结合,针对性与可测性相互对应,难易程度与应试者的实际水平以及职位需要基本相当。

在组卷中,要考虑不同层次应试者的特点。若条件允许,可将应试者分为有工作经验和无工作经验(应届毕业生)两类。前者以测试实际工作能力为主,后者仍以测试发展潜力为主。可以每天上、下午各使用一套题,也可以每天使用一套题,这要视面试考务组织封闭管理的时间长短而定。试题组合成题本后要及时装袋密封。

组配每套结构化面试题本时,还应注意以下事项。

(1)要有导入语。导入语即简单地互致问候或寒暄,说明面试大概的时间和要求,起到自然导入面试正题的作用。下面是导入语示例:

> 欢迎你参加今天的面试。希望通过交谈增进我们对你的了解。回答每道题前,你可以稍做考虑。对不清楚的,可以问。面谈的时间为25分钟左右,共五道大题,每道题可能会有一些追问,请把握好时间。准备好了,我们现在就开始。

(2)要有合理的试题顺序。一般情况下,分析类试题出现在前面,应变类试题出现在后面。从试题难度安排方面来说,通常是先易后难,便于应试者正常发挥水平。

(3)把握好试题结构。一般而言,计划组织、沟通协调、应变、专项技能等测评要素均应有相对应的试题;综合分析可以设置专门的试题,也可以不设置试题,根据应试者在整个面试中的总体表现进行评价,但因为此类试题的区分度比较理想,原则上应该单独设题;情绪稳定性、语言表达、举止仪表等测评要素可以不单独设题,一般依据应试者的总体表现就可以进行评价。

(4)要根据面试时间选择合适的题量。对多数应试者来说,一项有效的面试,面试时间不应低于20分钟。在20~30分钟的结构化面试中,各类题型的题量设置比例一般为:

- 综合分析类试题1~2道。这类试题主要考察应试者思维的逻辑性、严谨性,思维的广度和深度；通过应试者的语言表达，考察其综合概括能力、分析比较能力、推理判断能力、观察能力和工作常识。

- 决策、计划、组织、协调、合作、应变等试题2~3道。这类试题主要考察应试者对行动原则、方式、程序等的理解及灵活运用的能力和意识；解决具体问题的方式、方法、程序的周密性及对策措施的合理性、可行性；工作中人际合作、承受压力风险、工作进取等方面的水平。
- 情绪稳定性与报考职位要求的匹配性。考察这些要素可单独设题，也可与其他要素结合在一起考察，但这方面的信息对应试者能否被录用往往有决定性作用，因此不容忽视。
- 即席提问或追问。了解应试者的性格、爱好、生活情趣等，弥补前面未考察出的要素，进一步挖掘应试者的答题信息，辨别应试者答题内容的真实性等。这类试题可由主面试官视情况而问，但要以遵循面试考务规则为前提。

在具体面试实施工作中，各招录部门可结合招考职位的工作实际和职责要求添加或重新组合最佳的试题。

13.3 公务员录用面试的结果评价

在本书第7章中，笔者已经比较系统地介绍了面试评分与评价。这里简要介绍一下公务员录用面试的结果评价。

13.3.1 公务员录用面试结果评价的功能

在录用面试的结果评价中，通常包括以下三个层次的评价功能。

1．汰劣层次

根据面试官的经验阅历，判断应试者是否能胜任招录岗位，特别是要筛选出明显不宜录用的应试者。

2．潜力层次

通过应试者回答问题过程中的各种表现，评价应试者在公务员岗位上是否具备一定的发展潜力。

3．择优层次

比较不同应试者（报考同一职位）的能力素质水平，实现择优功能。

前面我们已经指出，公务员录用面试一般采用小组评分法，通常由 5～9 位面试官组成。考虑到统一组织和大规模的特点，要求面试官充分理解试题的内容和测评要素，熟悉面试的基本程序和评分方法，掌握、形成有利于面试官自身履行评分职责的观察要点，然后根据应试者的综合表现，按每项测评要素进行评分。

13.3.2　公务员录用面试评分的基本程序和要求

1．评分的基本程序

面试题本中的每一道题均列出了主要的测评要素、评分参考及观察要点，面试官首先据此判断应试者面试表现的等级水平（好、中、差），然后根据面试评分表各等级列出的分数段给出应试者在每一测评要素上的得分。

2．评分的基本原则

（1）以综合评分为主。在应试者回答完所有问题后，面试官凭总体印象为其评分。要求面试官在面试过程中注意观察和倾听，并对应试者回答的关键信息做好记录，以便做出准确、客观的面试判断。

（2）面试官的评分尺度要前后一致。在整个评分过程中，给应试者评分要尽可能客观、合理。对不同应试者的所评分值要适当拉开距离，如把真正优秀应试者的分数打高，把表现不太突出的应试者的分数打低。对不同应试者要把握统一尺度，尽量避免忽宽忽严的情绪化现象，以免造成评分结果的不公平。

（3）面试官要注意观察、鉴别应试者回答内容的真实性和针对性。对于不紧扣面试试题要求或不结合具体情境的空话、套话及其他程式化回答，应给予相应较差等级的评分。

3．分数合成的步骤

公务员录用面试评分具体操作步骤如下：

（1）每位面试官根据应试者在面试中的总体表现，综合评定应试者在每一个测评要素上的得分。

（2）核分员使用面试成绩汇总表汇总面试官的评分情况，去掉全体面试官在每个测评要素评分中的一个最高分和一个最低分之后，其余分数取得的平均分，即为应试者在每个测评要素上的最终得分。

（3）核分员按成绩计算规则（使用加权公式或直接累加）计算出应试者面试的最终得分（面试成绩），经监督员核实后提交。

面试官在结构化面试评分表上根据应试者的面试表现进行评分。面试官可使用计分平衡表记录自己给前面各名应试者的评分，以便平衡自己对报考同一职位的所有应试者的给分幅度，减少评分误差。面试官使用并签名的结构化面试评分表要作为文书档案保留，在对应试者的面试成绩有异议时，应以面试评分表的原始记录为准。

13.4 公务员录用面试题本使用说明和样例

13.4.1 公务员录用面试题本使用说明

某市公务员录用面试题本使用说明

每位面试官必须认真阅读题本使用说明，熟知测评要素含义、面试过程、评分原则和保密要求等工作内容，严格按使用说明的要求，规范地做好结构化面试工作。

一、结构化面试题本使用说明

本说明专为202×年度考试录用公务员的面试而编制，供我市各招考机关使用。

二、测评要素基本含义

结构化面试题本共测查七项测评要素。

（1）综合分析：通过归纳、演绎等推理过程准确理解、把握事物的本质和内在联系以解决问题。

（2）人际关系：能够为达成工作目标建立或保持友好、和谐的人际关系或人际网络。

（3）主动性：能够在工作中发现或创造新的机会，做要求之外的事，这些行为将提高工作绩效或减少潜在问题的出现。

（4）计划组织：能够根据目标对自己、他人、部门的活动做出计划，调配资源，并对冲突各方进行有效协调。

（5）应变：在有压力的情境下，思考、解决问题时能够迅速而灵活地转移角度、随机应变、触类旁通，做出正确的判断和处理。

（6）语言表达：针对不同的听众将自己的思想、观点以言语的方式明白无误地表达出来，以便听众接受。要求用词准确，表达流畅，有感染力、说服力。

（7）举止仪表：穿着得体，能始终保持头脑清醒，行为表现起伏波动小、不失分寸。

面试官应深刻理解每项测评要素的含义，以便准确按评分参考及观察要点评分。

三、试题设置及测评要素分值

在题本中，综合分析、人际关系、主动性、计划组织、应变等要素设题考察，每道题对应一项主要测评要素。但应试者的回答表现也可能涉及其他测评要素，这由面试官灵活掌握。

语言表达、举止仪表两项要素不设题考察。应试者在这两项要素上的得分，要根据其在面试中的总体表现加以评定。

七项测评要素分值分布如下：

测评要素	分值（分）
综合分析	20
人际关系	20
主动性	15
计划组织	20
应变	10
语言表达	10
举止仪表	5

四、面试过程

每名应试者面试过程的基本步骤是：

（1）应试者候考，抽签决定面试次序。

（2）应试者由引导员带领进入考场。

（3）主面试官宣讲指导语，让应试者明白面试过程及注意事项。从主面试官宣讲指导语起，面试开始计时，每个应试者的面试时间不超过25分钟。

（4）主面试官提问。主面试官按面试题本，依次提出问题，应试者回答。面试官参照面试题本列出的评分参考及观察要点，对应试者进行观察和测评。

（5）面试时间还剩5分钟时，提醒应试者。应试者回答完五道正题或25

分钟时间到，面试结束。应试者离场。

（6）面试官凭总体印象，按测评要素给应试者评分。

注意事项：

（1）报考同一职位的应试者，原则上应安排在同一天进行面试，由同一组面试官进行评分。

（2）面试官在提问时必须讲普通话，不得使用方言，提问时语速要适中，表述要准确。

（3）本次面试除试题已经明示的，主面试官和其他面试官不再提示和追问任何问题，但主面试官可以根据面试进展情况提醒应试者：

① 请你抓紧时间回答问题。（当应试者沉思时间太长或剩余时间不多时）

② 不要紧张，想到什么就说什么。（当应试者太紧张时）

③ 对这个问题，你还有补充吗？（当应试者回答问题太过简略时）

五、面试官评分

本题本使用说明附有结构化面试评分表、面试官计分平衡表、面试成绩汇总表的样式，供各使用部门自行复制。

面试官用结构化面试评分表，对应试者的面试表现进行评分。也建议面试官在整个面试过程中使用面试官计分平衡表，用于记下自己给前面各名应试者的评分，以便平衡自己对报考同一岗位的所有应试者的给分幅度，减少评分误差。

评分程序：题本中的每一道题均列出了主要测评要素、观察要点，面试官先据此判断应试者的面试表现等级（好、中、差），然后根据面试评分表各等级列出的分数段给出应试者在每一个测评要素上的得分。

评分的基本原则：

（1）以综合评分为主，即在应试者回答完所有问题后，面试官凭总体印象为其评分。要求面试官在面试过程中注意观察和倾听，并对应试者回答的关键信息做好记录，以便做出正确、客观的面试判断。

（2）面试官的评分尺度要前后一致。在整个面试过程中，对不同应试者要把握统一尺度，尽量避免忽宽忽严的现象。

（3）面试官要注意观察、鉴别应试者回答内容的真实性和针对性。对于不紧扣面试试题要求或不结合具体情境的空话、套话及其他程式化回答，建议给予"差"等级的评分。

六、面试成绩评定方法

本次面试采取体操计分法，应试者在每一个测评要素上的最后得分是：把全体面试官在该测评要素上的一个最高分和一个最低分去掉之后，其余分数取得的平均值。

每名应试者面试的总成绩等于各项测评要素最后的得分之和。应试者的成绩以结构化面试评分表的记录为准。

面试官使用并签名的结构化面试评分表要作为文书档案保留。

七、保密工作的基本要求

根据《人事工作中国家秘密及其密级具体范围的规定》，题本属绝密材料，市属各部门要做好保密工作，严格控制知密人员范围，按照规定进行交接、传递、保管、拆封，在使用后按机密件销毁。

所有面试官及相关工作人员均不得向外泄露面试的任何信息。对违反有关保密规定的将予以处分；情节严重、造成恶劣影响的依法追究刑事责任。

13.4.2　公务员录用面试题本样例

某省公务员录用面试题本

你好，首先祝贺你顺利通过了笔试，欢迎参加今天的面试。请你来，是希望通过交谈，增进对你的直接了解。我们会问你一些问题，有些和你过去的经历有关，有些要求你发表自己的见解。对我们的问题，希望你能认真和实事求是地回答，尽量反映自己的实际情况和真实想法。在后面的考核阶段，我们会核实你所谈的情况。对你所谈的个人信息，我们会为你保密。面谈的时间为30分钟左右，回答每个问题前，你可以先考虑一下，不必紧张。回答时，请注意语言要简洁明了。好，现在我们开始。（稍停顿一下）

一、某社会调查机构的一项调查显示，66.6%的受访者感觉目前大学生作弊现象比较普遍，60.4%的受访者确认自己或周围同学在大学期间有过作弊行为。你怎么看待这个调查结果？你对大学生作弊现象怎么看？

二、某单位为了提高工作效率组织开发了新的信息化业务管理系统。为帮助大家应用好该系统，单位让你负责安排一次如何使用新系统的培训，由开发部门的专家主讲，但是大家对参加新系统的培训热情不高，有的以工作忙为由推脱，有的觉得自己摸索就行而不用培训。面对这种情况，你会怎么做？

三、假如你如愿成为一名公务员，上班后不久，你就发现所在部门工作中的一些问题。在开会时你对此提出改进建议,几位领导肯定了你勤于思考的精神,但最后都没有听取你的建议。你会如何对待这个问题?

四、假如你顺利通过面试和考核成为一名公务员,单位领导为你和其他新来的人员召开一次见面会。你在这个会上有一次发言机会,时间不超过3分钟。假如我们(面试官)现在就是你单位的领导和同事,请你进行1分钟的准备,然后做一个3分钟以内的发言。

13.5 结构化小组面试

近年来,中央机关有关部门开始尝试结构化小组面试的方式。这种面试本质上是一种群体面试的方式,也就是一个面试官小组同时对竞争一个职位的所有应试者进行集体面试,通常是3~5名应试者分先后顺序对同一问题进行回答,并要求应试者之间进行评价和回应。每名应试者在面试中要与其他应试者进行面对面交锋,听取其他应试者的答题,接受其评价并对其他应试者进行评价。这有助于对应试者的心理承受能力、抗压能力进行考察,同时由于面试中不可预测性大,需要应试者有更全面的思考和更灵活的应变能力,可以规范面试应试培训。不过,令人遗憾的是,现实中很多面试官对这种面试方式还不熟悉,而这种面试方式的培训套路已经铺天盖地。我们在前面第12章中对此有专门介绍。

结构化小组面试流程相对复杂,做好实施细节对公平公正性至关重要。答题及点评完全由应试者自主展开,面试官一般不干预应试者答题与点评过程。

13.5.1 结构化小组面试的程序

1. 应试者入场

同一面试小组的应试者同时进入面试室,按小组内序号入座。

2. 主面试官宣读指导语

面试分为轮流答题和应试者互评两个阶段。下面给出一个面试官指导语样例(四名应试者):

请各位应试者按抽签确定的座位序号入座。

各位应试者,你们好!祝贺你们进入面试。今天的面试,我们以结构化小组面试的方式进行,本次面试共有四道题,面试分为两个阶段,小组陈述阶段和应试者交互评论与表态回应阶段。各阶段的具体要求已经在应试者用题本中说明,接下来的面试过程将在我的主持下进行,请注意把握好时间。

你们准备好了吗?好,现在开始。

第一阶段:小组陈述阶段

你们在备考室已经阅读了需要回答的问题,做了相关准备工作,请你们按照每道题后面括号内的发言顺序依次回答,每人在每道题上的发言时间不要超过3分钟。

请回答第一道题,从1号应试者开始,……

请回答第二道题,从2号应试者开始,……

请回答第三道题,从3号应试者开始,……

请回答第四道题,从4号应试者开始,……

第二阶段:应试者交互评论与表态回应阶段

请每位应试者按座位序号,集中对前后两位应试者的答题情况进行一次评论,评论主要针对问题和不足来进行。评论结束后,被评论的两位应试者必须分别对给予的评论及时做出表态回应。

这种表态可以是同意,也可以是不同意和辩解,但不允许相互争论,更不允许人身攻击。评论的内容可以是针对小组陈述阶段的全部题,也可以是其中的一道题,甚至是某一观点。每位应试者评论的总时间不能超过3分钟,每位应试者每次回应时间不能超过3分钟。

听清楚了吗?好!

请1号应试者集中评论2号应试者和4号应试者,2号应试者和4号应试者分别做出表态回应……

请2号应试者集中评论3号应试者和1号应试者,3号应试者和1号应试者分别做出表态回应……

请3号应试者集中评论4号应试者和2号应试者,4号应试者和2号应试者分别做出表态回应……

请4号应试者集中评论1号应试者和3号应试者,1号应试者和3号应试者分别做出表态回应……

(主面试官注意:如果应试者评论或表态回应占时较多,或者发生相互争论，可酌情提醒。）

面试到此结束，请大家将题本交回，谢谢大家。

主面试官宣读完指导语后，接下来的面试过程由应试者自主进行，面试官一般不再做指导。

3. 小组陈述阶段

应试者按照面试题本规定的答题顺序，逐题、依次回答。

4. 应试者交互评论与表态回应阶段

应试者按照面试题本规定的发言顺序，对其他相关应试者的答题情况进行评论，其他相关应试者依次做出表态回应。

13.5.2 结构化小组面试的有关要求

1. 关于评论与表态回应

（1）应试者对其他相关应试者的评论必须集中依次完成。评论内容为被评论应试者的全部答题情况。评论结束时必须提出一个质疑性问题，由被评论应试者在表态回应时回答。

（2）应试者进行表态回应时，应针对评论内容进行相应的回复或辩解，并回答质疑性问题，但不允许相互争论，更不允许人身攻击。

（3）应试者注意记录和分析其他应试者发言内容，做出有针对性和有深度的互评。空泛的、套路化的互评发言将严重影响面试成绩。

2. 关于时间要求

（1）小组陈述阶段，每名应试者回答每道题的时间不超过3分钟；应试者交互评论与表态回应阶段，应试者评论每位其他相关应试者和每次表态回应的时间均不超过2分钟。

（2）应试者评论其他相关应试者时，评论过程连续进行，但不同评论对象分别计时，均不超过2分钟。

（3）应试者必须自行计时，出现明显超时或多次超时的，将影响面试成绩。面试过程中，工作人员一般不做提示。整场面试最长时间根据应试者小组人数，分别为3人组

51分钟、4人组68分钟、2人组26分钟。时间终了前5分钟和终了时，工作人员将给予提醒。

3．关于团队协作

（1）应试者应加强协作与配合，齐心协力共同完成好此次面试。

（2）面试过程中，如有应试者出现顺序错误、发言超时等情况，其他应试者有责任通过适当方式提醒，共同推动面试正常进行。

（3）团队协作的总体情况，将对本小组每名应试者的面试成绩产生影响。

13.5.3　结构化小组面试轮流答题及应试者互评的顺序

结构化小组面试一般由竞争同一职位的3~5名应试者同时进行，这里以3人和4人为例说明答题和应试者互评顺序。

1．应试者小组人数为3人

（1）小组陈述阶段的答题顺序。

第一题：应试者A→应试者B→应试者C

第二题：应试者B→应试者C→应试者A

第三题：应试者C→应试者A→应试者B

（2）应试者交互评论与表态回应阶段的发言顺序。

①应试者A评论应试者B→应试者A评论应试者C→应试者B回应应试者A→应试者C回应应试者A

②应试者B评论应试者C→应试者B评论应试者A→应试者C回应应试者B→应试者A回应应试者B

③应试者C评论应试者A→应试者C评论应试者B→应试者A回应应试者C→应试者B回应应试者C

2．应试者小组人数为4人

（1）小组陈述阶段的答题顺序。

第一题：应试者A→应试者B→应试者C→应试者D

第二题：应试者B→应试者C→应试者D→应试者A

第三题：应试者C→应试者D→应试者A→应试者B

（2）应试者交互评论与表态回应阶段的发言顺序（应试者 D 首先开始，评论序号相邻的两名应试者，先评论下一名应试者 A，再评论前一名应试者 C）。

①应试者 D 评论应试者 A→应试者 D 评论应试者 C→应试者 A 回应应试者 D→应试者 C 回应应试者 D

②应试者 A 评论应试者 B→应试者 A 评论应试者 D→应试者 B 回应应试者 A→应试者 D 回应应试者 A

③应试者 B 评论应试者 C→应试者 B 评论应试者 A→应试者 C 回应应试者 B→应试者 A 回应应试者 B

④应试者 C 评论应试者 D→应试者 C 评论应试者 B→应试者 D 回应应试者 C→应试者 B 回应应试者 C

13.5.3　结构化小组面试试题样例

结构化小组面试的试题设计与传统的结构化面试差别较大，这里给出笔者为有关部门设计过的结构化小组面试试题，供面试官参考。

第一题

一项大型调查表明，大学毕业生的平均就业满意度为 56%，其中在"政府机构/科研或其他事业单位"的就业满意度最高（69%）。

另一项调查表明，绝大多数单位对新引进的大学毕业生满意度较高，有 76% 的单位认为大学毕业生的特点或优势是学习能力和接受能力较强，其他的优势分别为上手较快、知识面较广。但也有部分用人单位对所招的大学毕业生评价一般。独立工作能力弱、心态浮躁是一些用人单位对"95 后"大学毕业生的负面评价。

请谈谈你对材料一的调查结果的看法。你怎么看待"95 后"的大学生？

第二题

阅读下列三个小案例，并按要求回答问题。

（1）A 同学是南京师范大学的大三学生，到一家网络销售公司做兼职，按公司要求缴纳了 2000 元的押金后，她开始工作，主要是销售价值 298 元、398 元的贵宾卡，可两个月下来她一张卡都未销售出去。为此，她要求公司退还押金，公司却不予退还。由于 A 同学与公司签订的协议不属于劳动合同，无法按劳动法进行处置。

（2）B同学是南京邮电大学电信专业的学生，由于来自欠发达农村地区，他兼职做了某公司的推销员，包括发传单、上门推销产品等，这份工作解决了他的学费和生活费用问题，但由于学业负担重，打工占用时间太多，导致上学期有三门必修课没有通过。

（3）C同学是南京大学广告专业的大学生，在一家广告公司做过装潢工，可惜在进行作业的时候没有充分做好安全防范，结果不幸从4米多的高处摔下来造成腿部、手臂多处骨折。事后他向老板索赔，但因没有签订合同，老板又耍赖，结果一分钱也没有要到，只能"自费"了事。

请根据案例中三人的兼职打工经历给你的启发，模拟一位辅导员，对那些将要进入兼职打工行列的大一学生做3分钟的讲话，提醒他们在做兼职打工前要注意的问题。

第三题

假如你在单位负责信息报送工作，领导要求充分发挥信息工作在下情上达、正确决策、正面宣传中的作用，并要求提升信息考核排名。你对今年以来的信息报送情况进行了梳理，发现各部门报送信息不及时，亮点材料也不多，完成目标难度很大。于是你召开了一个协调会，会上各位通讯员纷纷发表了自己的意见：

甲：不是我们不想写，而是业务量太饱和，根本没时间写。

乙：虽说在一个部门工作，但很多事没亲身参与，写不深，写不精。

丙：我是工科生，搞技术出身，干具体工作在行，写材料很费劲，花大气力也写不出好东西来。

丁：写稿子的付出与回报不对等啊，这等于是我们额外的工作了。

针对上述几位通讯员的发言，你准备进行公开回应，对他们进行激励。请现场模拟一下。

第14章
事业单位人员招聘面试

什么面试方式适合事业单位岗位招聘

在工作中，经常有事业单位人事部门的主管问笔者："刘博士，你能否告诉我，我们这次招聘最好采用哪种方式的面试？是结构化面试，还是半结构化面试，抑或是行为性面试？"

这个问题看似简单，但并不是一句话就可以回答的。基于这个问题的普遍性和现实性，笔者在此给出了答复意见。

（1）鉴于事业单位类别的多样性和复杂性，可用的面试方式有很多，原则上所有的面试方式都可以用，但具体用什么面试方式要根据具体情况来决定。

（2）每种面试方式都有其最佳适用条件。就目前最广泛使用的结构化面试来说，当事业单位招聘面试的公平公正性要求非常高时（如招聘岗位具有很强的公共服务职能性质，社会对其公平性关注度很高），最适合用这种面试方式。但是当用人单位更关注招聘面试的针对性和有效性时（如某研究所招聘行业研究人才，或者高校招聘教师），就更适合用半结构化面试，或者行为性面试，甚至情境模拟面试。也就是说，用什么面试方式与面试要达到的选人用人目的紧密相关。

（3）在可能的情况下，建议在招聘实践中尽量同时应用不同的面试方式，一方面，不同的面试方式间可以对测评结果的准确性进行交叉论证；另一方面，不同的面试方式可以大大提高面试的效度，提高招聘工作的有效性。

14.1 事业单位招聘面试的现状和特点

14.1.1 事业单位招聘面试的现状

事业单位公开招聘工作，是伴随着事业单位人事制度改革的不断深化应运而生的。自 2006 年《事业单位公开招聘人员暂行规定》颁布实施以来，事业单位公开招聘工作如燎原之火，迅速全面展开。从 2014 年 7 月 1 日起，国务院常务会议审议通过的《事业单位人事管理条例》开始施行，这标志着公开招聘制度进入了法制化的轨道，公开招聘的理念深入人心。目前，每年参加各类事业单位公开招聘考试的应试者预计在 500 万人以上。

作为人才选拔的重要方式，事业单位公开招聘中常用的面试方式，是全面、客观了解应试者综合素质的必要手段，其科学性、公正性直接关系到招聘工作的质量。事业单位涉及的领域广泛、种类繁多，这也决定了事业单位招聘面试的多样性和复杂性。从更好地满足各类事业单位人员招聘的要求来说，从面试内容到面试方式都应该是丰富多彩的。很遗憾的是，目前事业单位招聘面试方式相对还比较单一，很多单位甚至只用结构化面试这一种方式。笔者认为这是很不正常的，各类事业单位应该在公开招聘实践中加大对面试方式的探索力度。在本章中，笔者将把自己在这方面的实践探索和思考呈现给广大读者，期望能起到抛砖引玉的作用。

14.1.2 事业单位招聘面试的特点

经过对当前事业单位招聘面试情况的梳理和总结，我们发现，当前事业单位招聘面试主要有以下三个特点。

1. 用人单位在面试方面拥有较高的自主权和灵活性

近年来，事业单位公开招聘笔试工作日益受到各方重视，各地人事考试机构也在积极探索统一规范、分级分类的笔试方式，并且取得了一定成果。与笔试相比，事业单位招聘面试则呈现出更大的分散性和灵活性。根据我们对全国各地的调查，当前事业单位招聘面试的组织实施方式主要有三种：用人单位在其主管部门的领导下自行组织实施；行业主管部门统一组织实施；人社部门统一组织实施。其中占据主导地位的是第一种方式，即从拟定面试方案到试题命制、聘请面试官、组织实施等环节全部由用人单位自行决定和负责，人事主管部门和行业主管部门只提出原则性的规范要求。这一面试组织实施方式有其难以替代的优点：首先，充分考虑到事业单位的特殊性。我国的事业单位涵盖众多行业领域，服务专业性强，技术水平要求高，岗位和人员需求多样，给用人单位适当的选人用人自由度，有利于实现事业单位公开招聘"人岗匹配"的目的。其次，可以最大限度发挥面试的测查功能。当前各地公开招聘的笔试多是从综合角度考察应试者的基本能力和素质，起到"汰劣"作用，而面试则可以从更为专业的角度实现"择优"功能，但这一功能的实现要建立在面试实施者能较好地把握岗位实际，设计测评要素和考察内容，并运用专业的面试技巧，对应试者进行综合测查的基础上，而这方面的现状并不尽如人意。

2. 面试方式以结构化面试为主，测评内容以通用性试题为主

由于缺乏对事业单位招聘面试的研究和规范，各地多采用公务员的面试方式，或在其基础上稍加改进。除教师、医疗卫生行业等特殊行业的面试会采用说课、实际操作等方式，绝大多数事业单位采用的都是结构化面试方式，测评要素也和公务员面试差不多，差别只在于面试时长不同，试题数量不同。虽然在事业单位公开招聘刚起步时，模仿公务员面试方式未尝不是一件好事，因为公务员面试经过多年发展已形成一整套成熟的制度和规范，但是，事业单位的工作毕竟和机关不同，对人员素质的要求也不同，直接套用公务员面试的测评要素未必能有效地选拔出单位所需要的人才。并且，在对公务员面试模仿的过程中，也只是得其"形式"，未得其"精髓"。

3. 试题来源以委托式命题为主，面试官以单位内部人员为主

事业单位招聘面试的试题来源大致有两种，一是单位自主命题，二是委托第三方专业机构命题。这两种命题方式都有局限性。首先，单位自主命题，虽然能体现行业和专业特点，但命题人员普遍缺乏人才测评知识和命题技巧，不一定能编制出合格的试题，而且这种方式为"暗箱操作"提供了便利，因此，这种方式已逐渐被用人单位所摒弃。其次，委托第三方机构命题，命题方对用人单位的业务需求并不了解，很难为其量身定制试题。而且，第三方命题机构尤其是基层的命题机构，其自身的命题能力和水平也非常有限。面试官通常是由用人单位领导和人力资源部门人员构成，有的也从外部聘请一两名面试专家，但是主面试官通常是由单位领导担任。大多数面试官从未受过专业面试官培训，也不熟悉人才测评技术，在面试过程中仅靠感觉和经验来评判，或者像笔试阅卷一样按照答题要点踩点给分，这在很大程度上影响了面试的效果。

14.2 事业单位招聘面试面临的挑战

近年来,随着社会对事业单位公开招聘的关注度越来越高,各地人力资源和社会保障部门不断加强对事业单位招聘面试的监管力度,并进行了一系列改进和创新,提高了面试的公平性和科学性。例如,已有多地在事业单位招聘面试中引入了"市民旁听制度",力求面试过程透明,避免舞弊;有的事业单位面试中还引入了全电子化的面试评分系统,从应试者确认、抽签,到面试官抽签、评分、成绩汇总等各个环节全部实现了计算机操作,系统后台还可以实时监控面试进度及评分情况。但总体来说,我国事业单位面试实践领域存在着以下一些普遍性问题。

1. 手段单一,尚未形成符合事业单位招聘特点的面试方式

由于缺乏理论探索与研究,各地事业单位的招聘面试实践多是直接照搬公务员面试的方式:以结构化面试为主,测查内容以岗位通用基本能力为主。在评价方法上,除教师、医疗卫生行业等少数特殊行业的面试会采用情境评价方式外,以问答形式为主。这种方式在一定程度上有利于解决公平性问题,但无法体现出事业单位的特点和用人单位的招聘需求。

同时,我们也应该看到,尽管结构化面试通过采取一些客观化、标准化的措施,整体上显著提高了面试的信度和效度,但随着面试结构化程度的不断提高,大规模的结构化面试也带来了一些极端问题。例如,面试程序僵化,面试官不敢做任何追问,由于片面追求形式上的公平性而牺牲了内容的科学性等。因此,未来有必要探索符合事业单位招聘特点的多元化面试方式。

2. 面试官水平参差不齐,队伍建设有待加强

面试的有效性往往取决于面试官水平。面试官的认识水平、识人本领、个人偏好、责任心等因素决定了面试评分具有很强的个人主观倾向。目前,各地面试官水平参差不齐,主要问题表现在:一是提问缺乏技巧,如提问随意、不敢追问、追问缺乏技巧或侵犯个人隐私;二是缺乏人才选拔方面的专业训练,如不理解测评目标,对评分标准掌握不好;三是评分技巧欠缺,特别是一些经验不足的面试官会受到诸如晕轮效应、刻板印象等的影响,从而影响到评价效果。

但是,面试官队伍的内行化、专业化建设难度很大。目前,我国只有北京、江苏等少数省市对事业单位招聘面试官实行了培训持证上岗制度,大多数地方面试官队伍建设

还有待加强。

3. 试题科学性水平有待提高，培训效应难以克服

试题也是影响面试有效性的重要因素。现阶段，面试试题的科学性水平有待提高，主要体现在三个方面。

第一，试题的测评目标缺乏设计。测评目标和维度划分没有建立在工作分析的基础上，没有与岗位要求很好地结合。这样会导致面试官在面试过程中过多地依赖综合素质来选拔应试者，语言表达能力强、思维逻辑清晰、言行举止合适的人往往成为首选，而其实这样的人未必是岗位所需的人才。

第二，评价标准缺乏设计。评价标准应该基于对典型工作行为的分析，对不同级别的表现给出准确的描述和解释，但目前的面试评分标准缺乏工作分析，缺少客观依据。

第三，试题本身的设计缺乏科学性。一是试题不科学，主要表现在试题随意，甚至出现歧视性试题；试题答题空间较小，区分度差；语言表述不严谨，问题不明确，造成应试者理解偏差。二是同一套面试试题中的试题组合缺乏设计，如考察要素重复。三是试题与测量目标不符，无法实现对岗位所需测评要素的测量，如问题与工作不相关。

此外，由于试题创新不足，应试者通过短期培训，掌握了应对策略，一些语言表达能力较强的应试者或者善于伪装的应试者可能取得高分，而一些有思想但不善表达或性格内向的应试者可能被忽略。

4. 组织实施不规范，违纪行为影响面试公信力

一些用人单位对面试环节的重视程度不够，面试的组织实施程序不规范，如试题保密措施不严、面试顺序随意、试题难易不同、时间长短不统一、分数使用标准不一致等，这些都在一定程度上影响了面试的公平性，带来了不良影响。

此外，事业单位招聘面试中时有乱象见诸报端，违纪行为严重影响了面试的公信力。例如，某省会城市群众艺术馆的一个报考职位，出现不用笔试且面试仅一人的情况，而此人已在该单位工作多年，被质疑考试岗位涉嫌"量身定做"。对此，该市群众艺术馆相关人士表示，涉事舞蹈岗位当时共有三人报名，最后两人弃考，仅剩的一人按规定免笔试直接进入面试，并最终被录用。又如，有媒体报道，黄山市某事业单位招考面试中，主面试官临时更改面试试题导致一名参加面试的应试者发挥失常。此事查实后，该市人社部门果断取消了面试成绩，并于一个月后举行了第二次面试。这些乱象的出现表明，当前，事业单位招聘面试的组织实施中还存在着不容忽视的问题，亟须我们进行研究。

14.3 事业单位招聘面试的探索与创新

基于当前我国事业单位招聘面试的现状,针对招聘面试中存在的主要问题,我们认为,应该从重视面试的技术研发与设计、加强面试官的管理与培训、完善面试的组织实施办法等方面入手,全面提升事业单位招聘面试的针对性、科学性和有效性。

14.3.1 重视事业单位招聘面试的技术研发与设计

1. 探索建立分类招聘面试的框架体系

如前所述,在现有的事业单位招聘面试实践中,大多采用类似公务员招录的结构化面试方式,针对性和有效性远远不够。因此,迫切需要改变同一面试测评要素、同一面试试题测查所有岗位的应试者的办法,针对不同类别的人员研究建立面试测评要素框架,探索和实施按岗位类别测查不同测评要素,充分体现因岗择人、人岗匹配的评价理念。

首先,从类别的划分上,管理岗位可以作为一类,专业技术岗位很复杂,可以先分为才艺类(如音乐)和学识类(如教师),对于学识类再按教育、医疗、其他(分自然科学和社会科学)等大类进行划分,具体分类如表14-1所示。

表14-1 事业单位招聘面试分类框架

一级分类	二级分类	三级分类	四级分类	具体岗位
管理岗位				如办公室管理人员
专业技术岗位	才艺类			如播音、作曲、演奏
专业技术岗位	学识类	教育	大学教育	如心理学教授
专业技术岗位	学识类	教育	中学(高职)教育	如初中物理教师
专业技术岗位	学识类	教育	小学教育	如小学语文老师
专业技术岗位	学识类	教育	幼儿教育	如保育员
专业技术岗位	学识类	医疗	中医	如中医内科
专业技术岗位	学识类	医疗	西医	如妇科
专业技术岗位	学识类	医疗	护理	如护士
专业技术岗位	学识类	医疗	药剂	如药师
专业技术岗位	学识类	医疗	医学技术	如牙医
专业技术岗位	学识类	医疗	公共卫生管理	如社区疾病防控
专业技术岗位	学识类	其他	社会科学	如律师、经济、会计
专业技术岗位	学识类	其他	自然科学	如信息技术、统计

其次，围绕每个类别岗位的胜任力要求，研究适合招聘面试考察的测评要素。这里所说的测评要素，不仅包括基本能力素质，也包括专业素质，因为事业单位工作人员的专业性较强，与公务员有较大的区别。需要注意的是，专业素质在面试中不宜考察纯知识性的内容，因为用笔试考察知识更有效且成本更低，面试更适合测量应试者运用知识分析问题、解决问题的能力。举个例子，为了考察应试者在信息化技术方面的专业水平，很多面试官习惯问一些这样的问题：

"计算机操作系统的功能有哪些？"

"信息安全包括哪些方面的内容？"

"关系数据库逻辑设计的步骤和内容是什么？"

上述问题都是知识性的，完全可以通过笔试来考察，能力性的问题可能是这样的：

"某公司客户提出开发信息化办公系统的需求，单位让你负责项目开发工作，你将如何做好这个项目？"

"在你最近几年的实习或实践中，你独立承担过的最成功的信息化技术工作是什么？请具体谈谈你当时是怎么做的以及最终取得的成效。"

这样的问题就是能力性的。专业化的面试试题就得倡导能力导向，可惜很多专业技术命题人员缺乏这方面的素养和意识。

最后，针对各类岗位的测评要素，研究相应的面试方式。

2. 创新面试命题技术

目前事业单位招聘面试命题模式太单一，而且长期沿用一些固定不变的命题思路来设计试题。面试培训机构通过对应试者进行短期培训，让其基本掌握面试应对策略，从而导致面试考察了应试者的应试能力而非岗位胜任力。因此，我们只有不断地创新面试命题技术，才能保证招聘面试的效果。这里，我们提出一些可以对现有的命题技术进行创新的尝试。

（1）细化面试问题的背景信息。传统的招聘面试试题太笼统、太有原则，容易形成回答的套路。而当我们把问题情境具体化之后，应试者就需要根据具体情况回答应对措施。例如，我们想考察应试者的应变能力，传统的招聘面试试题可能会是这样的：

"假如你在主持一次会议时，与会各方僵持不下，你怎么办？"

显然，这是很笼统的试题，背景信息很不完备，应试者很容易按套路回答。要避免这一倾向，可以细化问题背景信息，改为：

"假如你在主持一次会议时，业务部门和后勤支持部门为了各自的利益而发生了激烈的冲突，以至于人们又牵扯了以往的个人恩怨。作为新来的人，你并不十分清楚以前的纠葛，但你知道人们都在等待着你的决定，面对这种情况你将如何处置？"

这样在问题情境具体化之后，应试者必须针对具体情况提出应对办法，从而更有效地考察应试者的协调能力和应变能力。

（2）突破传统招聘面试的问答模式。把文件筐测验、角色扮演、小组讨论等现代测评技术引入面试命题中，设计情境模拟题，改变以往应试者总是作为旁观者谈看法、谈认识的模式，由其直接承担角色，在类似真实的情境中考察应试者的反应能力、应变能力、分析问题及解决问题的能力。这种题型让应试者无法通过培训获得应试技巧，或者说应试者要是真能通过培训提高自己分析问题及解决问题的能力，那也是好事，因为完成好工作正需要这样的能力。下面给出一道招聘编辑、记者时设计的情境模拟试题：

某市广播电视局在招聘编辑、记者时，组织应试者参观了上海无线电一厂生产车间，请厂长介绍了该厂搞活企业经营、狠抓产品质量、改进营销等方面的情况，并以记者招待会的形式，由厂长解答应试者提出的各种问题。随后让应试者根据各自的"采访记录"分别撰写新闻综述和工作通讯。面试官最后根据应试者的采访报道进行提问。

3. 丰富面试评价模式

目前的面试评价结果通常就是一张评分表，上面有 3~7 个面试测评要素及其定义，各测评要素的权重及满分。每位面试官对每名应试者的各个测评要素评分，最后把所有面试官的评分结果去掉最高分和最低分，求平均后得到应试者的最终面试分数。这种设计理论上是可行的，但现实中面试官对测评要素内涵的理解、对试题回答模式与测评要素得分之间的关系把握常常偏差比较大，导致结果很不可信，有的甚至还不如直接打个总分更有效。基于上述情况，我们提出以下改进建议。

（1）针对每个测评要素，根据面试具体试题，给出可操作的结构性测评要素，以便面试官理解和把握。例如，对于团队管理能力，传统的面试评分表可能会给出这样的定义：

"能够带领大家团结协作，共同完成团队目标的能力。"

这个定义在面试中很难把握，我们可以把它具体化为四个结构化测评要素：

关注团队共同目标（操作定义略）；
协调内部成员之间的不同意见（操作定义略）；
推动团队工作进程（操作定义略）；
主动承担责任并发挥示范作用（操作定义略）。

这样把理论定义具体化为可操作的多个测评要素后，面试官就会比较容易理解和把握。

（2）改变传统结构化面试过于呆板的面试方式，采用半结构化面试方式，核心测量要素相对稳定，但面试过程中的追问相对灵活。改变情境模拟面试试题"假如……你会……"存在的"所说与所做"不一的问题，面试主要从应试者的实际经历切入，采用行为性面试方式进行设问和追问，注意要因人而异。这种面试方式在面试过程中更关注应试者过去的行为，从而改变传统的面试评价模式。通常在行为性面试中，面试官更关注应试者在每个测评要素上表现出来的行为证据，根据面试中表现出来的正面证据和负面证据的多少，来判定应试者的要素得分。一般用五点评价法，根据行为表现情况从1到5进行评分，通常3表示一个要素达到了岗位胜任水平。下面举例说明。

测评要素：团队合作

行为性面试试题：请谈一个在最近的工作中你与他人共同解决问题的事例。

追问：这件事是在什么情况下发生的？与你一起工作的是什么人（了解其合作的动机）？你当时具体承担什么职责？你们是采用什么方式来开展工作的？在这一过程中，你们对问题的看法有没有分歧（深层次的了解）？任务完成后，你的合作者是怎么评价你的？

评价标准：假设团队合作这一胜任力共有五级，表14-2列出了1级和5级的行为指标。

表 14-2　团队合作要素的评价等级及行为指标

测评要素	等级				
	1	2	3	4	5
团队合作	不与团队成员沟通，完全按照个人设想工作； 虽然告知团队成员自己的设想，但不响应对方提出的建议或要求； 固执己见，很难主动改变自己的想法； 不关心团队目标，较少参与团队活动				积极寻求并尊重他人的观点，促进群体的合作氛围； 在承认群体成员因观点不同而存在分歧的基础上，通过有效的方法解决分歧，以达成目标； 群体中成员的观点不一致时，能够理解彼此的思想，求同存异； 调动群体中所有成员的积极性和参与度，提高群体的凝聚力； 设法解决群体成员的困难，使其愿意保留在群体中

14.3.2　加强事业单位招聘面试官的管理与培训

在事业单位招聘面试中，面试官的作用最重要。试题设计得再科学合理，如果面试官的素养跟不上，面试也不可能达到理想的效果。而在实践中，由于种种原因，面试官的建设和管理方面还有很多问题，一是在面试官的组织上，普遍存在着面试官队伍不够稳定、流动性大的问题，有的领导甚至没有任何经验就被临时抽调担任主面试官，这种状况很不利于招聘面试官队伍素质的提高；二是在面试官队伍的建设与管理上，存在着忽视面试官培训的倾向，或者只是象征性地做一下面试前的临时培训，内容只是停留在人才测评及面试基本内容的了解和操作上，造成了面试官专业水平不高的问题。因此，我们提出以下两个方面的改进措施。

1. 实行面试官的分级资格认证制度

长期的面试实践工作表明，面试官的评价水平直接关系到面试的最终效果。面试评价不仅需要面试官具备丰富的实践经验，而且需要面试官掌握一定的测评理论知识和行为评价技术。因此，笔者建议建立事业单位招聘面试官分级资格认证制度，由相关的行业协会出台相关的资格要求，通过考试和实际水平确定面试官的级别和资格，如 C 级为初级面试官，B 级为高级面试官，A 级为面试专家等。实行面试官持证上岗制度，建立面试官的激励机制和退出机制，优胜劣汰，保持面试官队伍的专业性和稳定性。

2. 加强面试官的培训工作

要提高面试官的素养，加强培训是关键。培训包括常规的培训和面试前的培训。常规的培训可以根据每位面试官的级别，每年进行一定时间（如一周）的培训，培训内容包括测评理论、面试原理和面试技术等。面试前的培训则主要针对招聘岗位的胜任力及其内涵、面试实施过程以及面试评价技术来进行，时间允许的情况下可以进行面试演练，考察每位面试官在面试实施中行为的合适性以及面试评分的信度和效度，在此基础上对每位面试官的演练状况进行反馈和点评，以取得更好的面试效果。就面试评价来说，倾听技能和观察技能就是很需要培训的面试官技能。

（1）倾听技能的培训。除了常规的培训内容，还要提醒面试官重视应试者的答话态度和答话内容的方向。答话态度与答话内容同等重要，尤其对一些经常更换工作或经常参加面试的应试者来说，也许他们的应试技巧比面试官的面试技巧还要高明。面试中，面试官一般都喜欢选"实实在在、勇于负责"的人，但这种工作态度是一种人格特质，很难在半小时或一小时的面试时间里识别出来。不过，从答话态度和答话内容的方向上可以得到一些信息。例如，应试者谈起以前的失败经历，会找一些理由或归罪他人，很少触及自己的努力不够或能力不足，这就是"怕负责任"的信息。

（2）观察技能的培训。坚持观察的综合性、目的性和客观性原则，避免以貌取人，或者光环效应。注意应试者的面部表情，通过对面部表情的观察和分析，可推测应试者的深层心理状况，在不同程度上判断其情绪、态度、自信心、诚信度、思维的敏捷性、人际交往能力等。例如，当面试官提出一些难以回答或窘迫的问题时，应试者可能目光暗淡、双眉紧皱，带有明显的焦急或压抑的神色。注意应试者的身体姿态语言（手势、坐姿、表情变化、多余动作等），应试者嘴里说出来的，和其身体语言所自然表达出来的信号，两者之间"是否协调"，这对了解应试者的内在心态能提供有用的信息。例如，应试者说话的时候，两只手会有些辅助动作，适度的辅助动作可以帮助沟通，但夸张的动作只能给人一种不实在的感觉。眼睛不敢正视面试官，或者回答问题过程中眼睛闪烁不定等，都能暴露出应试者的一些弱点。

14.3.3 完善事业单位招聘面试的组织实施办法

前面谈到的对策建议主要针对面试的针对性、有效性和科学性问题，而事业单位招聘面试的组织实施则关系到面试的公平公正性和规范性问题。从当前的招聘实践来看，社会和广大应试者对招聘笔试公平公正性的认可度要明显高于面试。我们认为，可以从以下几个方面完善招聘面试的组织实施办法。

1. 严格规范招聘面试的实施程序

事业单位是经济社会发展中提供公共服务的主要载体，公开招聘制度是事业单位进人的主要制度。规范招聘面试的实施程序对于维护社会公平正义具有重要意义。一是要严格落实政府有关事业单位招聘管理制度的规定，做到程序公开、过程透明、结果公开。例如，关于参加面试的应试者人数、面试方式和面试时间，能公开的就公开。二是采取各种措施最大限度地保证面试对广大应试者的机会公平。例如，在面试官选取和应试者场次确定时，最好采用双抽签的办法，让面试官、应试者随机进入某一面试小组。只设一个考场时，面试官最好通过差额抽签确定。

2. 加大外派面试官的人员比例

目前，事业单位招聘面试中的面试官通常是用人单位的有关领导，有些单位出于公平性的需要会象征性地邀请面试专家担任面试官。用人单位的人员担任面试官，最大的优势是他们对用人需求和岗位工作非常清楚，但最让人担心的就是他们能否坚持公平公正的原则，另外，他们是否具有面试官的专业技能也是社会和应试者所关注的。在这种情况下，最好的办法就是加大外派面试官的比例，理想的情况下可以让外派面试官比例达到 40%，这样无论是面试的公平性还是有效性方面都会有明显的提高。当然，外派面试官可能对用人单位的岗位要求了解不够，所以事先应让他们尽可能多地了解这方面的信息，以保证面试结果符合用人单位的要求。

3. 允许或鼓励面试官在面试过程中进行必要的追问

面试官的提问和追问是获取应试者信息的重要手段。但是，在结构化面试中，为保证面试方式上的公平公正性，往往不允许面试官进行追问。这会限制面试官有针对性地考察应试者的岗位胜任力。因此，我们认为在事业单位招聘面试中，应该赋予面试官更大的自主权，允许或鼓励面试官在面试过程中进行必要的追问。例如：

情境一：对于行为性问题，遇到应试者在叙述与工作岗位相关的关键信息有遗漏时，面试官可从时间、地点、涉及人员、效果、自身体会等角度去追问事件的具体情况。

情境二：如果应试者回答问题比较笼统，或者没有重点，可以通过使用数据、对比、分析、设置具体情境或任务来追问，使问题更加量化和细化。

4. 加强招聘面试的监督

加强监督是保证面试过程和结果公平公正的重要手段。一要加强纪检监察部门的监督，主要监督招聘面试的各个重要环节是否按制度执行，包括面试题本的印制与保管、面试实施的程序、面试成绩的生成等；二要加强社会和应试者的监督，如面试题本开启前由两名应试者现场签字确认，让应试者代表参与监督面试分数的统计汇总过程，公布面试结果时公开应试者举报电话等。

14.4 事业单位招聘面试的实例

某研究所的招聘面试

小张是清华大学计算机应用专业的研究生，2021年7月经过层层选拔进入某研究所从事信息服务与管理工作。小张所在的信息服务处共有5人，包括处长姜新、副处长周明、资深技术骨干李远，以及借用人员刘丽娟。工作近两年来，小张能发挥专业特长，特别是在信息技术应用方面取得了较大的进步，但小张也存在一些问题，甚至由于经验不足还在工作中出过一些差错，突出表现在以下几个事件上。

事件一：小张对于领导布置的任务能按时完成，但有时领导安排的任务不多，小张就会闲着。去年七八月份，领导直接安排的工作不饱满，导致小张常常闲着用手机上网看视频，而处里其他人却忙得团团转，在同事中造成了不良影响。

事件二：今年一月，单位开始应用新的信息化办公管理系统，姜处长让小张重点负责本部门的系统应用技术支持工作，并让刘丽娟协助他开展工作，以确保任务完成。小张因为工作任务较多，就让刘丽娟承担系统应用中的答疑和问题解决任务，可是刘丽娟的技术水平不高，小张事前又没有与她进行沟通，所以没有完成任务。有关业务处室对此表示强烈不满，姜处长为此严厉批评了小张。

事件三：最近，姜处长外出调研前，安排小张起草一份上季度工作情况报告，后因上级领导催促，小张把未经姜处长审改的报告草稿直接交给了领导。由于报告中出现了一些明显与事实不符的低级错误，姜处长调研回来后，上级领导对他进行了严厉的批评，并责成他当天加班重新提交报告。

问题一：根据以上材料，请你谈谈小张身上存在哪些问题？你认为作为一名应届毕业生应该如何尽快地适应工作？

问题二：在事件一的情境中，你觉得小张应该怎么做？请给他提出一些建议。

问题三：假如你是事件二中的小张，为防止出现事件中的不良后果，你事先会采取哪些具体举措？

问题四：在事件三中，假如你是小张，上级领导当面批评姜处长时，你正好在场，这时你怎么办？请你稍做准备后，模拟当时的现场用1分钟时间向上级领导说明情况。

【评分参考】

问题一：主要考察综合分析能力，同时考察其角色认知。应试者首先要读懂材料，在此基础上分析概括小张存在的问题，主要表现为工作不够积极主动，限于完成分内的工作（事件一）；沟通意识不强、计划组织能力不够（事件二）；组织规则意识不强（事件三）。本题关键看其考虑问题是否全面，概括问题是否准确，分析问题是否深入，对大学生的角色定位和认知是否到位等。

问题二：主要考察主动性。在事件一的情境中，首先，要主动与领导进行沟通，争取多承担工作；二是在可能的情况下，通过沟通，积极帮助工作繁忙的同事完成任务；三是即使闲着没事，上班也不宜上网看视频，可以看看文件，整理内务，学习业务技能等。

问题三：主要考察沟通与组织协调能力。首先，要根据新系统应用技术支持工作的目标要求，制订计划，确保姜处长交代的这项重点工作顺利完成。其次，在执行过程中，自己要亲自挂帅，关键的任务自己要承担，并让刘丽娟协助自己开展工作。在整个任务执行前和执行过程中，要及时与刘丽娟沟通，让她明确任务要求，承担力所能及的工作。最后，自己的其他工作再忙，也要分清轻重缓急，把姜处长交代的这项重点工作做好，如果还有其他重要任务实在忙不过来，则可适时向姜处长汇报寻求其他支持。

问题四：主要考察应变能力。首先，现场模拟讲话时应该冷静，表情中带有做错事的内疚和歉意；其次，要把此事的所有过错承担下来，并对个人主观原因进行简短剖析；最后，要在领导面前表态以后不再犯这样的错误。

某中学教师招聘面试

本次面试分三个阶段。第一阶段为结构化面试，时间为15分钟；第二阶段是教育方案设计与答辩，时间为60分钟；第三个阶段是试讲，包括准备和讲解，时间为60分钟。

第一阶段　结构化面试

指导语：

你好，欢迎你参加今天的面试。今天面试的第一阶段是结构化面试，共有3道题，时间为15分钟；注意把握好时间，现在就让我们开始。

（1）著名的教育家陈鹤琴先生说过："没有不合格的学生，只有不合格的老师。"你是否认同这一观点？请结合实际谈谈你对这句话的理解。

（2）假如你是一名新教师，办公室里的一名老教师经常让你替她看自习、批改作业等，而且说是为了锻炼你，但是这导致你的工作应接不暇。在这种情况下，你会怎么办？

（3）在课堂教学中，你把一道题的答案讲错了，一名学生当场举手指出你的错误。面对这种情况，你会如何处理？

第二阶段　教育方案设计与答辩

指导语：

请根据下面的材料设计教育方案并进行答辩，总时间为60分钟。

情境：假如你是某班的班主任，最近班里发生了这样一些事：

（1）考试时，多位同学经常作弊，互相抄袭答案；

（2）有的同学在学校走廊里拾到东西不上交，有的同学借东西不还；

（3）有的同学请病假没来上课，而事实上是去网吧玩游戏了。

类似的事情还有不少。

任务：请你根据班里出现的上述问题，设计一个教育方案，并在方案设计后进行答辩。

第三阶段　试讲（略）

某市经济技术开发区行政事业单位公开招考面试

指导语：

你好，欢迎你参加今天的面试。今天的面试时间为15分钟，请你首先用3分钟的时间做自我介绍。注意把握好时间，现在就让我们开始。

第一题

近年来，有的大学生应聘时伪造各类证书，有的大学生信用卡透支不还，有的大学生利用高科技手段考试作弊，这些情况甚至有愈演愈烈的趋势。请分析这种现象的形成原因，并谈谈你的看法。

考察要素：综合分析能力

观察要点：

面试官自拟。关键要看应试者认可的观点是否立得住，分析问题是否合理全面，逻辑性是否强，能否自圆其说。

第二题

假如领导派你和一位同事共同负责一个紧急项目，但在项目执行中，这位同事总是跟不上你的节奏，以至于时间过去一半时，任务还未完成1/3，项目总体进度受到严重影响。请问这时你怎么办？

考察要素：人际沟通能力

观察要点：

（1）积极与这位同事进行沟通，协助他分析跟不上节奏的原因，据此采取相应的改进措施。

（2）与领导进行沟通，客观地说明项目的进展情况，必要时寻求更多的外部支持，以保证项目进度。

（3）沟通的方式方法是否合理有效是本题的考察重点。

第三题

当代大学生思想活跃、朝气蓬勃，但不少用人单位抱怨，许多大学生往往只局限于做好自己分内的事，不愿主动承担更多的职责。你是否也这样？请谈谈你的看法和建议。

考察要素：主动性

观察要点：

（1）实事求是地承认和分析这种现象。

（2）指出这种做法对大学生职业发展的不良影响。

（3）自己在工作中要多承担责任、多与人协作，积极帮助他人实现工作目标。

第四题

在你的同事/同学和朋友心目中，你是一个怎样的人？请用三个词来概括，并就这三个方面谈谈其对今后工作的利弊。

考察要素：人职匹配度

观察要点：对自己有清晰的认识，对应聘岗位有基本的认识。能结合工作，实事求是地谈及自己的优势和不足，并谈及工作中如何注意克服不足、发挥优势。

第 15 章
企业人员招聘面试

如何通过招聘面试降低人员的离职率

在实践中,经常有企业人力资源管理工作者向笔者抱怨新入职人员的离职率太高,问笔者如何通过招聘面试降低人员离职率。不久前就有一家金融企业告诉笔者,他们近三年招聘的员工中居然有超过 1/3 的人离职了,这引起了企业高层领导的高度重视,他们强烈要求降低新入职人员的离职率。

在这种背景下,了解应试者的求职动机还是很重要的基础工作。而如果采用传统的面试试题"你为什么要选择我们公司?你的职业发展规划是什么?",将很难获得有效的信息。因此,笔者在了解这家企业人员离职原因的基础上,设计了这样的面试试题:"目前,在我们行业系统内的年轻人存在较频繁的跳槽现象,一些研究生刚进入我单位干了一两年就离职了,你对这种现象怎么看?你自己在什么情况下最可能跳槽?"通过应试者对业内频繁跳槽现象的分析和回答,可以映射出应试者个人的求职动机和离职倾向,从而判断其职业稳定性,通过招聘环节降低新入职人员的流失率。

当然,如何降低新入职人员的离职率是个系统问题,本章在最后将对此问题进行专门探讨,期望给广大人力资源管理工作者提供有益的思路和启发。

15.1 企业招聘面试的现状、问题和对策

15.1.1 企业招聘面试的现状

1. 企业面试的测评内容

在本书第 1 章中，笔者已经指出，企业面试考察的内容非常广泛，从考察人的基本素质到人的外表（包括气质），应有尽有。归纳起来，可以分为以下三个方面的测评内容。

（1）应试者的动力特征和个性。主要包括：

- 自我认知，包括自己的优点和缺点，对自己的客观评价等。
- 兴趣动机，包括成就欲、兴趣爱好等。
- 价值观，包括人生观、职业价值追求等。
- 职业特征，包括职业锚、抗压能力等。

（2）应试者的潜力和能力。主要包括：

- 发展潜力，包括逻辑与分析能力、言语理解能力等。
- 人际关系处理能力，包括沟通意识与技巧、人际矛盾处理等。
- 管理能力，包括组织计划能力、下属管理能力等。
- 应变与创新能力，包括突发事件处理能力、思维发散能力等。

（3）应试者的专业能力。主要包括各种与岗位工作有关的业务技能与能力。

以上三个方面几乎涵盖了各种职业素质，每个企业会根据自己的岗位要求侧重考察相应的素质。

2. 企业面试的主要方式

企业的面试方式也是多种多样的，有现场面试，也有电话面试；有一对一或多对一的面试，也有小组面试；有结构化面试，也有非结构化面试和半结构化面试。

至于各种面试方式在企业招聘中的使用频率，中国善择公司曾调查了全国 30 多个行业、1 255 家企业和组织的面试方式使用状况，表 15-1 是调查对象在招募从高级经理到操作工时使用面试方式的情况。

表 15-1 企业选拔新员工采用的面试方式　　　　　　　　　单位：%

排名	面试方式	全部	高级经理	经理	大学毕业生	普通员工	操作工
1	简历	86	92	93	90	82	71
2	工作样本	50	58	64	33	49	50
3	非结构化面试	49	55	51	40	50	47
4	电话面试	38	53	49	36	35	22
5	结构化面试	37	48	48	37	29	23
6	智力（一般认知能力）测验	36	39	38	44	31	29
7	申请书	35	40	38	41	32	26
8	小组面试	33	48	42	53	23	18
9	背景调查	33	68	54	18	22	15
10	外语水平测试	28	43	38	44	16	4
11	人格测评	24	37	31	29	17	9
12	评价中心	11	25	17	11	5	4
13	笔迹分析	11	18	15	11	7	6
14	小组练习	10	14	11	13	6	6
15	星座分析	2	6	3	2	2	1

从表 15-1 中可以看到，企业和组织选拔新员工时采用的方式是多种多样的。其中，简历是使用频率最高的方式，总体上 86% 的企业和组织使用了简历；非结构化面试（49%）、电话面试（38%）、结构化面试（37%）、小组面试（33%）等面试方式都有较高的使用频率。

3．视频面试

需要指出的是，近年来，随着信息技术的快速发展，越来越多的企业开始运用视频面试的方式，通过语音、视频的方式进行即时沟通，来考察应试者的基本胜任力。这种方式的优点还是很明显的：

（1）大大节省了公司和应试者的面试成本，包括时间成本、场地成本和交通成本；

（2）可以多方参加面试，包括 HR、业务部门经理、公司高层领导出差在外也可以同时通过视频方式来面试；

（3）可以扩大招聘人员的视野，对于国外留学人员和不便到现场来的人员均可以采用视频面试方式。

在应试者数量不是特别多的情况下，可以用视频面试的方式进行初筛，毕竟相较于传统的简历筛选方式，视频面试的信息量非常丰富，而且对于感兴趣的应试者，面试官可以通过追问来澄清必要的信息。

需要注意的是，在最后录用环节的面试中，如果采用视频方式，一定要防止应试者之间的沟通，否则后面的应试者事先知道面试官要问哪些问题，可以有针对性地准备，这会影响面试的效果和公平竞争。另外，视频面试中还要防止应试者周围有人指导，确保面试的真实可靠。在条件许可的情况下，最终的录用面试还是建议采用面对面的传统面试方式，或者把应试者集中在不同的几个城市，在专人监督下进行视频面试。

15.1.2　企业招聘面试存在的问题和对策

1. 企业招聘面试存在的问题

当前，许多企业的面试存在很大的随意性且缺乏必要的结构性，具体来说，有以下几个方面的问题。

（1）招聘前没有对岗位要求进行分析和评估，不知道要招什么样的人。许多企业招聘前没有对岗位要求进行系统分析，自己都说不清楚招聘的人员主要从事什么工作，在企业招聘启事中往往提出"大专以上学历，具有两年以上工作经验，工作能力强"等模糊要求。这样，在招聘面试中，面试官也说不清楚应试者是否适合岗位要求。由于缺乏完整的岗位说明书，不仅面试难以评估，员工入职后也不好定位和管理，工作安排和任务也往往会随意变动，让新入职人员无所适从，降低其工作效率和工作满意度。

（2）缺乏面试指标及评价体系。由于缺乏用人标准，无论是人力资源管理部门还是业务部门主管对岗位所需人才的要求都是笼统的个人观点，他们各有各的标准，标准不统一，甚至出现评价标准互相矛盾的情况。他们对面试考察的目的也不是很清楚，问一些无关痛痒的问题。如果是多层级面试的话，应试者会发现有些问题反复出现，令人很无奈，影响了企业在应试者心目中的美好形象。导致这种结果的原因，一是面试目的和面试指标不明确，二是各层级面试官没有进行很好的分工和沟通。

（3）面试试题随意性大。许多企业根本就没有面试设计的意识，他们认为"面试就是与应试者聊聊天"，在面试中"居高临下"，想问什么就问什么，面试试题主要局限在"你为什么要选择我们公司？""你对自己未来三年有什么样的职业规划？""你对我们公司有哪些了解？"等模式化的问题。这些业务管理人员或人力资源管理者普遍缺乏面试提问的技巧训练，面试的大部分问题是面试官临场发挥出来的，追问的问题是信手拈来的，有些问题可能与工作毫不相关，甚至会出现类似问题重复出现的情况，面试结果的可信度可想而知。

（4）面试过程不够标准化。面试的有效性在一定程度上取决于面试指标、面试试题和面试评价的标准化。很多企业由于没有事先设计，面试过程缺乏标准化，对不同的应试者无法在同一标准下进行评价和比较。

面试过程缺乏标准化还会导致不同应试者的面试时间差别很大，有的应试者面试时间很短，根本不足以形成对其岗位胜任力的分析和判断；有的应试者面试时间比较长，可能很多时间花在了证实应试者简历或申请表格中的信息方面，失去了面试的主要考察功能。

（5）面试评价过分依赖面试官的主观臆断。由于大部分企业的业务主管部门缺乏必要的面试技术培训，大多是基于自己的主观评价对应试者的胜任力水平进行判断。那些尝试建立面试评价标准的企业，在面试评价中的情况也不是很好，因为它们忽略了对面试官有关评价标准、面试试题的培训，即使有些负责任的人力资源部门组织了对面试官的培训，而在面试中面试官也很难按照要求完成对应试者的行为表现进行观察和记录的任务。还有的面试官会按照要求进行必要的行为记录，但当面试官对应试者的评价出现争议时，大多数情况下并不是基于面试官的行为记录进行举证和讨论，而是以不同面试官的职位高低来决定谁的评价更"准确"。

2．解决企业招聘面试问题的对策

针对企业招聘面试中存在的上述问题，我们可以考虑从以下几个方面来寻求对策。

（1）针对招聘岗位进行岗位分析，构建胜任力模型，整理完善岗位操作说明书。岗位分析和评价，是提炼和构建胜任力模型的基础，完善的岗位操作说明书是规范员工的行为准则。在此基础上评估应试者以及未来管理员工才有针对性和有效性。用人部门主管才能更好地评估和管理员工；人力资源主管才能更好地知道企业需要什么样的人才以及如何评估这些人才。表15-2是某公司招聘岗位的胜任素质模型，主要面向大学应届毕业生。

表15-2　某公司招聘岗位的胜任素质模型

胜任力素质名称	等级指标及胜任力素质水平线			
	A级	B级	C级	D级
综合分析能力		●		
团队合作能力	●			
主动性		●		

续表

胜任力素质名称	等级指标及胜任力素质水平线			
	A级	B级	C级	D级
沟通能力		●		
分析式思考	●			
自我管理能力	●			
成就动机	●			
市场意识		●		

（2）规范面试标准，建立可操作的面试指标体系。规范面试标准，细化面试标准并形成可操作的面试指标体系，包括确定测评要素及其权重。以某公司招聘大学生为例，表 15-3 就是某公司招聘信息化技术人员的面试指标体系。

（3）基于面试指标体系，设计面试题本及评价标准。在明确了面试指标体系后，我们就可以据此设计面试题本。首先，要确定每名应试者的面试时间，通常是 15～45 分钟，具体要根据岗位复杂性和面试评价指标的数量来确定。其次，要明确测评要素的数量，一般来说，每个面试的测评要素数量是 4～8 个，测评要素太少了，不能全面评价应试者的岗位胜任力；测评要素太多了，面试官不容易把握，测量的准确性会大打折扣。最后，根据测评要素进行试题设计与评价标准设计。原则上，每个测评要素都有相应的面试试题来考察，只有某些要素如"语言表达能力"和"举止仪表"不需要设计专门的面试试题。表 15-4 是面试题本和评价标准的设计样例。

表 15-3　某公司招聘信息技术人员的面试指标体系

评价指标及权重		测评要素及权重		
评价指标	权重	测评要素	重要性	权重
综合能力	0.6	分析能力	★★★★★	0.2
		人际协调能力	★★★★★	0.2
		计划能力	★★★	0.1
		组织能力	★★★	0.1
专业能力	0.4	精通网络设备的硬件和软件系统	★★★★	0.1
		熟练掌握 Oracle、SQL server 相关数据库	★★★★★	0.2
		精通局域网的维护及网络安全	★★★	0.1

表 15-4　面试题本和评价标准的设计样例

岗位名称	公司管理岗（大学生招聘）
面试时间	20 分钟，4 道题

续表

测评要素	综合分析	分别就综合分析、组织协调、人际沟通和人职匹配各设计一道面试试题
	组织协调	
	人际沟通	
	人职匹配	
	语言表达	
试题样例	实践表明，一个好的习惯会帮助人们取得成功，请联系实际谈谈你有哪些好习惯。这些好习惯对于你所应聘的岗位会有哪些帮助？ 【测评要素】人职匹配 【答题思路】 对自己有清晰的认识； 能结合实际，实事求是地谈及自己的好习惯； 面试官通过应试者回答判断其个人价值观、自身条件与岗位的匹配度。 【评价参考】 优良：正确地认识自己、他人和问题，具有良好的适合在岗位工作的习惯，如积极进取、责任心强等。职位匹配性好。 中等：在过去的经历中形成了一定的习惯，但与岗位工作的关联度一般。职位匹配性一般。 较差：没有形成什么好的习惯，或者形成的习惯比较差。职位匹配性差	

（4）培训面试官，提高面试的信度和效度。面试的最终效果取决于面试官的素养和水平。试题设计得再好，如果面试官把握不好也不能取得理想的效果，所以面试官的重要性怎么强调也不过分。

对面试官的培训是提高面试官面试水平的重要途径。面试对面试官的要求比较高，既要求面试官具有相关的专业知识、社会工作经验、良好的人品和修养，还要掌握相关的员工行为评价技术以及良好的沟通、追问技巧。对面试官的培训可以包括以下多个方面。

- 公司和岗位的基本情况，包括公司的历史、发展机会、经营理念，以及岗位工作内容和要求、工作制度等。
- 沟通、聆听、记录等面试相关技能，特别是提问、追问技巧以及非语言信息的把握等。
- 面试进程的掌控、时间的安排以及良好开场白的切入。
- 岗位胜任力要素的把握和面试评估标准的掌握。
- 面试题本的熟悉与评分思路的把握。

面试的培训形式不仅要有传统的讲授，还要有视频观摩与讲解，有条件的还要进行模拟实操，通过实战点评来提高面试技能。

15.2 不同企业的选人用人理念和招聘面试做法

15.2.1 企业选人用人理念的发展变化

最近 20 多年来，企业的选人用人理念发生了重大变化，其突出特征就是选人用人从强调人职匹配向强调价值观匹配转变。

1. 人职匹配

人职匹配的理念核心是，个体差异是普遍存在的，每个个体都有自己的个性特征，而每种职业由于其工作性质、环境、条件、方式的不同，对工作者的能力、知识、技能、性格、气质、心理素质等有不同的要求。企业在进行职业决策（如选拔、安置、职业指导）时，就要根据一个人的个性特征来选择与之相对应的职业种类，即进行人职匹配。如果匹配得好，则个人与职业协调一致，工作效率的提高和职业成功的可能性就会增加，反之就会减少。因此，对于企业和个体来说，进行恰当的人职匹配具有非常重要的意义。进行人职匹配的前提之一是，必须对个体的特性有充分的了解和掌握，而人才测评（包括面试）是了解个体特征的最有效方法。

人职匹配理念本身也经历了以下三个发展阶段。

（1）人职能力匹配。早在 100 多年前的西方，企业强调的人职匹配只是一个人的能力与岗位的要求相匹配，也就是人职能力匹配。例如，企业需要一个打字员，应试者只要具有又快又准的打字能力就可以了。

（2）人职全面匹配。20 世纪 20 年代，许多企业发现，两个人的岗位工作能力没什么区别，但是工作绩效差异可能很大。为什么会产生这种现象呢？许多企业领导对此感到很困惑。后来心理学家研究发现，人与人之间除了能力会影响工作成效，个人动机、兴趣爱好也会影响工作成效。从此，人们开始强调个人素质与岗位要求的全面匹配。

（3）人职动态匹配。随着职业发展速度的加快，有的职业在消亡，有的职业内涵发生了很大的改变。在这种背景下，员工就要保持与岗位的动态匹配，需要不断地加强学习，否则很容易被岗位所淘汰。我们可以想象，30 年前的营销人员也许仅有良好的口才就够了，而今天也许需要精通行业知识、对企业产品的高度认同和为客户负责的意识等许多素质。所以，只有人职动态匹配才能保持胜任工作岗位的要求。

2. 价值观匹配

价值观匹配，也称个人与组织价值观匹配，是指个人价值观与其所在组织的价值观之间的一致性程度。大量研究表明，个人与组织价值观匹配对员工有着积极的作用，对员工的工作绩效、职业生涯成功、工作满意度、组织承诺、组织公民行为等工作态度与组织行为具有较好的正向预测力，并且能够降低员工的离职意向、工作倦怠、工作压力。在企业的人力资源管理中，可将个人与组织价值观匹配应用于组织的人才招募。在组织甄选员工的过程中评估个人与组织价值观匹配将改善员工的工作态度，减少旷工和人员流动。实际上，许多组织在挑选人员的过程中已经将个人和组织价值观是否匹配的问题考虑在内了。例如，亚马逊公司在招募人才时强调"不是亚马逊的信仰者，亚马逊不收"。

个人与组织价值观匹配受到许多企业的关注，因为只有这一层次的匹配才能长久有利于企业的发展。员工的个人知识水平可以通过培训来提高，但个人的价值观很难改变，当个人价值观与组织价值观相匹配时，对个人来说就会在工作中如鱼得水，对企业来说则得到了一位可靠的信徒。

15.2.2 知名企业的招聘面试做法

世界上所有的企业，都希望选择综合素质好、业务能力强的员工。但是，不同企业的风格不同，不同企业文化对于应试者的要求也不同。

1. 外企的招聘面试

宝洁的招聘面试

宝洁的招聘面试分两轮。第一轮为初试，一位面试官对一名应试者面试，一般都用中文进行。应试者通常是有一定经验并受过专门面试技能培训的公司部门高级经理。一般这位面试官是应试者所报部门的经理，面试时间是30~45分钟。

对通过第一轮面试的应试者，宝洁将出资请他们来广州宝洁中国公司总部参加第二轮面试，也是最后一轮面试。面试大约需要60分钟，面试官至少有三人。为确保招聘到的人才真正是用人单位（部门）所需要和经过亲自审核的，复试都是由各部门高层经理亲自面试。面试常由八个核心问题组成。

第一，请你举一个例子，说明你是如何设定一个目标然后达到它的。

第二，请举例说明你在一项团队活动中如何采取主动性，并且起到领导者的作用，最终获得你所希望的结果。

第三，请你描述一种情形，在这种情形中你必须去寻找相关的信息，发现关键的问题并且自己决定依照一些步骤来获得期望的结果。

第四，请你举一个例子，说明你是怎样通过事实来履行你对他人的承诺的。

第五，请你举一个例子，说明在完成一项重要任务时，你是怎样和他人进行有效合作的。

第六，请你举一个例子，说明你的一个有创意的建议曾经对一项计划的成功起到了重要的作用。

第七，请你举一个具体的例子，说明你是怎样对你所处的环境进行一个评估，并且能将注意力集中于最重要的事情上以便获得你所期望的结果。

第八，请你举一个具体的例子，说明你是怎样学习一门技术并且怎样将它用于实际工作中的。

根据以上几个问题，面试时每一位面试官当场在各自的"面试评估表"上评分。评分分为三等：1~2分（能力不足，不符合职位要求；缺乏技巧、能力及知识）；3~5分（普通至超乎一般水准；符合职位要求；技巧、能力及知识水平良好）；6~8分（杰出应试者，超乎职位要求；技巧、能力及知识水平出众）。具体项目评分包括说服力/毅力评分、组织/计划能力评分、团队合作能力评分等。在"面试评估表"的最后一页有一项"是否推荐栏"，有三个结论供面试官选择：拒绝、待选、接纳。在宝洁的招聘体制下，聘用一个人，须经所有面试经理一致通过。若几位面试经理一起面试应试者，在集体讨论之后，最后的评估多采取一票否决制。任何一位面试经理选择了"拒绝"，该应试者都将从面试程序中被淘汰。

普华永道的招聘体系

一个成功到普华永道的应试者需要历经大大小小五道关。从接收简历到最后录用，应试者的录取率不到7%。

应试者的简历都是在网上提交的。普华永道的网站上有对简历的详细要求，应试者按照要求填好电子表格，发到普华永道的网上，这算第一关。

应试者的第二道关是英语关，英语考试形式类似于大学课堂中的考试，至于口语能力则会在后面的面试中考核。

约10天以后，要通过第三关：参加第一轮面试。主要是介绍自己，整个面试过程都用英语来完成，由各个业务部门经理做面试官。

普华永道招聘程序中最重要的一个环节是群体评估。这是该公司招聘流程中最有特色的一点。应试者以10个人（或12个人）为一组，并就某个问题自由发挥，而面试官则在一旁观察，看每个人的表现，并且给他们评分。所有的讨论都要用英语来完成。

以近年的招聘为例，群体评估的第一步要做的是介绍同伴。这主要是为了测试交流沟通技巧。第二步是主题讨论。面试官会给应试者几个选题让他们挑选，然后应试者有10分钟的准备时间，接着有3分钟的时间做陈述。第三步是案例解决。面试官给应试者一个案例，让小组成员共同来解决。每名应试者都会得到一张纸条，上面是面试官提供的几条相关信息——可能是有用信息，也可能是无用信息，需要应试者自己判断。小组成员不能相互交换纸条，只能向别人提供自己手上的信息。这一步主要是考察团队合作能力和领导能力。

经过这一轮考核，应试者所剩无几。他们要参加最后一次面试。这时，不会再去考核应试者的英语能力或专业能力，而是要看他们的最终素质，胜利者将成为普华永道的正式员工或候补员工。

壳牌（中国）有限公司的人员选拔与考核

壳牌在人员选拔和考核中最关注的就是人才的潜质。它把人才的发展潜质定义为"CAR"，即分析力（Capacity）、成就力（Achievement）和关系力（Relation），各占1/3的权重。这三个方面是壳牌对人才素质要求的核心内容。

壳牌的招聘考核主要有三步。第一步是应试者填写应聘表格，公司进行初步筛选。壳牌的应聘表格是针对"CAR"设计的，是面试内容的素材。通过这一关，80%~90%的应试者将被淘汰。

第二步是50分钟的结构化面试。在面试中面试官会就预先确定的几个方面进行提问，考察应试者分析和解决问题的综合能力，应试者决定是否继续应聘，公司决定是否推荐到评价中心流程。这一关的一般通过率为25%。

第三步是通过结构化面试的人进入评价中心流程，接受为期一天的测试，其内容包括小组讨论、议案（就一个议题做一个陈述并接受质询，即演讲）、商业模拟（处理成批的业务，即文件筐测验）、面试（主要针对分析力，即模拟面谈）。测试的结果交由公司最资深的经理进行评估。经过评价中心这一关，就基本可以确定招聘的人选了。

2. 国有和民营企业的招聘面试

华为的面试

华为是全球领先的ICT（信息与通信技术）解决方案供应商，专注于ICT领域，坚持稳健经营、持续创新、开放合作的理念，在电信运营商、企业、终端和云计算等领域构筑了端到端的解决方案优势，为运营商客户、企业客户和消费者提供有竞争力的ICT解决方案、产品和服务。

华为很重视人才招聘工作，应试者要成为一名员工，需要经过一轮又一轮的面试。每一轮的面试官都不同，从应聘职位的资深工程师、部门副经理、人事经理乃至副总级领导都可能成为不同面试阶段的主持人。下面是华为招聘过程中的几个主要关口。

第一关：上机考试（选考），涉及软件研发、硬件研发岗位，软件岗考察编程能力，硬件岗考察基础知识架构。

第二关：集体面试（选考），涉及销售服务、人力资源、财经、法务、供应链岗位，也就是无领导小组讨论。

第三关：业务面试（必考），所有岗位均需要进行业务面试，考察与岗位要求相关的知识技能、项目经验或实习经验等，通过业务面试评估求职者与岗位要求的匹配度。

第四关：综合测评（必考），被网上误传为心理测试，其实不是测试性格，而是评估应试者当前时间段内生活情况、心态、价值观等综合状态，而一个人的状态是会随着时间而改变的，因此这项测评结果的有效期为一年，超过有效期就有必要重新评估。

第五关：综合面试（必考），在华为只有达到一定级别以上的管理者才具备综合面试官的资格，他们关注应试者的综合素质、发展潜力、对企业文化的理解，甚至职业理想等。

中粮集团的面试

中粮集团作为世界500强企业和国内最大的粮油食品企业，多年来以奉献营养健康的食品和保障国家粮食战略安全为己任，通过打造从田间到餐桌的全产业链粮油食品企业，实现客户、股东、员工价值最大化。

中粮集团倡导诚信、团队、专业、创新的企业文化，非常重视人才招聘工作，其中面试是最重要的一个环节，通常包括一面、二面和终面三个层次的面试。

一面

一面把应试者按照岗位类型分成不同的小组，以小组为单位进行面试。每个小组 8~9 个人。一面又分三个环节：专业笔试、管理游戏测评、结构化群面。

专业笔试：笔试有选择题和主观题，主要涉及一些比较基本的通用知识。

管理游戏测评：相当于小组合作完成任务，通常给应试者提供一些道具，要求应试者共同完成一定的目标任务（如设计方案），小组内每个人要有分工，结束后都要参与到工作汇报中。每个小组会配备一个人力资源和一个部门经理做面试官，为每个人的表现评分。讨论时间一般为 45 分钟，汇报 10 分钟。

结构化群面：汇报之后，直接进行结构化群面。人力资源和部门经理会问一些问题，大家依次回答。问题比较基础，例如，根据每个人的简历人力资源会问实习或者专业的问题，然后部门经理会问对岗位的认识等。由于是群面，分配到每个人的时间非常短，说不了几句话就可能被打断。

二面

二面的面试官是部门负责人和人力资源部的工作人员，形式是结构化群面。面试官提出的问题，每个人都需要回答，但是面试官也会根据每个人的特点提出特定的问题。中粮的面试相当直接，许多问题都是直接切入主题，重点对应试者的专业能力进行考察。有时根据岗位需要，二面也会采取更加新颖的形式。例如，在面试前，让应试者去超市做一个市场调研，调研市场上几种食用油的价格、销售等情况。应试者需要自己去打听超市的位置，并到超市记录产品、价格、促销手段、消费者偏好。可能还要到餐馆和居民家里了解其购买偏好、对产品和价格的反响。半天的调研结束后，应试者才回到面试场地等待二面。

结构化群面的优点是节省时间，但是对于靠前的应试者，准备和思考问题的时间比较少；而对于后面的应试者来说，前面的人说过的观点后面就不太好重复了。

终面

终面的通过率一般不到 1/2，面试官是分管副总和人力资源部经理。终面的时间比较长。首先是人力资源部经理对所有的应试者同时进行结构化群面，然后是分管副总进行结构化群面。

15.3 Z 世代大学生的特点与企业校园招聘

15.3.1 Z 世代大学生的特点

Z 世代是指 1995—2009 年出生的一代人，他们一出生就与网络信息时代无缝对接，受数字信息技术、即时通信设备、智能手机产品等影响比较大，又称网生代、互联网世代、二次元世代。当今在校的本科大学生和硕士研究生多符合 Z 世代大学生的标准。对于 Z 世代大学生特点的研究，有利于企业的人员招聘和管理。

1. Z 世代大学生多重矛盾性社会心态的特征

Z 世代大学生接受新事物快，学习能力强，他们拥有最富智慧的头脑和未来无限的可能，但同时也有诸多不确定性和对未来的未知，因此，他们往往充满了多变、迷茫和矛盾。人的一生大体要处理三对关系，即个人与个人的关系、个人与他人的关系、个人与国家的关系。Z 世代大学生的矛盾心态也体现在这三对关系上，即在与个人关系上，呈现出佛系、"躺平"与内卷并存；在与他人的关系上，呈现出社交回避与网络晒并存；在与国家的关系上，呈现出社会认同与个人主义并存。

（1）佛系、"躺平"与内卷并存。佛系、"躺平"、内卷是近年来被广泛讨论的大学生心态现象。佛系青年主要是指一种不焦虑、不执着的平和心态和行为，具体表现为诸如"都行""可以""没有关系""无所谓"式的口头禅。对应到大学生群体，主要指高校大学生中存在着一个参与热情缺乏和创新活力缺失的群体，学习讨论时一言不发，不愿意参与班团活动，社交媒体在线状态设置隐身或忙碌，对学校的规章制度熟视无睹，对老师、家长的苦口婆心无动于衷，对成绩好坏满不在乎，对评奖推优漠不关心。

"躺平"多指大学生中存在的不思进取、得过且过、颓废放弃、瘫软不动的心态。有学者指出"躺平"实际上存在着三种不同形态，即虚假的"躺平"主义者（躺赢者）、积极的"躺平"主义者（退出竞争激烈的名利场，在精神世界寻找确定的自我）和消极的"躺平"主义者（低欲望群体），消极的"躺平"主义者实际上是身躺心不平，身躺只是假象，他们的内心其实存在着不满与愤懑不平。

"内卷"一词源于 2020 年某知名高校大学生边骑车边用电脑的图片。大学生的内卷多是指大学生之间的竞争日益激烈，为了提升绩点不断增加课程论文的字数，为了以后的前程不断通过辅修课程，开展实习，考教师资格证、注册会计师等各种证书给自己加码，陷入激烈的竞争之中。

Z世代大学生存在着佛系、"躺平"、内卷共存的矛盾心态。

一方面，大学生中的佛系现象比比皆是，甚至有部分大学生开始"躺平"，对学业成绩好坏无所谓，对荣誉淡然，对校园文化活动的参与程度也比较低。调查研究发现，高校中部分大学生存在着低目标承诺、低自我超越、低人际交往和高依从性的三低一高的佛系特征，有近一半大学生认为自己是佛系青年。当面临就业时，部分大学生选择逃避就业，而面对生活，则多选择不恋爱不结婚。

智联招聘调查显示，2021年应届毕业生中，56.9%的大学生选择就业，同比降低18.9%；15.8%选择自由职业，同比上升8.1%；12.8%选择慢就业，同比上升6.6%。严峻的就业形势使2021年应届毕业生的就业心态略显"佛系"，就业人数下降，选择自由职业、慢就业、升学的比例有所提升。

事实上，真正佛系、"躺平"的大学生少之又少，大部分大学生是身躺而心不平。中国青年报中青校媒调查显示，有64.33%的大学生期望进入就业竞争激烈、"996"超长工作时间的互联网公司学习就业；70.34%的大学生表示嘴上说"躺平"，其实很努力；11.3%的大学生表示不想"躺平"，但要打嘴仗；14.76%的大学生表示，不想"躺平"，就是追个流行词。另外，大学生仍然充满着奋斗精神，对自我有着严格的要求，对自己的未来有着美好的规划，也愿意为之付出努力和奋斗，甚至存在一定的"内卷"。以大学生为主要群体的B站社区为例，B站已经从大学生的休闲娱乐场所演变成大学生自主学习的重要阵地。《2021年B站创作者生态报告》显示，2021年，有1.83亿人在B站学习，是中国在校大学生数量的近4.5倍，B站的泛知识视频播放量已占全站视频的45%。在自主学习的同时，Z世代大学生又加入激烈的升学竞争中。以2022年全国硕士研究生考试为例（虽然有部分是已就业者参加考试，但是大部分参加考试者仍是大四学生），报考人数457万人，比2021年增加80万人，增长率约为21%，学术类各个专业进入复试的初试成绩基本要求（国家线）普遍比2021年高出10来分。

（2）社交回避与网络晒并存。社交回避主要指行为主体不愿进行面对面的社会交往，或者说在人前进行正常的社会交往时会感觉到有压力、不自在，不能以正常的方式表达自己的意见或者态度。调查显示，80.22%的受访大学生表示自己存在轻微"社交回避"；6.90%表示自己有比较严重的"社交回避"；0.64%表示自己有严重的"社交回避"。

社交回避一方面表现为躲避有物理接触的社交场合，如避免各种做报告、小组讨论、面试、与陌生人交谈等；另一方面，表现为大学生"宅"族的兴起。有学者通过对上海市9所高校909名大学生的调查发现，自我认同属于宅族的大学生有381名，占被调查大学生的 41.9%；70.8% 的宅族大学生声称自己"很享受在宿舍或家中的自在生活"；69.7% 的宅族大学生双休日可以整天待在宿舍；65.3% 的宅族大学生除去必要外出时间很少出门；38.7% 的宅族大学生课余时间很少参加户外活动；61.4% 的宅族大学生经常长时间盯着电子屏幕；53.4% 的宅族大学生经常久坐不动；42.1% 的宅族大学生经常熬夜；41.5% 的宅族大学生很少参加体力活动；15.5% 的宅族大学生经常不与人交流沟通。

还有人通过对重庆市 4 所大学 1178 名大学生的调查发现，宅族大学生占调查大学生的比例高达 50.51%，宅族大学生课余时间多用来上网（439 人，73.78%）和睡觉（294 人，49.41%）。宅族大学生更容易发生人际关系敏感和性格偏执。

网络晒是把自己的生活、经历和心情展示在网上，与他人分享的现象。网络晒包括心情展示型、信息共享型、炫耀攀比型、一夜成名型等类型。一般来说，都是通过微信朋友圈、微博等社交媒体进行"晒"，网络好友可以通过点赞、发评论等方式进行互动，增进了解。与一般的人际交往不同，网络晒的范围往往更大，只要是网络可达的人都可以成为所晒信息的接收者，其中包括家人、好友、有过一面之缘的人等。从晒的内容来看，美照、美食、美景、谈恋爱、比赛获奖、获得实习机会、受挫经历，甚至是与他人的聊天记录等等都可以成为晒的对象，生活中的一切都可以晒到网上。有大学生晒一周作业，晒和父母搞笑聊天记录，还有大学生晒月花销、省钱挑战之类的。社会性是人的一种基本形态，没有人能够独自生活，可交流性和公开性是社会性的主要方面，大学生的网络晒行为事实上就是一种社会性的表现，其所晒内容多为个人展示，体现了大学生希望被更多人了解、与人互动的心理。可见，大学生对社交是充满渴望的。

（3）社会认同与个人主义并存。追求价值认同是每一代青年孜孜不倦的追求，Z 世代大学生由于先天网络优势则表现得更为突出。市场经济自由竞争的特性，强化了大学生群体的主体意识，他们不再盲目崇拜权威，不再循规蹈矩，注重自我认同、自我实现，有自己的生活哲学和生活信念。他们时常以积极主动的姿态向他人与社会呈现个体存在的意义和价值，努力实现自我认同与社会认同的统一，表现出强烈的现代意识和社会责任意识。但个人主义现象频繁发生。接受高等教育的 Z 世代大学生接受合理利己主义原则，承认西方伦理学派认同的"以普遍主义为特征的个人主义"在当今社会存在的合理性。在奋斗目标上，有强烈的成才欲望，但缺乏艰苦奋斗的精神；在道德行为上，认同社会生活的基本道德规范和社会公德的重要作用，但自我控制能力较弱，时常发生"恶小而为之"的事件；在价值关系中，抽象地将国家和社会放在第一位，但涉及个人价值目标时，又倾向于个人本位和利己主义；在婚姻观上，憧憬甜蜜的爱情、幸福美满的家庭，但又经常因为虚荣、无聊、好奇或经济目的而随意恋爱。

2. Z世代大学生的工作价值观

Z世代大学生的工作价值观有以下几个特点：

（1）选择空间大，就业不再是"必需品"。相比"80后""90后"，Z世代是真正享受中国改革开放红利的第一代人，加上独生子女现象普遍，他们的生活环境和生活条件较好。父母多是"70后""80后"，整体受教育程度更高，观念相对开放，倾向于选择平等民主的教育方式。这也是近年很多大学生"慢就业""不就业"现象出现的原因之一。

（2）跳槽现象比较频繁。与他们的父辈不同，Z世代大学生几乎不可能几十年就在一个单位工作。相对于企业来说，Z世代大学生更忠实于自己所从事的职业，而对于企业和职业，他们更想忠实于自己。笔者单位曾经招聘过一位研究生，其到单位报到后听说护照要由单位进行集中管理，出国要审批，当即就提出离职。这就是Z世代大学生的任性，有一点不满意或者不开心，就可能提出离职。调查表明，作为职场新人的Z世代大学生，有11%的人表示已经经历过5次跳槽。

（3）追求工作与生活的平衡。老一代员工讲究奉献，在工作中非常投入，可以为了工作而牺牲个人闲暇时间和家庭生活。Z世代大学生很多都不愿意加班，他们宁可少赚钱，也不愿意加班。在年轻人心里，生活已成为更重要的目的，不能因为工作而牺牲生活的质量。调查表明，有不少年轻人是因为经常加班、没有自己自由支配的时间而提出离职的。事实上，是否有较多的休息和闲暇时间已成为新一代年轻人择业时的一个很重要的因素，这个因素甚至比收入高低还要重要。

（4）善于表达，但实际工作能力不够。现代教育鼓励大学生积极主动沟通，敢于质疑，年轻一代的表达能力普遍比较强。许多大学生在校时就参加了很多社会活动，锻炼了自己的沟通协调能力。相对来说，他们的实际工作能力没有在面试中的表现那么优秀。不少用人单位提起这些职场新人，"眼高手低""动手能力低"是他们常用的评价语。

（5）心态浮躁，坚持性不够。现代社会信息传输很快，看到周围或网上各种成功人士和暴发户，年轻人非常渴望快速成功，导致自视很高，对自己期待很高，而一旦发展没有那么顺利，他们又会很快放弃，情绪低落。其实，成功背后往往需要长期的坚持，只看到结果而没有看到他人长时间的付出本身就是不客观的。

15.3.2 企业校园招聘

企业校园招聘是一种特殊的外部招聘方式。校园招聘不仅可以帮助企业找到具有潜力的后备人才，而且可以提高企业的知名度，打响企业品牌，特别是现代高科技或行业性比较强的企业。

1. 企业校园招聘的主要环节和流程

（1）校园宣讲。企业人力资源部门成立校园招聘小组，由人力资源部负责人、用人部门经理和内外部专家顾问等构成。首先，通过校园招聘需求调查，明确各部门的人才储备岗位与数量，以及相应的任职资格、薪资福利、培养计划和未来的职业生涯规划等。其次，了解目标院校的特色、院系与专业设置以及将要毕业的人数，开展校园招聘的基本要求与时间地点、预算等各项要求。最后，与校方进行沟通，明确校园招聘的时间、地点、校园招聘团队、预算，以及校园招聘实施具体方案，一般包括四个环节——播放企业宣传片、校园宣讲流程介绍、现场互动问答、发放宣传资料。

（2）简历收集与筛选。目标院校就业指导中心和院校负责人，通过院校网站宣传收集有意向同学的简历，并且及时反馈企业校园招聘小组。校园招聘小组分工协作，对收集到的全部简历按照校园招聘的标准与基本要求进行筛选，以明确组织所需的准候选人。根据企业校园招聘职位所要求的专业、学习成绩、社会活动、综合表现状况等，将收到的全部简历，经过初选分为A、B、C三类，即完全符合要求、需进一步考察、明显不符合要求。

（3）笔试。校园招聘小组对已经筛选简历中的A、B两类，分别通知，在确定的时间、地点，参加不同专业的校园招聘笔试考核。根据笔试成绩，将参加考试的大学生划分为四个类别：优秀（≥ 90分）、良好（≥ 75分且< 90分）、及格（≥ 60分且< 75分）、不及格（< 60分）。将不及格者直接剔除，其余进入下一环节。

（4）面试。校园招聘小组针对笔试成绩优秀、良好和及格的三类大学生分别进行初级面试，由人力资源部的专业人员担当面试官，主要考察大学生的基本素质、未来的潜力，以及价值观的匹配程度。

（5）复试。凡通过初级面试者，将有机会进入复试环节。复试通常采用小组集体面试方式，由人力资源部经理和用人部门经理、专家或副总共同作为面试官。各位面试官在综合面试评估表上写下评语、评分，秉承公平、公正、全面的原则，最后将平均分作为录用决策的主要依据。

（6）录用通知。凡通过校园招聘的笔试和两轮面试者，将从众多候选人中脱颖而出，成为校园招聘获胜者，经过校园招聘小组的研讨决策，将会收到心仪的录取通知。

后面就进入入职体检、岗前培训、实习工作等环节（见图13-1）。

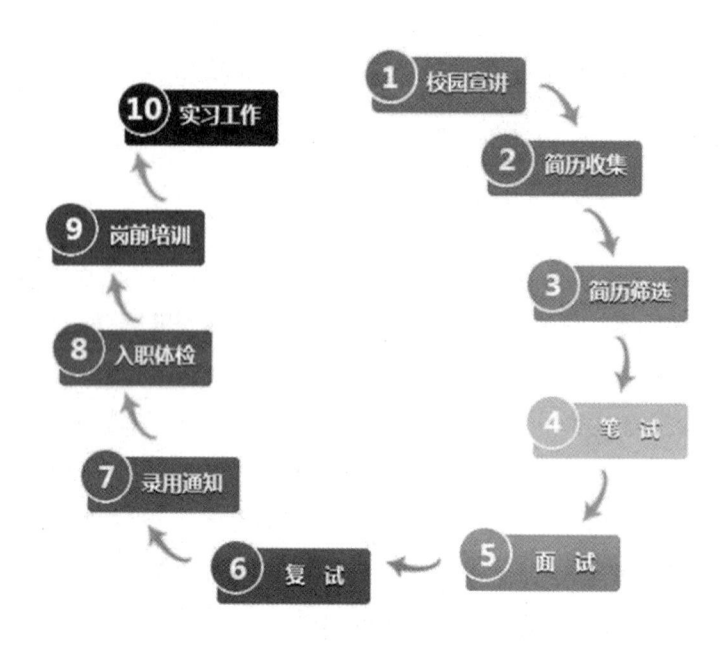

图 13-1　校园招聘的主要环节和流程

2．Z世代大学生校园招聘的关注点

（1）深化校企合作，树立专业雇主品牌形象。企业在校园内建立雇主品牌是一件长期的事情，要塑造好的雇主品牌，就要与高校展开长期的合作，维护好与高校的关系。例如，设立奖助学金、赞助校园社团活动等。那些技术密集型企业还可以赞助学校实验室、科研机构等。这种深度的校企合作人才培养模式更有助于大学生全面了解企业。

除此以外，实习生招聘是企业经常忽略的重要板块。实践表明，以实习生身份加入，并在后来成为该企业正职的候选人，对企业的认同度和留存率相比其他招聘形式招进来的员工要高得多。

（2）重视Z时代大学生的职场体验，以应试者为中心留住人才。前面我们提到，Z时代大学生的经济基础相对较好，离职率普遍较高。因此，有以下几个方面的选人用人建议：一是企业要对校园招聘的整个招聘流程进行优化，要保障从前期宣传物料投放、宣讲会、面试、签约等每个环节的顺畅，特别是面试环节的体验感，因为求职体验的好坏会影响到大学生对雇主品牌的认同感；二是在开始校园招聘之前，做好相对完备的新人培训计划，满足候选人的学习需求；三是找好一个善于带人的导师，及时给候选人关注和反馈；四是给新人真正做事情的机会，让其在实操中成长，体验成就感。

（3）覆盖社交渠道，做好社交平台上的内容吸引。面对Z世代大学生，传统的招聘方式不一定有效，他们更能适应新颖、年轻化的招聘方式，因此，结合Z时代大学生使用社交媒体的习惯，企业可以将招聘信息覆盖在这些 App 上，如 QQ、微信、小红书、抖音、微博、豆瓣等（这些社交类内容平台更能以立体、接地气的方式传达雇主形象），还可以利用应届生常用的实习僧、应届毕业生求职网等求职类软件。借助这些流量渠道，除了发布招聘信息，企业还需要做好企业文化内容的宣传，有助于大学生了解企业。所以，HR 应该把更多的精力放在社交平台上，通过贴合平台阅读方式的内容，让招聘信息覆盖全渠道、高频次曝光，从而产生吸引的效果。

15.4 企业如何通过招聘面试降低人员的离职率

当前，员工离职率居高不下是很多企业面临的一个难题。调查显示，高离职率已经成为影响企业发展的大问题，在离职的员工中有半数以上是新入职人员。因此，笔者想专门就此问题给出一些解决办法，供大家参考。

15.4.1 新员工离职率高的原因分析

新员工离职率高的企业，一定要做具体的离职情况调查和分析，包括离职的去向、离职的原因等。一般来说，新员工离职原因有以下多个方面。

1. 现实与期望差距过大

新员工在招聘时就已经对企业形成一种期望，但进入企业工作后发现，期望与现实有很大差距，这个时候新员工很可能产生跳槽的意向。例如，新员工原以为企业的薪资待遇比较高，可事实上比同类企业和同类职位的薪酬低不少，由于新员工的离职成本小，薪酬又是比较重要的因素，这时离职率就会比较高。

2. 个人兴趣与工作性质不一致

"90 后"的大学生比较自我和任性，他们喜欢按照自己的意志行事。与其忠实于企业，不如忠实于自己喜欢的职业，做得不开心就走人。由于工作性质比较单一、枯燥、乏味，新员工入职后发现工作太单调，而且做这些事不能学到新的东西，他们就可能产生离职的念头。

3. 个人发展欲望过强者，超过组织能提供的发展空间

有的人成就动机高，个人发展欲望过强，入职后发现企业职业发展机会不多，导致晋升空间小，发展受限。在这种情况下，此类员工会通过离职来保证自己能获得水平方向上的职业发展。

4. 个人价值观与企业文化不一致

不少新员工入职前对企业文化缺乏深入了解，在发现自己很难适应这种文化后，就可能重新求职。例如，现在有的年轻人更关注工作和生活之间的平衡，不太喜欢加班，宁可少赚钱，也不愿加班成为"岗奴"，而如果企业的工作性质经常需要加班，这就容易导致离职。又如，有的人关注目标的完成而不喜欢过程的太多干预，而企业每周都有很多程式化的东西，包括周一开例会、周二学企业文化、周三内部培训、周四头脑风暴、周五项目讨论等，还时常要写学习心得和体会。这样，员工就很难在企业里干下去。

5. 职业定位不明确或者个人定位与组织期望有差距

有的新员工没有职业目标，职业定位不明确，工作对他们来说就像是骑驴找马，哪儿好就往哪儿走。还有的人职业定位与企业期望有差距。例如，有的人希望在专业技术方面好好发展，而企业更多地期望其在事务管理中发挥作用，这样的人也很难稳定在组织中。

6. 人际沟通不畅或者人际关系太复杂

有的部门人际沟通不畅，包括员工与员工之间、员工与部门领导之间。新员工的直接上级是其获得企业与职位信息的一个重要来源，如果不能和自己的直接上级相互信任，就很难对企业产生依附感；员工之间的沟通也是年轻人很重要的心理需求，如果大家缺乏交流、各干各的，工作氛围就会显得死气沉沉，甚至有的企业人员之间钩心斗角，人际关系复杂，新员工就容易离职。

15.4.2 降低新员工离职率的招聘面试探索

降低新员工的离职率需要从多个方面着手，选人用人把关只是一个方面，其他措施包括提供有竞争力的薪酬待遇、给员工创造更多能力提升和培训发展机会、良好的管理制度和企业文化、组织的人文关怀和沟通等。

这里，我们主要从招聘面试的角度，谈谈如何降低新员工的离职率。

1．强调个人价值观与企业价值观匹配性的考察

许多企业在挑选人员时已经从企业价值观的角度对其适合度进行考察了。不同企业有不同的价值观，例如，微软很强调创新的重要性，一名应试者如果创新素质不够，那么综合素质再好也不会被录用；而 IBM 则很强调团队精神，一个没有团队协作意识的人是不会被录用的。要降低新员工的离职率，就要在招聘面试中，围绕企业价值观对应试者进行相应的考察，淘汰那些匹配度差的候选人。

2．招聘时将企业和岗位的真实情况告知应试者

从上面的离职原因分析中我们已经看到，不论是现实与期望差距过大，还是个人兴趣与工作性质不一致，其中很重要的一点就是，新员工对企业和岗位的不了解或者了解不多，这也反映了招聘过程中出现了偏差。

为了避免这一情况的发生，很重要的一点是，在招聘面试时，用人单位必须如实告知应试者企业和岗位的实际情况，包括企业的现状与未来，空缺岗位所在的部门情况，以加深应试者对企业和岗位的了解。在有条件的情况下，可以让其未来的同事分别与应试者进行逐一面谈，谈论他们的感受和体会，使应试者能从不同的角度了解有关信息。应试者事先得到了这些信息，就会有充足的心理准备，不会对企业的期望太高，不会因为入职后发现这并不是他想要的工作而跳槽。

3．通过面试全面了解应试者的真实动机

在本书第 5 章中，我们探索了成就动机的面试考察办法，这些办法是了解应试者动机的有效途径。这里需要补充说明的是，通常情况下，应试者对个人动机问题很敏感，轻易不会暴露个人的真实想法。所以，要全面了解应试者的真实动机，放松面试是很重要的手段。

那么，如何放松面试？一是以聊天的方式构建和谐轻松的面试氛围，让应试者在毫无戒备的情况下吐露真言；二是要利用面试的适当时机进行有针对性的追问，深入挖掘动机信息。

4．应用多种面试方式了解应试者的人职匹配度

通过一种面试方式考察应试者的素质总是有限的。例如，结构化面试可能很难考察

出应试者的人际敏感性，而结构化小组面试就可以进行有效的考察。所以，在招聘面试时要应用多种面试方式了解应试者的人职匹配度，包括电话面试、结构化面试、结构化小组面试、情境模拟面试等。必要时还可以增加对员工稳定性的评估，降低员工入职后的离职率。在可能的情况下，就应试者的个人情况和任职条件进行背景调查，这也有助于确认其人职匹配度。

参考文献

[1] 刘远我. 人才测评：方法与应用 [M]. 4版. 北京：电子工业出版社，2020.

[2] 刘远我. 招聘面试：优秀面试官必读手册[M]. 北京：电子工业出版社，2017.

[3] 刘远我，等. 人员招聘面试：当前事业单位招聘面试面临的挑战及对策[J]. 中国考试，2015（8）.

[4] 刘远我. 招聘面试实践中存在的主要问题[J]. 中国人力资源开发，2003.

[5] 刘远我. 面试核心教程[M]. 北京：研究出版社，2003.

[6] 刘远我. 张厚粲. 面试评分中的误差分析研究[J]. 心理科学，1999（5）.

[7] 刘远我. 人事选拔面试的心理测量学研究[D]. 北京：北京师范大学，2000.

[8] 刘远我. 人才测评的几个认识误区[J]. 中国人力资源开发，2003.

[9] 曾双喜. 超级面试官[M]. 北京：人民邮电出版社，2020.

[10] 滕珺. 国际组织需要什么样的人[M]. 上海：上海教育出版社，2018.

[11] 宋允孚. 国际公务员素质建设与求职指南[M]. 杭州：浙江大学出版社，2019.

[12] 包鹏程. 结构化面试命题与社会培训套路的防范和应对[G]. 长三角公务员录用考试测评技术研讨培训班研讨资料汇编，2021.

[13] 王玉祥. 反套路：面试命题和评分中如何防范和应对社会培训"速成班"[G]. 长三角公务员录用考试测评技术研讨培训班研讨资料汇编，2021.

[14] 崔小屹，等. 招聘面试新法[M]. 北京：中国财政经济出版社，2015.

[15] 田效勋，等. 过去预测未来：行为面试法[M]. 北京：中国轻工业出版社，2008.

[16] 沙莲香. 社会心理学 [M]. 4版. 北京：中国人民大学出版社，2015.

[17] 侯玉波. 社会心理学[M]. 北京：北京大学出版社，2002.

[18] 车宏生. 心理测量与人才选拔[M]. 海口：南海出版企业，2004.

[19] 吴志明，等. 人事测评理论与实证研究[M]. 北京：机械工业出版社，2009.

[20] 刘远我，等. 职业总动员：择业、求职与就业指导[M]. 北京：经济管理出版社，2003.

[21] 刘远我，吴志明，章凯，武欣. 现代实用人才测评技术[M]. 北京：经济科学出版社，1998.

[22] 张厚粲，刘远我. 试论我国人才测评事业的发展[J]. 心理学探新，1999（1）.

[23] 王世潮，韩飞麟. 公务员录用考试：管理实践与理论研究[M]. 北京：中国人事出版社，2014.

[24] 寇家伦. HR最喜欢的人才测评课：人才测评实战[M]. 广州：广东旅游出版社，2014.

[25] 刘远我. 面试[M]. 北京：新华出版社，2002.

[26] 陈丽君. 个体和组织诚信构思、评价及影响机制研究[D]. 杭州：浙江大学，2003.

[27] 才尚库. 人才测评技术在公务员录用考试中的应用[C]. 人事部全国人才流动中心，中国浦东干部学院领导研究院：2005年人才测评高层论坛.

[28] 马欣川，等. 人才测评：基于胜任力的探索[M]. 北京：北京邮电大学出版社，2008.

[29] 考恩·卡西欧，等. 人力资源管理中的应用心理学[M]. 吕厚超，译. 6版. 北京：北京大学出版社，2006.

[30] 保罗·泰勒，等. 结构化面试方法[M]. 时勘，等译. 北京：中国轻工业出版社，2006.

[31] ANASTASI A. Psychological testing[M].6th ed.New York：Macmillan，1988.

[32] ANASTASI A. Filed of applied psychology[M].2nd ed.New York：McGraw-Hill Higher Education，1979.

[33] ANDERSON N R. Eight decades of employment interview research：a retrospective meta-review and prospective commentary[J]. The European Work and Organizational Psychologist，1992（2）：1-32.

[34] BROWN S H. The results of a fifteen year research program investigating the selection interview[J]. Paper presented at the meeting of Eastern Psychological Association，1979.

[35] CASCIO W F.Applied psychology in personnel management[M]. 4th ed. Englewood Cliffs，NJ：Prentice Hall，1991.

[36] CAMPION M A, CAMPION G E.A review of structure in the selection interview[J]. Personnel Psychology, 1997, 50（4）: 926.

[37] CESARE S J, et al. Contrast effects for black, white, male, and female interview[J]. Journal of Applied Social Psychology, 1988, 18（15）: 1261-1273.

[38] CONWAY J M, et al.A meta-analysis of interrater and internal consistency reliability of selection interview[J]. Journal of Applied Psychology, 1995, 80（5）: 565-579.

[39] DESSLER, GARY. Human resource management[M]. 7th ed.Englewood Cliffs, NJ: Prentice Hall, 1997.

[40] DIPBOYE R L. Self-fulfilling prophecies in the selection-recruitment interview[J]. Academy of Management Review, 1982（7）: 579-586.

[41] HARRIS M M. Reconsidering the employment interview[J]. Personnel Psychology, 1989（42）: 691-727.

[42] HANSEN C P, et al.A handbook of psychological assessment in business[M]. New York: Ouorum Books, U.S., 1991.

[43] HUFFCUTT A I, WINFRED A J.Hunter and hunter revisited: interview validity for entry-level jobs[J]. Journal of Applied Psychology, 1994, 79（2）: 184-190.

[44] MCDANIEL M A, et al.The validity of employment interviews: a comprehensive review and meta-analysis[J]. Journal of Applied Psychology, 1994, 79（4）: 599-616.

[45] WEBSTER E C.The employment interview: a social judgment process[M]. Schonberg, Ontario, Canada: S.I.P. Publication, 1982.

反侵权盗版声明

电子工业出版社依法对本作品享有专有出版权。任何未经权利人书面许可，复制、销售或通过信息网络传播本作品的行为；歪曲、篡改、剽窃本作品的行为，均违反《中华人民共和国著作权法》，其行为人应承担相应的民事责任和行政责任，构成犯罪的，将被依法追究刑事责任。

为了维护市场秩序，保护权利人的合法权益，我社将依法查处和打击侵权盗版的单位和个人。欢迎社会各界人士积极举报侵权盗版行为，本社将奖励举报有功人员，并保证举报人的信息不被泄露。

举报电话：（010）88254396；（010）88258888
传　　真：（010）88254397
E-mail：　dbqq@phei.com.cn
通信地址：北京市万寿路 173 信箱
　　　　　电子工业出版社总编办公室
邮　　编：100036